《老子》新观

——万物源于存在，人生本于自然

杜铭华　著

团结出版社

图书在版编目（CIP）数据

《老子》新观/杜铭华著. —北京：团结出版社，2010.2

ISBN 978 - 7 - 80214 - 536 - 8

Ⅰ. 老… Ⅱ. 杜… Ⅲ. ①道家②老子—研究 Ⅳ. B223.15

中国版本图书馆 CIP 数据核字（2009）第 235682 号

出　　版：团结出版社

　　　　　（北京市东城区东皇城根南街 84 号　　邮编：100006）

电　　话：(010) 65228880　65244790

网　　址：www. tjpress. com

E -mail：65244790@ 163. com

经　　销：全国新华书店

印　　刷：北京骏驰印刷有限公司

开　　本：1/16　787×1092mm

字　　数：230 千字

版　　次：2010 年 2 月　第 1 版

印　　次：2010 年 2 月　第 1 次印刷

书　　号：ISBN 978 - 7 -80214 - 536 - 8/B·84

定　　价：38. 00 元

序

1、读《老子》的几点联想

《老子》是中国传统文化经典之一，1975年湖南马王堆汉墓出土了帛书版《老子》，后来有学者编印出版。帛书版的《老子》与以往流行的版本有些差别，也引起人们的讨论，于是也吸引本人去买了回来读。

人们对《老子》的成书有很多猜测和推想，但不管这《老子》是真"老聃"所作，还是别人所作，或是很多人所作，是二千年前的古人所作应该是没有问题的[1]。既是古人所作，那就一定有那个时代的背景和文化特点，反映那时人们的思想和观点，所以读下去的兴致浓起来。

初读下来，对《老子》有以下几点认识：

（1）现在的人们还在继续老子的研究工作

《老子》中反映了当时老子有几项研究工作，至今依然是现代科技发展的前沿，如探索宇宙起源的"宇宙学"，研究生命奥秘的"生物学"或"生命科学"，以及研究人类社会发展规律的"社会学"或"历史学"等等。因此也可以认为，尽管从老子的时代距离现在已经2000多年，人类在自然科学和社会科学方面都取得了巨大进步，但是，人类于重要方面的探索和认识还极其有限，甚至可以说与"老子"的差距不大。

（2）我们离古人有多远

《老子》中谈了许多关于宇宙天体、生命变化、社会管理等方面的问题，很多观点和认识即使现在来看，依然闪烁着人类智慧的火花。由此可以认为现代人和古人的所谓不同，主要是古人没有大量实证科学成果的支持，这使得他们对自然、对社会的认识更多地依赖对客观事物的认真观察和综合分析；而现代人从小已经习惯了用各种知识和观点不断充填头脑中的空隙。这种差别的结果是古人尽可能的挖掘了人类可能具有的综合思维和逻辑推证能力，并培养出贯通天地的思想大家；而现代人首先将大量的知识分离开来，然后分门别类学习和理解，最终造就的是一大批"专门家"。

科学家们推算，太阳系距今有60亿年的历史，地球有约50亿年的经历，人类至少有100万年以上的进化史。与这些漫长的时间相比，我们离老子的时代不过2000多年。所以从人思维和认识问题的基本能力来看，现代人与古人离得很近，不应该有明显的差别，也就是说，现代人与古人从认识问题的能力和方法上应该能够沟通和理解。

（3）现代人了解古人的障碍

现代人了解古人的最直接方法是阅读古籍和研究文物，其中了解古人思想的最主要途径是阅读古籍。中国的古书基本都是文言文，而且年代越久的书，读起来就越难懂，所以读古书往往成了专门家的事。再者，古人写书，风格有很大差别，有的豪放不羁，天马行空，让后来的人跟不上节奏；有的极其简练，像是给自己看的备忘录，也给后来的人留下了许多发挥的余地；当然还有记录历史事件或编年史的等等。《老子》就属于那种极其简练，备忘录式的，所以感到读起来比较困难，千百年来不断有人注释，"仁者见仁、智者见智"，让后来的人莫衷一是。

所以，不管是难读难懂的文言文，还是特殊的书写风格，或是后来人的解释，都给现代人，特别是一般初次的读者，造成学习古文、了解古人思想、与古人实现交流的障碍。

（4）认识总结

综合以上几点，可有推论如下：

① 现代人与古人应该有沟通思想的可能，现代人应该用平常心去看待古人、理解古人、读懂古人。

② 现代人不应该因为了解一些现代科学知识或者拥有现代生活方式，而认为古人就非常落后、愚昧或无知；现代人也不要认为古文难读，历史上有许多人将古人描述的神乎其神，就将古人看得神秘莫测、不可了解。

③ 如何靠近老子，用现代人的思维方式和逻辑方法去理解老子、解读《老子》，就是本书希望和读者交流的要旨。

2．"拆读"《老子》的章节

《老子》一书，上叙宇宙天地，下及万物生灵，再述社会发展，内容十分丰富，凝缩了老子对客观世界全面深刻思辨判认的精华，集成了老子毕生探索研究的成果。如此逻辑复杂的思想和内容被《老子》一书用区区几千字一概而全，事先老子一定是深思熟虑，有纲有目，然后才顺理成章的。

由此认为，老子著《老子》，事前应该有个大纲，全书的中心思想是什么？分为几个部分？每个部分有几个层次？不同章节之间有何逻辑联系和相互承接？等等。

但是，初读《老子》中的 81 个章节，很快发现有些逻辑上应该相近的内容，却常常相隔很远；有的同一章节中的前后段在逻辑上完全无关。后来找了几本参考书来看，才知道在 2000 年前的《老子》古本中，就已经有这种情况[1]。推测其原因：如《史记》讲，老子著书是受守关的军人所强为，他老人家给城门军警们开个玩笑，将写成的竹简不按顺序排列，岂料长官和士兵们横竖都没有读懂竹简上的字，于是就一直没有将竹简的顺序排对。鲁迅在《故事新编．出关》中有这样的描述，"他看一眼面前的一大堆木扎，似乎觉得更加不舒适了。……‘为了出关，我看这也敷衍得过去了。’他想。于是取了绳子，穿起木扎来，计两串，扶着拐杖，到关尹喜的公房里去交稿，并且声明他立刻要走的意思"。由这段文字可以看出，鲁迅先生似乎也有类似的推测。

1993 年于湖北荆门市郭店村出土的竹简《老子》大约下葬于公元前300 多年，略早于马王堆帛书的年代，如果按竹简的形状和型式分组，就会出现同组的各章章义基本接近，而与帛书或后来传世本的章节排列不同[1]。另外古人用竹简写书，有的简上不标记顺序[1]，一旦串简的绳子断了，整理出来的结果也不知会是什么样子。由此可见，《老子》章节的排列，至少在成书之初就有不同的各种版本。

日本的学者在研究《老子》时，也指出按照内容可以将其划分为"道论"、"人论"、"政论"三大类[2]。国内的研究者还指出："进一步探讨各个单元内部的章节顺序——这种特殊的排列是否自有含意？这一问题是现在研究中的盲点"[1]。

尽管上边对《老子》章节的逻辑问题所说的都是推测，也许还有其它的原因不为人们知道，但《老子》书中章节之间内容相互交错、逻辑排列不顺是确实的存在，而且很早就为人们提出，一直是个遗留问题。

无论是古人的遗作，还是现代专家的观点，都好象在暗示或鼓励做一件事，就是将《老子》中的章节作一次重新编排。

后来，读到帛书版的第十四章有"执今之道，以御今之有，以知古始，是谓道纪。"（本书第二篇第一章第一节对该段作专门解读）时，突然想到，这不就是老子研修"道"学的总纲吗？如果将《老子》看作是老子研究成果的集成，那么也可以按照这个大纲对《老子》中章节和内容重新

3

进行编排，如此也许能够在一定程度上条理该书的内容、加深对古人观点的理解，对把握"道"学的思想精义有所裨益。

或许是"无知者无畏"吧，当重新编排的念头一闪过，就立刻动手将一本分章印刷的《老子注释本》从骑缝上打开，然后将内容靠近的排列在一起；然后，对原来同一章中内容相差较大的段句进行裁剪，裁剪下来的部分归到从逻辑或者内容上相近的章节中去。

这是一个说起来容易，实施起来非常复杂、也显得有点痛苦的过程，需要将"基本读懂"、"逻辑顺合"、"内容衔接"、"结论不产生悖论"等结合起来做，有的句子可能要经历不止一次"搬家"，去寻找适合的段落。于是形成最初的"拆读本"。

从最初的"拆读"到现在大家看到的"拆读本"是一个循序渐进、逐步理解、不断修改的过程。其中，经历了不止一次的忧虑和放弃，主要是考虑这样做的胆子太大，担心"拆读"结果对自己、对别人都是无益有害。但是，每一次都坚持了下来，于是终于完成。

因为在过程中不止一次面临"基本读懂"、"逻辑顺合"、"内容衔接"、"结论不产生悖论"等条件中的某一条或同时几条难以实现的困扰，有时即使经过反复推敲似乎已经全部解决，但是隔日再看，就又觉得很不满意，所以"终于完成"是一种形式上的。也可以说，于真正实现"靠近老子，解读《老子》"，还需要走很长的路。

3、读懂关键词和理顺逻辑

拆读《老子》，除了从总体上有一个基本大纲，并按照大纲重新归类外，还有一个最重要的问题是"基本读懂"句子。因为《老子》中的许多段落，或是句子不完整，或者是只有简单结论，中间的说明和推理一概没有，好像是作者给自己看的备忘录。例如：第十九章有，"绝圣弃智，而民利百倍。绝仁弃义，而民复孝慈"，表面上有转折词"而"，好像从逻辑上是两个完整的句子，其实中间有很多意思并没有表达出来，写出来的只是用几个关键词非常简练地表达的"结论"。所以，读懂这样的句子和段落，要解决以下几个问题：

① 对关键字词的解释。

② 按照关键字词的解释所构成的句子应该在所表达的意思方面符合逻辑。

③ 由几个句子构成段落，段落大意应该与前后文在逻辑上衔接。

4

④ 整个章节或者段落所说明的意思在全本中可以找到适合的位置，并与其它段落共同构成大纲中所要说明的问题。并且在观点和结论上基本达到全本一致。

再回到上述第十九章的两个句子，其中有一个关键词，就是"绝"字。如果"绝"字当"断绝"、"弃绝"讲，那么这两个句子会解释为："绝弃聪明和智巧，民众可以获得百倍的利益。绝弃仁义，民众就恢复慈爱和孝悌"。如果老子这样讲，那么他何必去研究和宣传充满智慧的"道"学，又何必讲了许多关于"仁"的思想。而且这样解释还会与书中其它段落的意思产生很多悖论。所以，将"绝"字当"断绝"、"弃绝"讲，逻辑意义上难以理顺。

在辞典里，"绝"字还有一种解释，是"极至"、"顶点"的意思，如"绝活"、"绝妙"等。如果当"极至"讲，上面的两个句子变成了："绝圣之人视心智为多余，安民不用心智，诚信为民众谋福利，就会给民众带来百倍的利益和好处。将"仁"的思想和行为扩展到极至，由对父母的敬爱提高至对兄弟的手足之爱，以至对更多人的博爱，原来的兄弟之义、朋友之义就变得失去意义，民众自然回到父慈子孝、兄弟和睦的状态。"如果这样解释，后面的"绝巧"、"绝学"就都好说明了。而且可以看出，这些都是老子"治国理念"的部分观点，应该归于全书大纲的"以御今之有"中"以道治国"部分。这样，不但统一了全书的基本观念，理顺了结构关系，而且也反应出老子对许多问题的认真思考和独到见解。

4、格式说明

通过以上的"拆读"和整理，形成这本《老子》的"拆读本"，对其中主要章节格式及注释等说明如下：

（1）全书主体分为三大篇

第一篇，"道"生"天地万物"。分为两章，第一章"道"是太空，第二章"道"生"天地万物"。该篇解读了"道"的特点及"道之物"的存在，以"望"是月亮、"物"是星空为关键解读，说明老子的"道"就是太空；解读了"道"产生"天地万物"假说或模型，与原《老子》中提出的"以知古始"对应。另外对老子"道创生天地万物"的模型和现代宇宙大爆炸模型进行了比对说明。

第二篇，执今之"道"。分为三章，第一章"道"学应用总体，第二章"道"作用万物的基本方式，第三章"道"学之"无为"与基本法则，总体对应原《老子》中提出的"执今之道"。该篇说明了研究"道"学的目标在于应用，分别介绍了"天地"自然运行、"万物"生灭的物质循环方式以及"道"在其中的作用和行为特点，对"德"、"无为"等"道"学关键名词和概念进行了解读和说明。

第三篇，御今之有。分为五章，第一章"天之道"，第二章"物之道"，第三章"人之道"——"治国之道"，第四章"人之道"——安民之道，第五章"人之道"——圣人之为。该篇总体与原《老子》中提出的"御今之有"对应；解读了《老子》中根据"道"学原理，研究天地自然、客观事物运动变化的基本规律，分析了治国安民的基本理念和思想路线，说明了个人研究和实践"道"学的行为要点。

（2）"绪言"及"结语"

《老子》原第一章主要是介绍"道"、"名"、"有名"、"无名"、"恒无"、"恒有"等重要名词的基本含义或定义，似是为全书做出重要概念或词汇方面的准备和铺垫，所以在"拆读"中将该章作为"绪言"，放在全书的开始。

原第四十章的内容主要是老子本人对《老子》全书中所研究的"道"、"德"进行了分类总结，分析了"无名"等重要概念在"道"学研究中的应用和意义，说明了《老子》一书的著述特点，具有全书概总的意义。所以将对该章内容的解读放在所有章节的最后，名为"结语"，是老子自己对全书的总结。

（3）原有章节在"拆读"版本中位置的查找

由于本书在"拆读"时以"执今之道，以御今之有，以知古始，是谓纲纪"为基本依据先定了篇、章，然后将《老子》中的原有章节按照其内容和叙述逻辑划归新的章节，重新编辑而成。为了能够与《老子》原有章节内容有较好的对照，于每一节开始列出该节内容概要，于概要后将对应的《老子》原文按在新章节中出现的顺序列出，并标注出原章序号。

又为了方便读者从原《老子》中的章节能尽快查找到在本书中的位置，于全书后列出了原帛书版《老子》的所有内容，并于其章段后标注出在本书中的篇、章、节编号和对应页码，例如原《老子》第二章内容后有（3.2.2，PX－Y），意思是该章对应本书第三篇——第二章——第二节，第X－Y页。读者不但由此可以读到《老子》的全部原文，还可以尽快通过页码等标注找到该章段在本书中解读的位置。

（4）原有章节内容与"拆读"版本的对应关系

本书以整体提纲的编排和内容逻辑联系为基线，以重要论点一致、合理为准绳，内容编排关注了背景和辅助说明，以使原有的重要结论和观点在逻辑和论证上能顺理而成。为了能清晰说明本书的句子或关键词与《老子》原文的对应关系，对本书直接可作翻译解释的的词、句或段落用下划线标出，用括弧将原文以黑体印出，以便对照。例如：

我之所言观点都有主旨（君），所讲事情都有原委（宗），只是因为很多人一般不去思考我所讲所言之事，也无从了解这些东西，所以对于我讲的"道"毫无所知，因此也无法了解和知道我所介绍的内容。（言有君，事有宗。其唯无知也，是以不我知。）

其中，"主旨"一词对应原文中"君"字，"原委"对应原文中"宗"字。段落后的括弧中的黑体字是全段文字对应的《老子》原文中的句子。

参考文献：

[1] 韩禄伯（Robert G. Henrick）著，邢文 改编，余瑾 翻译，《简帛老子研究》，学苑出版社，2002.11，P1—21（导论）

[2] 刘韶军著，《日本现代老子研究》，福建人民出版社，2006.6，P80

目　　录

绪　言

概　要

（1）《老子》中的"道"是有物有象、可感可知的存在，不同于常规的那些抽象的"道"。

（2）《老子》中的"名"所对应的"实"是逻辑上、模型中的"实"，不同于从一般存在的事物所得到的概念。

（3）"无名"是万物产生初始不可感知的存在之物；"有名"是万物产生初始的原始态物质。"无名"和"有名"都是以现存各种现象为基础，通过严密推理，提出的模型化概念。

（4）"恒无"是决定万物生变本质的微细之物（基因）；"恒有"是可以构成万物的基础物质。

（5）"无"和"有"是对天地万物存在的最高抽象描述，"无"、"有"出自一个来源。宇宙万物的起源是一元的，表现是二类的。

（6）一切生物都是由微细之状（基因），通过阴阳交媾缠绕（玄），自产门而生。

【原文】

（第一章）道可道也，非恒道也。名可名也，非恒名也。无名，万物之始也；有名，万物之母也。故恒无欲也，以观其眇；恒有欲也，以观其所徼。两者同出，异名同谓。玄之又玄，众眇之门。

老子的时代，是一个推陈出新的创新时代，新思想、新观点很多，于是新词汇或一个已有词汇的新含义也不断出现。老子讲"道"，确有点创新，无论是要讲的对象，还是借助使用的概念，其所指、所言都和世人不同。所以，老子也借用了"道"和"名"这两个字，作为他提出的新对象、新概念的名称。另外，还有"无"、"有"、"眇"、"玄"等字，老子通过总结，也赋予了这些字新的含义，其中有的含义即使现在仍然体现了人类思维的最高级水平。

因为有创新，就得让大家首先有个基本认识，否则别人不明白基本概念或者基本词汇，再讲其他具体内容就更难了。所以老子在正式说明他的重要观点之前，事先把几个关键的词汇先说明了，后边再使用时辅助说明一下即可，以便主次清楚。于是，惜字如金的老子于全书第一章，专门就"道"、"名"、"无名"、"有名"等几个基本词汇做了定义和解释，为全文的论"道"做好了铺垫。

用现在作文的规则，这种为全篇起说明作用和铺垫意义的开首段落，可叫做"绪言"。

从这一点也可以看出，老子著《老子》，不仅仅是自己"备忘"而已，也有愿望给别人看。只是后来的人在解释老子时，说他论"道"的本意是"虚无"、"出世"，既然"虚无"、"出世"又怎么会写书给后人看呢？难以自圆其说，于是就编了出关被迫写书的故事。其实，老子还是希望大家看懂他的书的。关于《老子》的观点，可以说与"虚无缥缈"的"出世"之说毫无关联，在后边的内容中可以看到许多证实。

从而也可见，即使有的古人离开老子的时间比我们要靠近的多，但其观点也未必就正确。

1、不同于一般的"道"

在最初的象形文字中，"道"是一个人行走于交叉路口，是"行走"、"道路"的意思[1]。"道路"于世人和社会，不仅可行可走，还有导引路径、快捷安全等作用，于出访旅行、商贾贸易、行政管理、军事国防等都具有重要意义，于是"道"字的含义也不断扩展。到老子的年代，"道"于哲学范畴可以用指事物的规律、准则，如"形而上学为之道"、"一阴一阳之谓道"（《易.系辞》）；于政治、思想方面也有用指体系，如"道不同、不相为谋"（《论语.卫灵公》）；于社会政治方面还有用指法规、制度，如"王道荡荡"（《尚书.洪范》）等。"道"字的这些含义当时已经成为人们常用、常说，所以也可以将这些意思叫做"恒道"、"常道"。

"道"字于哲学、政治、社会等方面所具有的种种学术含义往往都很抽象，这对古代习惯于依靠眼见为实、通过对实有或有形的感知，了解万事万物的大多数人来说，往往很难用语言表达清楚，是需要用心去"体悟"的"不言之教"。

因此，从很早开始，人们对《老子》的"道"的描述和说明也变得模糊起来，竭尽了使用"穷极虚无"、"无为无形"、"渊渊乎其不可测也"等一类词汇，似乎越至虚、越幽深，就越能表示"道"的微妙莫测，由此造成后世人们将"道"神秘化、神仙化，而离开《老子》讲道的初衷。

其实，老子首先讲了他的"道"虽然有着新的概念和属性，但与那些已有的"不可道"的"恒道"不同，是属于"有物"可见、"有纪（纲）"可循的，所以这个"道"就如《老子》的第一句话，是可以说明和感知的，是"可指可见"的，完全不同于常规的道，是"非恒道"（**道，可道，非恒道也**）。

那么，老子的这个新创的"道"究竟是什么样的？"道"有哪些性状和特点，将在本书的第一章中给予详细的解读。

2、不同于一般的"名"

"名"是一个现在很常见的字，意思也简单，如有"姓名"、"名称"、"命名"等。但是在古代，"名"是一个非常重要的哲学词汇，"名"的概念问题也曾引起历史上众多大家的关注。

①"名"是对真实现实的反映

中国的春秋时期，由于思想和文化发展进步的很快，对各种事物的研究和判断也比以往更多，由此提出大量新名称、新概念，其中也不乏造成"名"的混乱。《荀子.正名篇》中论述"名"的逻辑分类，将"名"分为"共名"、"别名"，指出"共名"是从相对整体上反映对象，是人进行综合思考的产物；"别名"是从相对局部上反映对象，是人分析思考的结果。该篇还指出"名守乱，奇辞起，是非之形不明"、"故析辞擅作名以乱正民疑惑，人多辨讼，则谓之大奸"，意思是说"名"如果乱了，名称和实际事物不符，正确与错误也就分辨不清了，擅自作"名"引起混乱的人如同扰乱度量衡的坏人。因此，"名"作为一个逻辑用词，其含义是"反映客观事物真实性的思想或者概念"，"名"揭示的是对象的实体性、实存性的性质[2]。

②"名"是形而上的概念

冯友兰老先生作的《中国哲学简史》中，专门讲到研究"名"、"实"问题的古代"名家"。书中指出，战国时期的"名家"在中国哲学思想中提出一个形象之外的世界。"形象之内"是"实"，反映了人们经验中的对象或可能的对象，都是在现实之中；而"形象之外"是现实世界存在的形象和属性之外的"共相"，"共相"是不可能成为人们经验对象的，如人们可以看到一件白色的东西，但是不能看见作为共相的"白"。凡名词指向的共相都在"形象之外"的世界里，那里没有形象和属性[3]。

③"非恒名"包括了所有存在的概念

在《老子》中，提出了"无"、"有"、"恒无"、"恒有"等一类概念。首先，从逻辑上讲这些概念是较高意义上的"共名"，反映了所指对象从整体和系统上的综合概念。其次，由于有些概念指的是曾经于过程中的存在，这些存在已经"消失"或"转化"为其它事物，已经不可能、或不能使人产生直接经验的认知。再次，即使是真实的客观存在，由于人的认知能力是有限的，对有的事物也难以凭借直接经验感知、认识。当然，这些概念虽然难以通过直接经验感知，但也并非所谓"名家"所指的"形象之外"的纯"名"，而是"形象之内"的真实存在。所以，老子的"名"有别于其他人所指。

换言之，老子对"名"的应用，既沿用了通常人们所说的"反映客观事物真实性"的概念，但同时又认为这一"客观事物真实性"不一定是人的直接经验感知的客观事物，其中也包含了人们没有感知、但从逻辑上或者现象上可以推断、可以证明是或曾经是确实存在的客观事物。在此，老子对"客观事物"的理解超越了人们的"经验"和"现实"，扩展到"理论上"或者通过逻辑推理证明存在的"模型"中去。

如何对"名"进行理解和认识，正是《老子》一书要介绍的重要内容。所以老子说，我所提出的"名"是具有所指对象和存在的，是可以命名和说明的客观存在。但是，这些"名"与人们恒常所讲的"名"不一样，为了避免引起有"擅作名"的嫌疑和导致混乱，对"名"也要有专门的说明，以做到"名副其实"和"名正言顺"。（名，可名，非恒名也。）

3、万物始于"无名"

（1）人类对世间客观存在的感知和了解是极其有限的

幼儿们游戏，将握拳的手藏在背后，问对方"我手里有什么？"。对方已看到是空着的拳，就说"什么也没拿"，于是握拳者胜出，说"握有空气"。许多孩子关于空气的概念就是这样来的。物理课讲物质有三态，气态、液态、固态。温度低了，水变成冰，温度高了，铁也流动起来。后来，说"场"也是物质的存在态，如电场、磁场，普通人都感觉不到，但几乎无所不在。

候鸟为辨别方向而能感知大地的磁场，蝙蝠于黑暗中飞行而发出雷达，鱼类用声纳探测周围，人类用自己的眼、耳、体等感知周围的事物。人是大自然的产物，人的感知能力是人与自然环境的必要联系，而人们创造的工具和仪器是人类感知能力的延伸，人的语言、文字是交流感知或思维信息的传递方式。无论是环境限制的原因，还是人类本身生存、繁衍的要求，都使人的感知能力非常有限，从远古到今天，人类的一切文明进步无不都是在提高感知能力、扩展认知范围。

其实，早在远古，人们就知道人类自身感知能力的有限性，如看到家养的公鸡不分四季，都能准时报晓；猫、狗于人眼看不到的黑暗之处能见到东西等等；在《山海经》中也记载了许多虫、兽有预测旱、涝、瘟疫、地震等灾害的能力。

通常人们把感知到的物质叫做"存在"或"有"，感知不到的就认为是"不存在"或"无"。人类凭借有限的能力去了解世界，只能感知到有限的"有"，而不知道感知不到的"无"有多少。

（2）古代人 对"无"的解释尽如此之多

魏晋玄学以"无"为纲构建学术理论，通过研究《老子》，对"无"作如下的释义[4]：

①"无"为体，是宇宙万物存在的本原或本体，凡有皆始于"无"，"无"是万物的存在依据，成就并养育万物。

②"无"为用，是原理、原则、规律等，与"有"结合，以作用的方式和方法展示其存在和应用，如容器中间虽然"空无"，但是提供了使用功能。

③"无"与"道"同体，体现"道"的境界，如"穷极虚无，体道大同"，是一种认识和行为理论；

④"无"指最高抽象性和最大普遍性，是纯粹思想的创造物，是没有规定性的，是最抽象的"一般"，不是任何具体的东西，是"纯无"。

（3）千古难题—探寻宇宙万物之源

自古时，人类就开始思索、探寻宇宙万物的起源。

中国古代曾这样描述天地万物的生成："混沌初开，乾坤始奠，气之轻清上浮者为天，气之重浊下凝者为地，日月五星，谓之七政；天地与人，谓之三才……"，是说宇宙未开，一片浑浊，初开之时才有乾坤奠定，轻清之气上升为天，重浊之气凝结下降形成大地。

《圣经》中载入了大约2900年前犹太人的创世说，上帝用了六天的时间，创造了光明，分开了天、地，造出太阳、月亮和群星，分出陆地、海洋，造出一切生物和人类的始祖[5]。

佛教认为，10 亿个太阳系构成一个小宇宙，1 万亿个小宇宙构成一个中宇宙，中宇宙于无边大宇宙中不过掌中一微尘。每个宇宙经历了 100 多亿年的产生、成长后在劫难中毁灭，然后再历经演变重新生成新的宇宙。宇宙循环成灭及其生命始祖的出现，一切均受众生"业力"的推动，而一切生命均来自生命之因和缘（关系和条件）。人类以有限的视界只能探及此次宇宙的生命起源，而无法探索那存在于无穷宇宙和无限时间的本源[6][7]。

现代"宇宙大爆炸理论"认为，100 亿年以前，宇宙起始于一个奇点，是从温度和密度都极高的状态中由一次"大爆炸"开始，历经降温和形成宇宙间基本物质等一系列过程，成为今天的宇宙[8]。2008 年，科学家们在欧洲建成了一条 27 公里长的圆形隧道，用超导磁铁将质子和离子加速到接近光速，在极细微空间爆发十万倍太阳温度的超级高温，企图模仿宇宙"大爆炸"的过程。但是，即使这一划时代的"爆炸"取得成功，那个"奇点"来源于何方将重新困扰人类。

人类从自我感知所得到的"存在"或"有"出发，探索宇宙万物起源，无一例外地遇到"起源、起源之起源、起源之起源之起源、……来自哪里？"这一无限"终极起源"的千古难题。

（4）"无名"－万物之始

古人深切地认识到人类感知、了解宇宙万物的有限性，以深邃、缜密的思维，超脱、跨越人类感性认知界限，重新诠释"有"和"无"的概念划分，从而在《老子》中定义了"无名"这个词。"无"表示了一个存在，不能象人们通常那样的被直接经验或感知，"名"则表示了"无"这个概念仍然是一个可以通过对众多发展现象的归纳和逻辑推演，达到对其存在的证明或认识。"无名"作为一个组合词汇，似乎更强调了在理解这个词汇的所指时，人类所表现出来的思维和经验相结合的能力。

《老子》中一开始就提出了"无名，万物之始"，有两层含意，其一是指宇宙万物形成之初，一定经历了一个"过程"；其二指出在这个"过程"有一个开始，"无名"是这个"初时"的构成或存在。需要指出的是，在这里并没有明确"无名"就是万物之源，而仅仅是指一个过程的开端。但无论如何，这个"初时"已经成为非常久远、不再重现的过去（即使重现，也不可能被人感知），需要根据理解和推理，建立起相应的概念和认识，所以被叫做"无名"。

关于"无名"作为万物之始的作用和过程，通过解读后边的"道生万物"还会进一步说明。

庄子在评价人类探求、认识宇宙本原时说，"古时的人，有的认知达到至高境界。什么样的认知是至高境界呢？认为宇宙初始没有具体的物质是最彻底的、无以复加的认识。次一等的认知，认为初始就存在着物质，但这种物质是浑然一体没有分界的。再次一等的认知，认为宇宙的初始物质就有分界。（古之人，其知有所至矣。恶乎至？有以为未始有物者，至矣，尽矣，不可以加矣。其次以为有物矣，而未始有封也。其次以为有封焉，而未始有是非也。）"[9]。

4、万物出于"有名"

在古代，将一切有形体的存在统称为"有"。人类对"有"的认识也是不断发展变化的，用现在的说法，一切可感知的物质都是"有"。

与"无名"相对，《老子》中提出**"有名"**这样一个词，而且将其称为**"万物之母"**，也即世间万物一切，均出于"有名"、源于"有名"。将"有"和"名"组合在一起，类似"无名"所指，这个"有"不是人们平时见到的物质存在，而是在万物产生的一开始（初时）存在的一种"有"，指的是一种"初有"，一个曾经存在于非常久远的过去，而且**既不重复、也不再重现**的"有"，但又是一个曾经实实在在的"存在"。而正是这种"有名"，产生了现代丰富多彩的世界。

"有名"在创世初期存在，但是在后来物质转变后又不复存在，对这一变化的分析将在第一篇中进一步说明。

"无名"和"有名"仅仅是推动人们思考和理解万物起源的两个重要的基本概念，在《老子》一书中还将更多的说明"有名"将如何产生出现今世间的"万有"，"无名"将如何在生生不息的"万有"中体现。这是一个"创世模型"，是老子提出的创世模型。

5、"恒无"——万物之微末本源

构成或表现于万物产生之始的"无名"，并没有消失于万物生成、演化的漫长过程，而是以恒常、稳定的存在和作用，深入到万物产生、化育之中，从而被称为"恒无"。

"恒"是恒定和常稳，"无"是不可用一般的方式感知的存在。那么，为什么认为这个"无"是恒常的存在呢？提出这个"恒无"又有什么意义呢？

　　古代的人们一边观察着天穹运转、四季周替、风起雨飘、春芽秋实等等既普通见惯、又变化无穷的万事万物，一边在思考和总结。自然界的一切，无论是四季寒暖、还是生命繁衍，于无边无际的丰富多彩中，又表现出各自一定的、几乎不可改变的生成变化规律和方式。是什么赋予万物产生和变化的规律和方式，使一切按照既定的模式生成、演化。老子的研究结果是，在万物从产生、成长到消亡的整个过程，就有一个人们不能用通常的方法观察或认知的存在，这个存在承续了"无名"的特点和作用，时间上是恒久的，空间上是无所不在的，所以将这个存在统称为"恒无"。古人通过对万物生成过程的追溯和了解，认为在一般的尺度下，"恒无"的存在仅仅体现于非常微末（眇）、以至无法感知其存在，从而用一个"眇"字表示这个存在的状态。这个存在被看作决定了生命物的物种和状态，是一个微末到肉眼不能看到的东西。

　　"欲"字是《老子》中使用频率较高的一个词，也是容易产生歧义的一个词。如"恒无欲也"经常被解释为"一直（或经常）没有欲望"，但是在《老子》中，"恒无"是一个特定的词汇，"欲"也是一个特定的词汇，应该重新断句为"恒无，欲也"，于是意义完全不同。

　　人类的精神活动与生存、生产活动是紧密联系的，古代的人依靠人类感知的器官和本能，通过分类、比较、归纳等方法，加深对万事万物的理解和掌握，并由此推动或满足人类生存的需求。但是，也有一种精神活动不是来自生存和生产活动，而是来自人类的本性以及由此而导致的欲望。探索未知就是人类自古具有的天性，研究、了解万物生成变化之规律和本质，在引起人类探知心欲的各个方面，是最具诱惑的未知域。

　　"欲"现在常被解释为"欲望"，而在《老子》中，"欲"字是指人天生固有的主观愿望，如人对未知的"探求欲"。由此，"恒无，欲也"的解释是："恒无"虽然是一种感觉不到的存在，但是作为人类探索事物规律欲望的需求，将从"恒无"这一概念存在出发，去进行以下的研究。

　　通过以上对"恒无"、"眇"、"欲"的概念描述，可以如下解释"恒无，欲也，以观其眇"的意思。

　　认识和研究"恒无"，可以深入到、特别是深入到生命物于产生初时、还是微末状态下就具有的生存变化规律和特点，从生命"初时"之"纯净"状态入手，探索和窥究事物的本质（从而尽可能排除后天的各种影响）。所以老子说，<u>"恒无"是人类探索世间万物生灭长成规律而分析研究提出的，这个概念的存在和作用体现在万物产生初期的非常微末的状态下</u>

（恒无，欲也，以观其眇）。

6、"恒有"即万物之基础

"有名"是"万物之母"，产生了一切存在物，但"有名"是"初有"，现在人们看到的都是"恒有"。"恒"是恒常、不变，"有"是该物类所具有的可以为人类感知、认知的形体、性状等特征。这些形体、性状都具有一定的稳定性，在一定时间内和空间范围里不会改变。可以认为，"恒有"就是组成今日之世间万物的基础物质，如地球上的化学元素或基本化合物。

人们根据对地球上现有存在物进行的观察归纳和分类研究，可以进而深入认识构成各种存在的基础物质。古人将万物划分为有生命物和无生命物，然后发现生成有生命物的物质来源于无生命物，而有生命物死亡后其物质又返回到无生命的基础状态，并重新进入构成新的生命过程。时至今日，通过现代化学、生物学以及各种仪器分析的综合应用，已经能够解析和探测构成很多物质的基本元素和复杂结构，或者人们可以将一些基本元素按造需要的结构或性能组成新的物质。

所以，"恒有"是人类探索世间各种物质构成和性能的认识对象（恒有，欲也，以观其徼）。

7、"一元"起源和"二类"存在形式

以上介绍了"无"和"有"几个名词，《老子》中又提出关于天地万物产生的两个概念，其中之一是"两者同出"的观点。

《老子》中说，虽然"有"和"无"是两个不同类型的物质，但这二者都是来自一个起源，所以称作**"两者同出"**。从更高层次上看，他们所指的是一种存在，即天地万物、包括人类在内的一切客观存在。（**两者同出，异名同谓**）

现代"唯物辩证法"的基本观点是"世界是物质的，物质是运动的。"其含义是既包含了物质的存在，又说明了物质存在的形式是运动。换句话说，有两种存在条件，一是"物"，二是"运动"，没有不运动的物质，也没有无物质的运动。这样，本原是物质，是一元论，构成存在的形式是二，"物"和"运动"，是二类的。

在《老子》中，讲到起源，是一元论，即"有、无"是"两者同出"，一个源头；讲到存在的方式，是两种，即"有"和"无"。可见，古人对宇宙天地万物的观察、归纳与现代人有惊人的相似。

还有一个最常用的词汇是"事物",实质上其中包含了两个词汇,一个是"事"、一个是"物"。天下雨是"事",下来的雨水是"物"。没有"物"不存在而发生的"事",也没有不发生事而完全静止的"物"。在《老子》的后部分,讲到人和人的社会问题时,就将"事"突出来,是"无为"的对象。有一句话,虽然不太严格,但比较容易理解,叫做"无为做事、有为造物"。

8、"玄"是产生"众眇"的根源和方式

在《老子》中还有一个较高频率出现的字,是"玄"字。如"玄之又玄"、"是谓玄牝"、"是谓玄德"等等。

那么"玄"该如何解读呢?可从以下几点分析。

(1) 在《荀子.正名篇》中有一句话是"异物名实玄纽",可以译释为"不同事物的名称和实际内容相互混杂交错"[10]。"纽"是交互而成的扣结[2],"玄"与"纽"组词,所以可以认为"玄"字有"二者相互交错"的含义。

(2) 历史学家们考证,商朝时占卜,把龟甲放在火中烧,龟甲显出裂纹,然后根据裂纹的方向和清楚与否判断吉凶。在许多甲骨文片子上有"不玄冥"三个字。"玄冥"是模糊,"不玄冥"就是不模糊[11]。如果试推想一下龟裂模糊的情况,大概有两种表现,一是纹理相互缠绕、混乱,另一是不明显、看不清楚;"冥"是"昏暗"、看不清的意思,那么"玄"就是指相纹理线条互缠绕状,即"相互交错"的意思。

(3) "玄学"产生于魏晋时期,"玄学"思想在中国哲学、思想史上具有深刻影响。"玄学"以"易"、"老"、"庄"的"三玄"为思想资料,研究"有无"、"本末"、"体用"等内容,认为《老子》的"玄"是用以表征"道"的"有"、"无"一体的性质和本质的一个概念,"道"既非单纯的"有",也非单纯的"无",而是"有"和"无"的统一体,有无相生,生生不息[4]。所以,"玄学"的"玄"字是指的两个矛盾对立方面的"统一"状。

玄学以辨证思维和高度抽象的学术研究改变了中国古代神话和经学的传统文化支配方式,在历史上具有显著的立异和影响,但其"繁琐"、"清谈"、"浮虚"的研究方式对后世人们学习和研究"易"、"老"、"庄"所起的作用可谓"正、负"参半。

(4) 中国字起源于图画,是象形字。"玄"字从形体上是两根缠绕在

一起的细长物，这细长物与人首蛇身的两个人体、即女娲和伏羲阴阳交错、共生一体的状况很相似（见图1）。所以，"玄"字也可以看作是阴阳二物缠绕一体的状态。

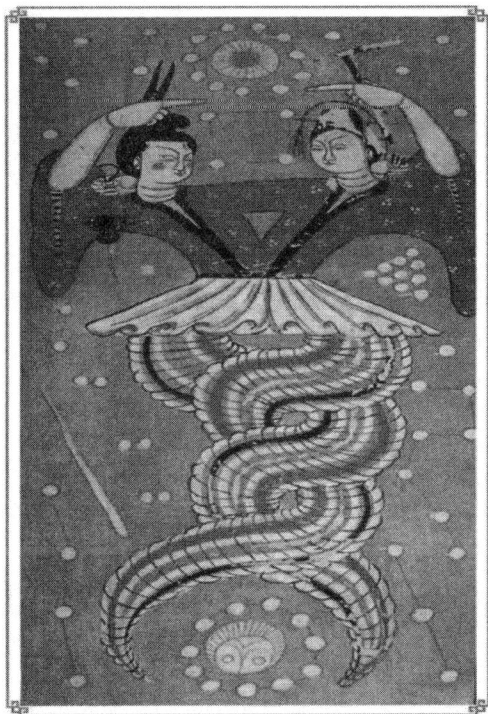

图1　伏羲女娲交尾图

所以，将"玄"作"有无同在"、"阴阳同体"、"二者相互交错"讲，与前边的"两者同出，异名同谓"在逻辑上相呼应、一致，而不是当"黑色"讲。

稍前已述，"恒无"存在于难以感知的微末的"眇"中，"眇"犹如一组密码，使万事万物之生成变化始终遵循既有的规律或法则，马生不出鸟，风吹不出牛，既生生不息、丰富多彩，又各有章序。

古人循万物的生成变化过程反向追溯，直至"众眇之门"，即万物生出的产门，探索、总结出"众眇"的产生，都是根于"阴阳"交合的结果，或源自上一代父体和母体共同所赋予的遗传。

这里如果将"玄"字认为是"交错"、"缠绕"的含义，那么，在《老子》中，兼取了"玄"字的形、义，表示"有无交合"的方式。"玄

11

之又玄"，一方面表示了多层次"交错"、"缠绕"的方式，另一方面又表示其代代相传、生生不息的过程。

从而，可以认为，老子在"绪言"中对最后一个重要概念的说明是：阴阳多重相交(玄)，是万物以微末之状出于产门的本原(玄之又玄，众眇之门)。

现代生命科学关于基因与遗传的研究说明：一个有机体从受精卵到其一生的全部生长模式取决于其细胞核中的染色体，这些染色体呈双螺旋结构，其中一半来自父体，一半来自母体。人类有 46 束染色体，是父体和母体各自完整的生命密码的组合[12]。当我们将在现代显微镜下才能显现的双螺旋结构与"玄之又玄"相关联时，不能不感叹古人精练而形象的描述。所以说，老子提出的"玄之又玄，众眇之门"也是一项重要的生物科学概念，而且于 2000 年后科学家们的验证很相近。

参考文献：

[1] 陈政著，《字源趣谈》，新世界出版社，2006.7，P281

[2] 辞海编委会，《辞海》，上海辞书出版社，1986.4，P829、1157

[3] 冯友兰著，《中国哲学简史》，新世纪出版社（北京），2004.1，P73

[4] 康中乾 著，《魏晋玄学》，人民出版社（北京），2008.9，P86 、14

[5] 卓新平著，《圣经鉴赏》，宗教文化出版社，2000.11，P61

[6] 杜继文，《佛教史》，江苏人民出版社，2006.1，P22

[7] 陈阳，《释迦牟尼生命历险记》，大众文艺出版社，2005.2，P15

[8] 武伟轩，《宇宙通史》，台湾出版社（北京），2006.1，P102

[9] 马恒君，《庄子正宗》，华夏出版社（北京），2007.5，P23

[10] 潘嘉卓等译注，《荀子. 正名篇》，广州出版社，2004.4，P182

[11] 吕振羽等著，《大师讲史（上）》，中共中央党校出版社，2007.1，P135

[12] 埃尔温·薛定谔（奥），《生命是什么》（罗来鸥，罗辽复译），湖南科学技术出版社，2007.6，P19

第一篇 "道"生"天地万物"

老子与同时代的许多哲人一样，也在思考人从哪里来？是什么创造了天地？为什么太阳早晨从东方升起，晚上至西方落下？小草的倔强生存和物种遗传为什么那么坚强？社会的演变有规律吗？……等等。也许受上古"开天辟地"等传说的影响，从一开始老子的潜意识里就有一种要从大自然中寻找答案的理念。

据说，老子有固定的工作，他对"道"学的思考和研究几乎是业余的。他没有任何可以辅助观察和测量的工具。但是，他有敏锐的眼睛，有细致严密的思考，有坚忍不拔的精神，终于有一天他把寻找的目光锁定在一个目标，那是几乎每个人都司空见惯的、以至于一般人把那一切都看作理所当然、无须想象或思考的存在。

那就是地球人"头顶上的天空"。

古人的思想极其活跃，不断提出新的概念，以至用什么字或词来表达新概念成了一个关键的问题，也使得后来的人们必须时常面对一字（词）多义的情况，"道"就是这样一个字。

当老子把目光投向天地日月之外时，他想象到那里的存在已经远远超越人们通常的感知和经验，"天地万物"以及一切变化的法则似乎都出自那个存在。那时的人们除了"天圆地方"，对其他几乎是一无所知，因此可以说，老子是第一个提出"太空"这个概念的，只是还没有"太空"这个词，所以他借用了"道"字给那个存在起名。

于是，老子研究"道"学的第一件事是向人们说明这个"道"究竟是什么？"道"具有哪些特征？是人们可以触感的物呢、还是一种纯理念的认识呢？

所以，本书"第一篇第一章"将《老子》中有关介绍"道"的基本概念和特征的章节集中起来，以解读和体会老子对"道"的定义和说明。

然后，老子向大家进一步说明"道"是如何生成"天地万物"的。显然，老子吸收了那时关于"无极生太极、太极生两仪"、"阴阳交合"等一些理论和观点，提出"道"生"天地万物"的模型，并且以缜密的分析，完善了模型的细节。本书"第一篇第二章（道生天地万物）"就是对《老子》中有关章句的解读。

如果将"道"看作是"太空"或"宇宙"的"曾用名"，也许更容易理解老子的原文原话。

第一章　"道"是太空

冯学成先生在他最近出版的《心的世界》（南方日报出版社，2008.8）一书中这样描述人类对夜空的观察，"人类……常常在晴朗的夜晚，凝视那群星灿烂的天宇，天宇是那样的深邃和宁静，除了偶尔有一颗流星划过，但仅仅只有短短的一瞬。有几颗被人类称之为行星的星点，……悄悄地在天宇中运行……只有那个时缺时圆的月亮……常常被人们关注，包括它的阴晴圆缺。……夜晚的大地是万籁寂静。而星空和宇宙则是永恒的宁静。"

也许老子就是这样常常在晴明之夜仰望天空，有时他看到一轮明亮的满月，月光给周围的天际和大地镀了一层银；有时他看到漫天的繁星，密密麻麻，如云如雾，不计其数。

人们知道，山再高，没有云高；云再高，没有月远；月再远，还有更遥远的群星。人们也知道，距离越远，看到的空间范围就越大，同样的物体就显得越小。所以老子认为，月亮是密密麻麻亿万群星中离我们最近的一颗星球，那密密麻麻的群星就像是亿万颗月亮，而它们所在的天宇则阔无边际、深无底界。

老子的时代人们既没有"地心说"，也没有"日心说"，甚至连大地是圆、是方，蓝天是盖、是罩，都还在种种猜想之中。但是，老子看到，"天地万物"不仅是那个无界"太空"的产物，而且是其存在中的一小部分，他的眼光已经远远超越人类认识世界的尺度，超越高山大海的尺度，他用经验和推理，建立起一个"宇观"的无界"太空"，他称其为"道"。

说《老子》的"道"就是现在所说的"太空"，其关键在一个"望"字。在帛书版《老子》中有："道之物，唯望唯惚"，如认为这个"望"就是古人说的满月，那么其后所有对"道"和"道之物"的描述都有所指、有所言，当然也使2000多年来人们对"道"究竟是"物"还是"非物"的关心变得不那么重要。

如果我们今天也能够遇到晴明之夜，遇到明亮的满月或布满繁星的清澈夜空，一定能够体会老子仰望天穹、心潮澎湃、遨游太空的感觉和意境。

第一节 "道"大无界

概 要

（1）有物昆成。许多"物"于相比中而生成，共同构成一个"物的集合系统"。

（2）可以为天地母。不是传说中产生天地的混沌气团。但，是天地的唯一本原。

（3）"道"大无界。空间上有限无界，向各个方向无限延伸。

（4）名"大"、字"道"。名取义，为"大"；字为表，故表字为"道"。

【原文】

（第二十五章）有物昆成，先天地生。肃呵！漻呵！独立而不改，可以为天地母。吾未知其名，字之曰道。吾强为之名曰大，大曰逝，逝曰远，远曰反。

把宇宙万物解释为神创，是最简单、最容易的事，东方、西方都是如此。神学在中国从来没有象在西方那样，于历史上占有绝对的地位，这与中国的古人很早就建立了唯物的宇宙观有关。在追溯天地万物起源的问题上，《老子》中提出了"道"，在学术上是一个创造，并围绕"道"展开了一系列对宇宙学、哲学、社会学、伦理学等等讨论。那么，"道"究竟是什么？有很多人认为"道"是指抽象的道理和规律，而不是指什么实存的东西[1]；有人认为《老子》中的"道不是一个事物，因此，它没有名字，……"道"是不可名状的，是"非有"，……这里所说的是本体论，不是宇宙论，它与时间和现实没有关系。……[2]"；胡适先生在早期所著的《中国古代哲学史》中说，"老子的最大功劳，在于超出天地万物之外，别假设一个'道'。……有单独不变的存在，……道的作用，并不是有意志的作用，只是一个'自然'。自是自己，然是如此，'自然'只是自己如

15

此。[3]"

自古至今，对"道"的理解和解释，可谓说"虚"者见"无"，说"实"者见"有"，各有各的理解，各有各的说法。所以，还是回到《老子》的原文，看老子如何从三个方面说明"道"的由来及其存在状态。

1、"道"是物的集合系统

《老子》中讲"道"，首先说明了这个"道"的来由和属性。

《老子》说"道"的形成是"**有物昆成**"，首先是"有物"，是有形有状的"有"所体现的"实物"；其次，是"昆成"，"昆"在古代有"同"的意思[4]，"同"是一齐的意思，可见不是一个"物"，**而是许多"物"于相比中一齐而共同构成一个"物的集合体"**（**有物昆成**）。所以，"道"中包括了许多存在的"物"，这一点，从其后"道之物"的说法也有同样的结论。

老子说，**我不知"道"从何而来，从概念上、或从理论上讲，"道"不是来源于人们所说的任何一个先帝或神。观察其变化和运动的表现与状态，推想其应该生成于任何一个先帝之前**（**吾不知其谁之子，象，帝之先**）。

从时间上看，**在没有天地以前，"道"就已经产生形成了**（**先天地生**）。

2、"道"不是"天地"

但是，在中国古代还有另外一种说法，认为未产生天地、或叫做"天地未开"之前，宇宙是一个混沌不清的"气团"。那么，这个"道"是否就是那个混若鸡卵、昏浊模糊的"气团"呢？《老子》中紧接着描述那个"道"的状态是"**肃呵！潦呵！**"，可以说明一定不是那个"混浊气团"。什么是"肃"？"肃"是肃静、庄严、有好形象（貌）[5]；什么是"潦"？清亮、明澈就是"潦"。所以，**说"道"的状态是庄严、肃敬、清深、明澈的**（**肃呵！潦呵**），没有丝毫的混沌和模糊，当然不是那个"混浊气团"了。

那么，这个"物的集合体"会不会是"天地未开"之前的另外一个状态呢？只不过从"混沌态"变成了"清明态"而已。不是，《老子》中也明确了它是产生天地万物的"**母体**"，（**可以为天地母**），而不是呈"清明态"的"天地"混合物。

而且，"道"也不会是另一个超乎自然之力的神的器物，**它是完全独**

立的一个存在，不会像传说中的神器那样受神的意志而发生改变，<u>也不受其它任何力量的主宰和影响</u>**（独立而不改）**。

3、"道"大无界

从空间上看，<u>"道"极大而广，其存在从各个方向延伸向无限空间，延伸向无垠的宇宙深处，达到无所不在，遍及所指</u>**（大曰逝，逝曰远）**。"道"的尺度远远大于一般人见到或想象的尺度，也许就像"扶摇直上三千里的鲲鹏与小麻雀"的差别[6]。

那么，如此极大而广的"道"的边缘在哪里？边缘之外又是什么？老子这次没有说"吾"不知道，而是用了"远曰反"来说明。"反"是回转、复返、循环的意思，<u>"道"的无限延伸，就到达空间的反转或循环</u>**（远曰反）**，这一论点与作为中国古代哲学的重要思想"循环论"是一致的[7]。在此，老子一个"反"字解决了这个"边缘"或"边缘以外"的问题。将古人的认知又一次提至极高的水平。这个模式与现代宇宙学的一个空间理论有非常相似之处[8]。

4、名"大"、字"道"

老子以前没有人对"道"做过说明，所以不知道应该叫什么名称（吾未知其名）。

取名的含义要与所指的客观事物相符，由于用一般的词汇难以准确地表达或描述"道"的存在，<u>所以权且起名为"大"</u>**（吾强为之名曰大）**。

名为表，字为里，与"大"互相表里呼应，<u>故为其表字为"道"</u>**（字之曰道）**。

表字为"道"是指其不但是产生天地万物的本原，而且还具有授予天地万物生成变化之法则的作用和意义（在后边有详细的说明）。

这就是"道"的来源，也为中国辞书中永久性地增添了一条。

第二节　"道"是太空

概　要

（1）"道之物"。近则一轮满月，远则漫天繁星，夜空如无边无涯的海洋，无数星球散落于无垠的天际。

（2）"道"有无限大容量。"道"大而深，包容了宇宙间一切日月星辰、天地万物；且分布稀疏，如悬浮在空中的尘埃，飘荡而不相扰；空间清明透亮。

（3）"道"真实有象。没有人怀疑其"道"存在的真实性和恒定性。

（4）老子"道"模型的现代证实。

①"道"是物质存在的构成，如现代天文学、宇宙学所证实。

②"道"是天地万物的本原，万物生于地球，地球是太阳系得一颗行星，太阳系来自宇宙。

③"道"容无际。宇宙中的行星可能多达100万亿亿颗，但物质存在极其稀疏，绝大部分空间仍然空空荡荡，恒星之间的平均距离超过30万亿公里。

④"道"远曰反。当今宇宙科学假设认为，时空可以形成一个在尺度上有限却没有任何边界或边缘的面，即一个"有限无界"的闭曲面。

【原文】

（第二十一章）道之物，唯望唯忽。忽呵！望呵！中有象呵！望呵！忽呵！中有物呵！幽呵！冥呵！中有请呵！其请甚真，其中有信。

（第二十章）望呵！其未央才！惚呵！其若海。望呵，其若无所止。

（第四章）道冲，而用之有弗盈也。渊呵！似万物之宗。挫其兑，解其纷，和其光，同其尘。湛呵！似或存。吾不知其谁之子，象帝之先。

1、仰观"道"之物

《老子》中说，"**道之物，唯望唯忽**。"

古人将月亮的四个月相叫做"晦、朔、弦、望"，夏历每一个月的十五日前后，日落月出，日月对望而生明，这时的月相叫作"望"。这里，"望"指的是月亮的一个状态，仰观一轮明月，其中依稀可以看到有物的阴影，似山、似谷、似海、似林，虽然不能明确从满月中究竟看到的是什么，但却是四季周转不变，千年景象依旧，所以完全可以断定月亮及其中景象都是有形之物。

"忽"是古字，同惚，指寥廓稀疏、形貌不清的状态。夜观万里碧空，

18

没有月色或者月色很弱时，仰望看到的一定是繁星满天，其中有按照各自规律周行不止的行星，还有众多几乎不动不变的恒星，最为壮观的是横贯天穹的银河，由千亿万个星星组成，有的白蒙蒙象一团云雾，有的密密麻麻似团团浪花；其它更显遥远的星团，闪闪烁烁、似有似无、时隐时现、密密匝匝，其数目不可计，其深远不可测。所以，夜空中更广更深的情景是"物"。

晦　朔　弦　望

　　老子没有具体描写"望"和"物"这两个景象，是因为无论是他自己还是别的人，这是一生中不知道要看到多少遍的景象。他在告诉人们，"道"中之物，可看的是两个景象，个别看可以将明亮的满月为例，整体看就是寥廓稀疏、形貌不清的夜空，所以是"唯望唯物。"

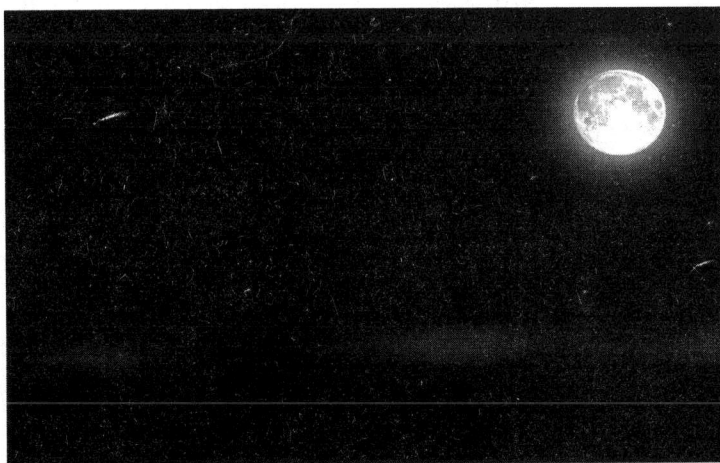

　　在晴明之夜，如果仰望整个夜空，然后再回想那一轮明月，密密蒙蒙的星星或者星云就是万亿个月球般星体聚集的形象；如果仰观一轮望月，

然后再看看满天的繁星，每个星体都是一个月球般有形之物。（忽呵！望呵！中有象呵！望呵！忽呵！中有物呵！）。

原来，《老子》中的"道"就在每个人一生中不知要仰观多少次的太空。

但是，那一轮明月，再加上满空繁星，如何能让人相信那就是"道"的全部呢？还有更加清晰可见的景象吗？老子知道，这是一个很难解决的问题，所以他也感叹地说，只看到一个月亮，其景象远远不能说明那万亿颗繁星的情景(望呵！其未央才!)；只看到繁星漫天的夜空，就像深不见底、远望无边的海洋，其中象月亮那样的星球，散落分布于无垠的天际，其数量难以计数（呵！其若海。望呵，其若无所止）。

2、无限大容量

前面说到"道"很大，大的看不到边际，"道之物"是可以通过观察和推想，为人所感知的客观存在的物。但是，"道"是平面的大、还是立体的"大"？"道"与"道之物"之间的大小概念是什么？《老子》中进而对"道"的容量、深度进行描述，以说明"道"的大。

"冲"的繁体字写作"衝"，是于道路的交叉口有很多行人车辆的样子。如果将能看到、能体会到的有形体的东西，象人、车涌入路口那样的放入"道"，那么会是什么样子呢？老子说，没有关系，都放进去也不会满的。为什么呢？因为"道"犹似一个不见底的深渊，又像是万物生灭的本原或归属，容得下宇宙中的日月星辰、天地间的江河山川、万物中的草木鸟兽等一切一切。（道，冲而用之有，弗盈也。渊呵！似万物之宗）。

所以，"道"是一个无限深远寥廓，包容了宇宙间一切的存在之物。那么，存在于"道"的无限空间之中、难以计量的物是一个什么样的分布情况呢？

首先，一切"道"中之物，由于分布稀疏，都与一般所见的物品堆积不同，看不到细长尖锐的，也丝毫没有交错纷乱的堆积；不同发亮发光的，在无限的寥廓之中都显得闪烁暗淡；相比之下，无论大小，都如同悬浮在空中的尘埃，各自飘荡而几乎没有相扰；所以从总体上看，"道"的空间是清明透亮的（湛），但是，其中亿万之物呈现的象状，又显示出其确实的存在。（挫其兑，解其纷，和其光，同其尘。湛呵！似或存。）

3、"道之物"的真实性

在这里，其实老子并没有说"道"是物或不是物，而是说"道之物"，也就是说"道"所包含的"物",结合"中有物呵"、"有物昆成"等描述,可以断定,"道"就是那个包容了天地万物在内的宇宙,是人们用肉眼只能在夜晚才能够看到的深邃太空。

将"望"解释为满月相,是理解这一段介绍"道"的文字的关键,也是理解《老子》、理解"道"学的关键。其中,第一是立足于对文风纯朴、专门讲"物"的老子思想的一种体会,如果给大家一个"没有的存在",大概连他自己也会感到不能交代。试想,如果开始说是"非常道",结果是找不到"道",让人们在千百年的漫长岁月里煞费苦心地探找、满腔热忱地争辩,老子即使出了关,也会给自己留下遗憾。第二是"望"字非常普遍地用于古代记录时间,那时的人们看到"望"字首先想到的是夏历每个月十五前后的一轮明月,不象现代人想到的是站在高处远眺,所以这样解释符合当时的情况。第三,由"望"而"月",由"月"而"天地",由"天地"到无穷边际和无限容量的"道",形成一个关于宇宙空间局部到整体的系列,在逻辑上也是合理的,在此基础上老子关于宇宙天地万物等自然的关系也就一一顺理成章了。

当然,如果按照"唯恍唯惚"解释,一字之差,谬之何止千里。

另外,还有几点可能是使老子不能如现代人所想的那样去描述夜空的原因。

①《老子》以前,古人仰观天象至少有成百上千年的历史,但那时的"天"大概主要是指包括了日、月、星辰和雷电风云的天,很少涉及时隐时现的更遥远的太空之物。《老子》将"道之物"指向天际之无限极远,远远超出当时人们已有的"天"的概念。另外,"道"成于"天地"之前,所以"道"应该是比传统的"天"要遥广的多多。

但是,能看到"天"与"道"的分界吗?不能,不但看不到分界,就是想说清楚也很难。所以,《老子》中即使想从空间的角度,说明在挂满繁星的夜空,哪里是"道",哪里是"天"确是一件很难很难的事。

所以,老子补充说:<u>虽然看起来幽深黑暗,但是"道"的存在是确定无疑的,其中所展现出来的情景千百年来,几乎每个晴空夜晚都可以看到,几乎所有的人都能看到;没有人怀疑其存在的真实性和恒定性,甚至其存在已经成为一种司空见惯,见惯到很少有人去思考它的来源和更详细的状态</u>(**幽呵!冥呵!中有请呵!其请甚真,其中有信**)。

② 在古代,"象"是指客观存在的事物所表露于外的形象或者现象,人们可以凭感官获得认知。"象"不仅表现事物静态的"形象",更重要的

是"象"还指一种与事物形体、形质不同的、可以表示事物功能动态的形象。因为在对日月星辰进行肉眼观察时，只能得到"象"，而不能如观察地上之物那样既能看到象，也能看到形体形质。中国古代以《易经》为代表，形成以事物功能为基础的立论出发点，而且成为古代科学认识客观世界的主导思维和认识方法[7]。

人类不借助仪器观察天空的群星，所得到的信息是非常有限的。"古代"的人基本是凭借肉眼观察天象，得到的信息只能是"唯望唯惚"。由此，可以认为《老子》的"中有象呵"的"象"，就像现在的"气象"的"象"一样，是指肉眼对"天象"的观察。

有"象"就有"物"，所以"道"以及"道之物"都是真实的存在。

4、老子"道"模型与现代宇宙学

前边说到，《老子》中提出了一个"道"的概念和模型。那么，这个模型的预测结果如何，可以通过对现代宇宙学分析作如下说明。

（1）现代人类对宇宙组成的认识概况[9]

人类生存的地球由空气、水、石头和各种元素组成，直径约 1.27 万公里，是一个近似浑圆的球体。月球是地球的卫星，距离地球约 38.6 万公里，是距离地球最近的一个天体。

地球是太阳系家族的一个成员，距离太阳约 1.5 亿公里，质量约 6 万亿亿吨，以每秒约 30 公里的速度围绕太阳旋转。太阳是以氢、氦为主要成分的炙热球体，直径约 140 万公里，约是地球的 110 倍。以太阳为核心的太阳系除了地球外，还有水星、金星等八个行星，以及其它卫星、彗星等小星体。如果将地球与太阳的平均距离作为一个天文单位，那么太阳系中最遥远的行星 – 冥王星 – 距离地球约 40 个天文单位，而更边缘的奥而特云约是 5 万个天文单位，那是一个非常遥远，而且人类永远不可能到达的地方[8]。

人类用肉眼仰望夜空，看到一大片白色云带是银河。银河系有两千多亿颗星体，有 1 千多亿颗类似太阳的恒星，类似地球大小的行星也有 1 千万颗。银河系的主体是 4 条巨大螺旋状的旋转臂组成的银盘，银盘的直径约有 8.5 万光年。太阳系只是银河系千亿个普通的恒星之一。

在宇宙中，银河系仅是一个普通的星系，目前观察到的河外星系有千亿个，构成总星系。银河系是构成本星系团的成员之一，而本星系团与其它星系团共同构成本超星系团。本超星系团是一个扁球形的星系大集团，直径约 6 千万光年。星际空间还存在大量气体和尘埃。

有的科学家说，今天的宇宙边缘在 150 亿光年处，已经观察到的星系有 1250 亿个。在广袤的太空中，大多是空空荡荡，物质极为稀薄，其中充满了暗物质及短缺质量。

（2）老子的"太空"超越了近地宇宙

与地球进化和宇宙变迁相比，现代人和老子可以称做同一时代的人，那时看到的夜空景象与今天人们肉眼观察到的应该完全一样。

古代人们观察夜空，可以清晰分辨的天体主要是日、月、五星和二十八宿等，从实用上讲，对这些星体的观察、计算已经足够为人们制定历法、分析天象、指导生产和交通等活动而用。所以对那些更遥远、无法清晰辨别的太空景象就自然减少关心。由此，那时所说的天地，应该是以地球为核心的、可以清晰观察范围之内的天地；那时所说的万物，也是以地球为核心、包括了地球上一切存在的万物。而这一切，也可以认为是古人所指的"天地万物"。

中国古代的先人们最早积累了丰富的知识，提炼或提出诸如"开天辟地"、"阴阳之道"、"日月运行"等关乎自然变化、关乎万物生灭的高度总结和哲学观点。但是，老子没有满足于此，他将探索本原的锐利眼光，放射到"天地未开"、"阴阳未生"之前，他希望从自然存在中去寻找万物的本原。老子是唯物主义者，天地很大，但"天地万物"都是客观存在，这"天地万物"一定有一个更广大的来源。由此，很自然地，老子的眼光开始突破先人们的观察范围，突破"天地"的范围，用人类独有的智慧和哲理，去观测和理解那浩瀚广袤的太空，去想象那无穷的"大宇宙"。

这就是《老子》中提出的"道"模型的物质存在原型。

（3）"道"模型的证实

①"道"是物质存在的构成

《老子》的"道"中"有物昆成"，是物质的存在所构成，不是传说中的神或其它有意志的超级力量所创造。这是中国古代最具代表的唯物观。也为现代天文学、宇宙学所证实。

②"道"是天地万物的本原

太阳系是宇宙中千亿个星系中的普通一员，宇宙生成于约 140 亿年前，太阳系约生成于 50 亿年前，地球大约有 46 亿年的历史，地球上的单细胞原生动物大约出现在 10 亿年前。从时间和空间讲，说"道""可以为天地母"是正确的。

③"道"容无际

宇宙空间是巨大的，恒星之间的平均距离超过30万亿公里。用统计的计算方法，任何两个可能存在的文明社会之间的平均距离在200光年以上。宇宙中的行星可能多达100万亿亿颗，但宇宙中绝大部分空间仍然是空空荡荡，物质存在极其稀疏，如果随机地进入宇宙，那么存在或靠近一颗行星的可能性不足十亿亿亿亿分之一[10]。所以，用人类已知的物质充填于宇宙中，不过九牛一毛，当然是"弗盈也"。老子对"道"的空间容纳的推测也是正确的。

④"道"远曰反

当今世界最前沿的宇宙科学假设认为，时空可以形成一个在尺度上有限却没有任何边界或边缘的面，即一个"有限无界"的闭曲面[8]。这个现代科学预言与《老子》中的"大曰逝，逝曰远，远曰反"的假设有着异曲同工的一致。这是一个非常有趣却有点说明困难的问题，读者可阅读有关文献加深确切的了解。

《庄子》中是这样描述"道"的，"夫道，有情有信，无为无形；可传而不可受，可得而不可见。自本自根，未有天地，自古以固存；神鬼神帝，生天生地。"[6]。其实庄子并没有解释"道"，不过是对老子叙述"道"的直译再加上"神鬼"而已，其结果是使"道"在后来人们的心目中飘摇于比它自己还远的天际之外，一直没有回归。

参考文献：

[1] 赵又春，《我读老子》，岳麓书社（长沙），2006.6，P2

[2] 冯友兰，《中国哲学简史》（赵复三译），新世界出版社，2004.1，P84

[3] 胡适，《中国古代哲学史》，安徽教育出版社（合肥），2006.8，P50

[4] 许慎（东汉）著，李翰文 译注，《说文解字》，九州出版社，2006.3，P542

[5] 徐奇堂 译注，《尚书·洪范》，广州出版社，2004.5，P74

[6] 马恒君，《庄子正宗》，华夏出版社，北京，2007.5，P3，75

[7] 刘长林，《中国系统思维－文化基因探视》，社会科学文献出版社，2008.11，P13

[8] 史蒂芬·霍金（英），《时间简史》（许明贤，吴忠超 译），湖南科学技术出版社，2008.8，P127

[9] 比尔·布莱森（美），《万物简史》（严维民，陈邑 译），接力出版社（南宁），2005.2，P19、21

第二章 "道"生"天地万物"

古人在观察水的蒸发和冷凝时发现，随放置时间延长，盆里的水会变得无影无踪，反之在早晨的田野又常有露水"无中生有"；在计算铁矿石和冶炼后产物（铁和矿渣）的重量变化时也会发现，一部分重量在冶炼时不知去向；……等等。古人注意到物质或物质中的一部分于"有"和"无"之间变化，由此可以认为，这里的"无"不是"一无所有"的"无"，而可能是物质存在的另外一种形态，即人是不能以通常的办法感知这种物质形态的。

另外，古人也注意到，世间万物有两种存在，一是可以直接感知的物的质或形，另一是物的固有的存在和变化方式。如有生命物吸收水分和营养，然后成长和壮大的过程，就是水分或者营养物存在方式的改变。

古代关于天地万物起源的假说或模型很多，但老子的"道生天地万物"模型无疑是最接近现代科学研究成果的。其中最重要的原因就是老子的模型不仅创造性地应用了物质存在于"有"、"无"之间的概念，提出"有"生于"无"的重要论点，而且同时也应用"有"和"无"的结合解决了物和物的存在变化方式的本原问题。

在帛书版《老子》中，与"道生天地万物"有关的章节有第十四章、二十一章、三十二章、三十七章、四十一章、四十二章、四十三章、五十二章等，以下集中整理，欣赏老子的千古创造。

第一节 "一"是"无形"的存在

概　要

（1）"道"生"一"。
① "一"是"道"创世过程的一个阶段，是"复归于无物"的状态。
② 看似"无物"的"存在"，具有"气"的象状。
③ "天地万物"本原归一的学术意义。
④ 古人探索研究天地万物生成本原的进一步深入。

《老子》新观

【原文】

（第四十二章）道生一，一生二，二生三，三生万物。万物负阴而抱阳，中气以为和。

（第十四章）视之而弗见，名之曰微。听之而弗闻，名之曰希。捪之而弗得，名之曰夷。三者不可至计，故混而为一。一者，其上不谬，其下不忽。寻寻呵！不可名也，复归于无物。是谓无状之状，无物之象，是谓沕望。随而不见其后，迎而不见其首。

老子提出了"道"，介绍了观察"道之物"的状态，由其描述可以看出"道"就是今天人们所说的"太空"。然后老子还提出"道"是产生天地万物的本原这一著名论点。《老子》中关于"道"生万物的说明可以见于以下几个章节。

原第四十二章，"道生一，一生二，二生三，三生万物。万物负阴而抱阳，中气以为和。"

原第四十一章，"天下万物生于有，有生于无。"

原第一章，"无名，万物之始也；有名，万物之母也。……二者同出，异名同谓。"

为了理解《老子》的创世说，将上述几种说明对照作图如下。

道	一	二	三	万物
	无（物）	有名	天地、恒有	天、地、恒有、万物
		无名	恒无（名）	恒无（名）

说明如下：

① 第一列，"道"。

② 第二列，"道"生"一"，"一"为"无物之象"。

③ 第三列，"一生二"，"无名"和"有名"二者同出，异名同谓，"无名"万物之始，"有名"万物之母。

④ 第四列，"二生三"，"三"为"天地"、"恒有"、"恒无"；

⑤ 第五列，"三生万物"，"万物"为地球上的生物，"恒有"以观其所徼，"恒无"以观其眇。

1、"一"是代号

"一"在中国的古文化中是最复杂的概念之一，《老子》中是怎样说明"一"的呢？

看得见、听得到、摸得着是人类感知客观事物的最基本、也是最直接的方式，如果一个物无形无象、人看不见，无声无息、人听不见，无迹无感、人触摸不到，古人则把这三种不为人类"感知"的"不见"、"不闻"、"不触"分别叫做"微"、"希"、"夷"（**视之而弗见，名之曰微。听之而弗闻，名之曰希。搏（min）之而弗得，名之曰夷**）。

"视之"、"听之"、"搏之"，三个"之"字共同代表的是一个对象，表明了"之"的存在，只是依靠人的"视、听、搏"不能感知而已，所以分别命名为"微"、"希"、"夷"。在老子的时代，几乎没有仪器或者装备去延伸人们的感知器官，而当人们从"见、闻、触"三个方面都不能用常有的感知能力获得信息时，几乎就等于失去了了解客观事物、分析其特点和类型、追溯其变化的方式，也就是说，<u>没有任何可以说明的内容去描述所希望说明的对象</u>。于此情况下，老子选择了最简单、而又是最深奥的表达符号"一"，作为合称"微"、"希"、"夷"三者的代号（**三者不可至计，故混而为一**）。

老子进而讲到，"一"是最简单的一个图形或者代号，所以如果当图形看，"一"之上部或下部，都是空空如也，找不到其意义上的"正确"和"错误"，也找不到形貌上的"清晰"和"模糊"；如果从代号上理解，在"一"之前或者"一"之后，也是找不到其意义上的"正确"和"错误"，以及形貌上的"清晰"和"模糊"。（**一者，其上不谬，其下不惚。**）

所以，尽管经历了很长很长的时间，人们依然很难从概念上明确"一"的意义，也很难从名称上得到恰如其分的称谓（**寻寻呵！不可名也**）。

所以，"一"是代号，是指不可感知的存在。

2、"一"是"类气"的物质

虽然"一"是个代号，但老子也绝不会仅仅是为了排出"一、二、三"的顺序才造出个"一"的吧？当然不是。

《淮南子.诠言训》中讲："一也者，万物之本也……"；《庄子.天地》也讲："一之所起，有一而未形"。可见，古人说明这个"一"字，是天地万物生成之前的一种状态，万物即由其产生的意思。

对于天地万物的本原，《易.系辞》中还有："是故易有太极，是生两仪，两仪生四象……"；《列子.天瑞篇》中说"故曰：有太易，有太初、有太始、有太素。太易者，未见气也；太初者，气之始也，……"。

又《庄子. 知北游》中有"通天下一气耳",意思是天下万物的共同本原是"一气"。

可见,古人将"一"当作天地万物未造之时的一种原始存在,并且认为该状态下有一种"气"存在,也即"气"是产生天地万物最开始的物质。

大约在公元1000－1200年期间,也就是老子后的1千多年,宋代的张载详细地分析"气"是构成个体事物的具有物质性的质料,万物的生成和消灭是由于"气"的聚散;其后的程颐和朱熹进一步提出,我们所见的宇宙,不仅是"气"聚而生,还因为根据各自的"理"而分成不同的门类[1]。

"一"由"道"所生,"道"中有"道之物",那么"一"怎么会看不见、听不到、摸不着呢?老子想得很细腻,他说这个现象是由于"道"在生"一"时,出现了"复归于无物"。这里的"无物"不是现代概念的真空,而是没有为眼睛、耳朵、身体所感知的存在,所以老子又说,"一"中虽然没有"物",但是有所存在,于没有形状中表现出存在的状态,于"无物"中有"象"存在(是谓无状之状,无物之象)。

世界上透明(看不见)、不发出声音、触摸没有感觉、但能显示出存在状态或象状的应该是如空气一样的气体。空气虽然没有一般物体所具有的实体存在的性状,但是扇动时有流动或压迫感,外物快速穿透空气中有阻力感,人置身于空气中有温热或寒冷的感觉,……,空气的运动表现出的正是"无状之状,无物之象"。

古代人还不明白世间物质依条件变化可以具有气、液、固三种存在的状态,也没有"空气"这个词。但显然对气体的存在和表现已经有一定理解。《老子》中进一步的描述是,如果立于"一"中,无论是迎面而立,还是随后而行,只要你感觉或体会到它的存在时,事实上你已经进入它的中间,所以在空间上找不到"一"的尾和首,不知道它的起止界限,找不到起点和终点(随而不见其后,迎而不见其首)。这种描述也与人们对空气的感觉和理解极其相似。

《淮南子. 原道训》中说:"所谓无形者,一之谓也。所谓一者,无匹合于天下者也。卓然独立,块然独处。"意思是说,所谓无形,就是"一"所代表的;所谓"一",就是天下独一无二,能超然独立,安然独处。这里将"一"和"无形"联系在一起,但强调了其"卓然"、"块然"的存在状态,进一步明确"一"的存在。

所以，虽然《老子》中没有提到"一"就是"气"，也许是因为老子对"气"这个"名"持慎重或保留，也许是当时还没有"气"这个词，但是，《老子》中对其状态、现象的描述还是告诉人们，"一"就是构成天地万物的原始存在，一种性状类似"气"的存在，在有的地方被古人叫做"元气"。

当然，老子虽然说"一"是"复归于无物"，但他老人家还是感觉到有一种类似"物"的存在，并不属于人的意识创造，所以最后说<u>可以把"一"看作被遮盖或潜藏（沕，潜藏的样子）的满月（望），虽然看不见，但它是确实存在的</u>**（是谓沕望）**。

3、"一"是"归一"

《庄子．天下》中引惠施（公元前350－260年，战国时宋国人）的话说，"至大无外，谓之大一；至小无内，谓之小一"，意思是说，最大的东西无限大，叫做"大一"；最小的无限小，叫做"小一"。用现代的概念，"大一"、"小一"都指的是极限问题，是"极大"和"极小"两个抽象的概念。

《老子》中把"道"生万物的第一阶段叫做"一"，明确了宇宙万物的本原同归于一元，建立了中国古文化中万物"归一"的理论。由这一点看，"一"还不仅仅是代号，而是将蕴含更深刻的哲学意义。

4、"道"生"一"的实质

由以上的论述可以看出，"道"所产生的"一"是一种无形的"存在"，依现代观点，这个"存在"也是一种"物"，是一种依古代的眼光看似"无物"而实际存在的"物"，而且有现代人们所说的"气体"性状的描述。

但"一"是否就是"道"，或者是"道"的一部分呢？

第一，"一"不是"道"，因为"一"是"道"所生的，而且"道"中有"道之物"，而"一"中没有"物"。第二，"一"也不是"道"的一部分，而是"道"的创世过程中出现"复归于无物"的一个阶段。第三，老子的"道"生"一"，实际上是将当时人们探索天地万物本原的研究又向前推进了一步，而且不仅仅是一种抽象的、理念的向前推进，而是建立在客观实际存在的基础之上的向前推进，已经接近于对宇宙天体构成的探索，接近于对地球及其形成的探索。

所以，老子的"道"生"一"的研究奠定了他始创"道"学的客观自然属性和唯物的基本立场。

第二节 "道"生天地万物

概 要

（1）"一"生"二"，"二"是"无名"和"有名"；"二"是推测出来的创世过渡阶段，从本原上同时建立了物质存在和运动的客观基础。

（2）、"二生三"，"三"是"天地、恒有和恒无"；由于条件变化，"有名"不复存在，来自"有名"演化的物质被称为"恒有"。

（3）、"三生万物"，"天地"是条件，"恒有"是物质的基础，无生命物生出有生命物，有生命物通过雄雌交媾，繁衍不断，地球上的生命物生生不息。

（4）、天才的预言。通过了解"恒有"的结构，可以间接地知道由其构成的生命物的结构或组成，反之也然。（对现代化学、生物科学最常见分析方法的高度概括。）

【原文】

（第四十一章）天下万物生于有，有生于无

（第三十二章）始制有名，名亦既有，夫亦将知止。知止所以不殆。

（第五十二章）天下有始，以为天下母。既得其母，以知其子。既知其子，复守其母，没身不殆。

1、"一"生"二"，"二"是过渡阶段

《列子. 天瑞篇》中还说，"太易者，未见气也；太初者，气之始也；太始者，形之始也；太素者，质之始也"，意思是说，在"太始"段，元气已经有了形态；到"太素"段，开始出现有质有形的物质。有专家认为《列子》的成书时代有疑问，所以在此仅引为参考。

《老子》中的"一"是无形的类"气"存在，在当时认为是"无物"。那么，由"一"产生的"二"是什么？在"绪言"里，老子已经介绍了"无名"和"有名"是"两者同出，异名同谓"，在原第四十一章中还有

"有生于无"，从而如果将老子在"一"中的"无物之象"、"复归于无物"看作是"无"，那么由"一"生出的"二"可以看作是"无名"和"有名"。（有生于无。）

在"绪言"中还有"无名，万物之始，有名，万物之母"，所以可以认为在"二"的阶段，还没有产生天地万物，这是一个由"道"产生现今世界的过渡阶段。其中，"无名"尽管与"有名""同出"、"同谓"，但是仍然沿用了"无"，说明是当时条件下不能感知的一个存在，所显示的是那个阶段的始创过程；"有名"则类似《列子》中所说的"太始者，形之始也"，是自"一"中产生出来的、呈现有形无质状态的物质，是后来产生万物的基础物质。

"二"是一个创世过程的过渡阶段，在现今的物质世界里已经不可能寻找到"二"的存在痕迹。但是，根据现有物质的生成变化，可以推测出创世过程曾经经历了这样一个阶段，所以，这样一种出发于客观所在、然后只能根据理论推演而认为曾经有过的存在，被老子命名为"无名"和"有名"。

提出用"无名"和"有名"表示创世中曾经经历的两种客观存在，是老子总结世间万物的存在和变化规律而推演出来的，这一点从其后的说明和分析，可以看出其独特的创意。

老子看世界，将一切存在的内容划分为两个部分，一部分是具有宏观可以感知的物质的，是有形、有体、有质、有感的存在，也是人们认识客观物质存在与特性的基本内容；另一部分是人类感知不能达到的，但也是客观的存在，这一部分影响着物质运动和变化的形式和规律。

如果说"道生一"的讨论基本奠定了老子"道"学的唯物观，那么"一生二"的观点为解决客观物质的运动特性打下了基础。换言之，在物质起源的"一元论"基础上，老子从根源上建立了物质存在的客观性和物质运动的绝对性的基础。

老子的创世思想是原始朴素的唯物论和辩证法。

2、"二生三"，"三"是"天地、恒有、恒无"

无形无质的"一"生出"有名"，有形无质的"有名"产生有形有质的"恒有"，这就是《老子》创世假说中最重要的过程。

《列子》中说，"气形质具而未相离，故曰浑沦。浑沦者，言万物相浑沦而未相离也。清轻者上为天，浊重者下为地，冲和气者为人。"意思是，在没有产生"天地万物"之前，是已经具有形、质的物质存在，但是还处于浑沦状态，没有分离开来。直至后来质轻形清的部分上升形成天，质重形浊的部分下沉形成大地，轻重居中的和气相冲形成人。需要注意的是，这里"天地人"三者是于同一情形下同时生成的，如果将人作为一切生物的代表，就成为"天地万物"同生的观点。

在《易·系辞》中有，"天尊地卑，乾坤定矣"，意思是说首先是确定了天和地的相对主次关系，并由此确定乾与坤的地位，其中没有提到人。然后，在《易·系辞》中又有，"天地氤氲，万物化醇，男女媾精，万物化生"，"乾道成男，坤道成女，乾知大始，坤作成物"，意思是天地阴阳二气交互作用，万物得以醇厚地化成，男女交合其阴阳精气，万物得以化育生成；乾道象征男，坤道象征女，乾坤化成万物的作用有所不同，乾的作用是始创万物，坤的作用是化成万物。从这些句子里看出，是先有"天地"化成"万物"，然后"万物"分成"男女"，再化生一代一代的万物。这样的解释可以在《易．卦序》中得到证实，"有天地然后万物生焉。……有天地然后有万物，有万物然后有男女，有男女然后有夫妇……"。显然，《易经》中是"天地"生"万物"的观点，《列子》中是"天、地、人"同出的观点，显然，两种观点是有明显差别的。

《老子》中省略了大家共认的一些说法，非常简练地提出"二生三"。虽然，《老子》中并没有直接讲"二生三"的"三"是"天地、恒有、恒无"，但是，根据"三生万物"、"天下万物生于有，有生于无"等句子的说明，可以推定"三"是"天地、恒有、恒无"。为什么是"恒有"，而不是"有名"，可以从稍后"有名"成为"既有"的分析中得到回答。这个"恒有"已经非常接近"万物"的存在，或者说"恒有"是构成万物的基本物质，是可以在现今自然界中恒常存在，并且是最具有普遍性的物质，用现在的词汇讲，例如自然界中的元素和水，空气中的氧、二氧化碳等等。

老子的"天地、恒有、恒无"同出于"二"，既不同于《易经》中所说的先有"天地"，而后"天地"产生万物，也不同于《列子》的"人（万物）"与"天地"同生。老子的这一假说正是其思维缜密的又一个典型例子，这样既符合了在"天"和"地"形成的客观环境和条件下，万物生成、演变的事实，而又不是简单断认"万物"生于"天地"。

《列子》成书时间的可靠性受到质疑，《易经》的成书早于《老子》，因此几乎可以认为《老子》是最早提出"天地、恒有、恒无"共在的观点的，而且老子的宇宙生成模型，较之更早的"开天辟地"说向前推演了两个发展阶段，巩固了这一古代的唯物创世说中合理的部分，克服了其"以天至上，演变成天是自然神"等不合理成分，由此从"道"的自然观出发，通过逐级缜密的推理，导出了"天地"自然的观点，为"天人合一"这一重要的自然观和社会观做了重要的铺垫。这在古代实证科学极不发达的情况下，是非常难能可贵的。后边，老子还将对"天"的自然属性作进一步的说明。

3、"有名"成"既有"

"有名"是物质的基础态，但尚不具备物质的"质"，是一个物质产生由"无"到"有"的过渡态，其后发生的过程是"有名"经历了复杂的变化，转变并构成了现在存在于天地间的各种基本化合物。按现在的宇宙形成的说法，如果将"有名"看作是类似在宇宙空间弥漫于较高温度之中的基本离子以及这些基本粒子转变为原子核时的物质状态，那么，当温度降低和其它条件适宜时，这些原子核捕获电子形成原子、最终形成相对稳定的分子，也就是老子的"恒有"。

古代的人是不可能在自然界中观察到这一物质生成演化过程和初始物质形态的，而在地球的现有自然态下，也不可能使物质再回到初始的"有名"状态，即使是现代人也还在不断地研究、探索或努力验证这些曾经可能发生的过程。所以老子将这一过渡阶段的"有"叫做"有名"，以示其是一种超越可感受经验的完全的推理和概念，并且认为<u>这个存在的物质形式已经成为一种过去的"既有"，在现在的自然界中已经不复存在，特别是地球上的任何物质在现有状态下都不会自动地再回到"有名"的状态。</u>**（始制有名，名亦既有，夫亦将知止。）**

所以，老子提出"有名"的概念，并对其在创世中的演化进行推理，是一个非常特殊的思考和探索过程，这个过程不但在于解决自然界物质存在的本原，而且还在于整个推演过程于逻辑上的严密性。试想，如果不经历"有名"这样一个物质生成的过渡状态，如果"有名"不是已经成为"既有"，即成为目前条件下经不可能存在的"过去态"，那么，按照物质不断变化的运动特点，现在的一切基本物质，即"恒有"岂不有可能回到初始有形无质的"有名"状态，甚至回到"无物"的"一（气）"中，或返回到"道"中去。显然，这样的现象是不会发生的。所以，老子说：<u>了解到这一点就不必担心在推理和说明中出现错误和漏洞了。</u>（知止所以

不殆）

在一定的条件下，有形无质的"有名"转化为有形有质的"恒有"，宇宙进入真正的物质创造阶段，进入创造"天地万物"的时代，也就是天地万物开始生成的阶段。古人是不可能知道这些有形有质的基本物质的结构或本质，也不会用现代的物理学、化学概念去描述，但是古人知道这些物质来自不复存在的"有名"，可以构成各种生灭变化的生命物，所以统称为"恒有"。

4、"三生万物"，"万物"是地球上的所有生物

古人称"天地万物"，"万物"指什么？"万物"有多大的范围？如果认定"三"是"天地、恒有、恒无"，那么，万物就是生存于天地之间的一切有生命物，包括了生存于地球上的水里、陆地、空中的无数植物、动物、菌类以及其它形形色色的生命体。

那么，"三"是如何产生出万物的，《老子》中并没有详细地说明，所以我们还是借助于参照《列子. 天瑞篇》中的一段话，体会古人的想法。《列子. 天瑞篇》有一段讲到自然万物的生成，即使现在看，依然具有启发。书中如是说明："有生不生，有化不化。不生者能生生，不化者能化化。生者不能不生，化者不能不化，故长生，常化。长生，常化者，无时不生，无时不化，阴阳尔，四时尔。不生者疑独，不化者往复。"结合前述内容，对这段话译释如下：基本物质（有或恒有）构成没有生命（不生、不化）的物质，然后由没有生命、或者没有变化的物质产生了有生命或有变化的物质；有生命之物必然产生同样的有生命物，能变化的物质必然发生不断的变化，故生命物享有生命，变化物经常发生变化；生命物种的延续和其它物质的变化每时每刻都在发生，就像阴阳交替、四季变换一样，时时刻刻都不停止。没有生命的物质是独立存在、不会改变的物质，没有化成能力的事物只能发生往复变化。

对这段话作如下几个关键点的总结：

① 首先是"有"或者"恒有"构成没有生命的物质，用现代语言讲，这些"无生命"物包括了地球上的许多有机的或者无机的化合物。

② 无生命的物质能够组合构成生命物。这与现代化学、生物化学的结论是一致的，生命是碳、氢、氧、氮、硫等元素构成的极具复杂的物质。

③ 有生命物的生命是有限的，所以生命必须通过繁殖和化生实现生命的延续，而且这种生命的延续现象无时无刻不在发生。

④ 没有生命的物独立存在于自然界，不会生化也不会灭死，如山石、大地等等；没有化变能力的物总是周而复始地变化，如日出日落，四季循环等等。

这一段话虽然不能完全准确地说明自然界天地万物产生变化的经历和过程，但是对理解古人所说的从"有名"转变为"恒有"到产生天地万物的生成机理也许有所帮助。

但是，《列子》中的这一段话仅仅是概括了物质从无生命到有生命的程序，说明了地球上的生命体来自天地间的物质，而不是神创或其它来源。显然，这样的说明忽略了地球环境条件对生命体产生和繁衍的重要性。而老子的"三"则将变化的主体和条件一并列出，强调了"天地、有和无"对生命不可缺一的重要性。

对于地球上"万物"生生不息、繁衍不绝的情况，老子总结其规律，指出一切生物体都是由雄雌、牡牝、父母交媾而产生，其身体的产生、长成依恃（负）于母体的孕育和哺育，而父体确定的是种类和特性的本质。在产生下一代时，母本的"阴气"和父本的"阳气"相交，结合形成"中气"，"中气"在和合中奠定下一代的基础(**万物负阴而抱阳，中气以为和**)。

在本书的"绪论"中，曾讨论老子提到的"眇"在"玄"的情况下，构成万物交合和繁衍的关键，其中"眇"就是"恒无"所代表的存在。所以在稍后说明"无名"的演变和作用时，还会进一步分析"中气以为和"的意义。

总结以上，老子的研究认为，天地及天下万物都有一个产生的开始，而不是固有不变的。在产生天地万物之前，有一个物质的存在，就是"有名"，"有名"就是"万物之母"，是一切物质产生的依恃和来源，"恒有"是构成万物的基本物质存在。如果掌握了"有名"或者"恒有"的结构和存在方式(**既得其母**)，就能够了解或掌握由他们化变而来的物质（以知其子），如果知道了由"有名"或"恒有"化变而来的物质的结构和存在方式(**既知其子**)，也就能够了解或掌握"有名"或者"恒有"的情况(**复守其母**)。换言之，天地万物与构成他们的基础物质或基础物质的前驱物之间，可以建立直接对应的关系，通过利用这些关系，可以从正反两个方向研究世界上存在的各种物质，包括最复杂的生命物。(**天下有始，以为天下母。既得其母，以知其子。既知其子，复守其母**)。

现在看来，老子这段话是对关于物质构成所设想的研究方法或技术路线，即一种可以通过直接的测定或间接测量的方法研究物质组成及结构的方法。例如，将两个体积的氢气和一个体积的氧气点燃，可以得到一定数量的水，于是化学家们断定了构成水的元素是氢和氧，原子比是两个氢配一个氧；又如，人们将天然气在氧存在的情况下完全燃烧，并检测其产物构成，得到的是体积比为 1∶2 的二氧化碳和水，其中的氧完全来自外部提供的助燃气体，由此可以断定一个碳原子和四个氢原子可以构成一个稳定的甲烷分子，等等。

现代的方法与老子所设想的直接和间接获得物质科学证实的方法在理论上是基本一致的。而且，老子似乎感到了后来的人们一定会创造出物理学、化学、生物化学等学科，并认为他的<u>这个推理具有指导意义，而且不会出现问题</u>(没身不殆) 。

第三节 "无名"的作用和意义

概　要

（1）"无名"与"有名"同出于"道"。

（2）"无名"参与"天地"演化，"天地"正行，运行至今。

（3）"天地"环境中，"有"和"无"共生万物。"有"为万物之母，"无"为万物之父。

（4）"恒无名"是决定物种遗传的微末存在（基因）。

【原文】

（第二十一章）自今及古，其名不去，以顺众父。吾何以知众父之然？以此。

（第三十七章）道，恒无名。化而欲作，吾将阗之以无名之补。阗之以无名之补，夫将不欲。不欲以静，天地将自正。

（第四十三章）无有入于无间。

1、"无名"的作用

在"道"生万物的系列过程中，"无名"与"有名"同出于"一"，"有名"可以认为是物质的初始态，是有形无质的存在，是"万物之母"。

那么与其相伴而生的"无名"又是什么意义呢?"恒无名"于"道"生万物的作用和意义是什么呢?(道,恒无名)

老子对"无名"在创世过程的第一作用是这样描述的。"二"生"三",并不是"天下"万物的生生不息的"生",而是物质从一个存在形式变成为另一个形式(内部构成发生)的变化(化),这种变化的结果首先是"有名"演化成"恒有",有形有质的"恒有"产生,于是伴随着这样一种变化,出现了创生(作)"天、地"的一种趋势(欲作);这个变化是不需要外部推动力的,是物质变化的一种内在的自然变化趋势,所以叫做"欲作",而不是"作"(发生、产生的意思)。这是一个史无前例的恢宏创世过程,也形成了史无前例的结果,用现代科学词汇描述,"道"创生了一个漂亮且一切都恰到好处的蓝色星球。这个新创的美丽"天地"在其后的亿万年中所发生的变化和结果,促使老子必须在描述创世之始"有名"所产生的作用时,补充入"无名"这样一个概念,这个概念代表了一个充满一切空间和时间(阒)的存在,(化而欲作,吾将阒之以无名之补)。

在化成"恒有"和"天地"的过程中,"无名"与"有名"或"恒有"以完全的融合、一种没有任何间隙和任何界限的型式,相交、相容于他们共同的创造之中,或者说它们一齐进入一个了最完美、最具有生气的世界(无、有人于无间)。

当"有名"逐步减少或消耗完尽,当"恒有"和"无名"按照一定的规则生成"天、地"的过程趋于结束时(将不欲),宇宙逐渐的安静下来,这时万物还没有产生,没有生命、没有喧闹,最后世界进入一个"守静"态。这时,由日、月、星辰构成的天和由山、石、川、海构成的地也逐渐开始进入其规则正行(自正)的运行程序(夫将不欲。不欲以静,天地将自正)。这个程序一经固定下来,经历了几十个亿万年时间,一直运行到现在。

在其后的时间里,在"天、地"之间经历了以"恒有"为基础的生成万物的过程,直至以人为代表的高级别的生命物的出现和繁盛。

老子详细地考察分析、认真地归纳总结,充分地认识到,从形成"天地"开始,日月行而昼夜分,冷暖交替而四季周转,云化雨雪而大地滋润,月晦夜暗而万物休眠,万物繁衍生生不息,人道沧桑而久合必分,一切循章而行,万事有条不紊……,直至今日,这些规律、法则无时无刻不在作用,无处无间不在显现。老子认为,这些都说明在创生天地万物的过程中，除了"有名"、"恒有"的物质演化，还有另外的一种存在无时无刻、自始至今参与并作用于天地万物，那就是老子提出的"无名"（自今及古，其名不去）。

"恒无名"的存在，使天地万物的生成演化按照一定的规律进行，其中最有代表性的作用是"无名"在万物化生中代代相传的种类延续作用，这一作用体现于"中气以为和"的过程中，使每一个生命个体都无一例外地接受并承袭父体的基因（以顺众父），极其有序地显示各自生命体的种类特性，如飞鸟有翅、游鱼摆尾、奔羊翘角、槐树春开花、桃树夏结果，等等。老子看到万物运行规则章序清晰，物质循环反复，从生灭变化中找到了万物归根的"守静"态，从万物的各具的独有物性和特点，循序找到其父之父、其父之父之父……，一直达到创世初始的"无名"。这就是为什么老子提出"无名"与"有名"相容相合创生天地万物，"恒无名"的存在给予了万物生灭、运行的自然法则，而老子据此能够推断万物之源的依据。（自今及古，其名不去，以顺众父。吾何以知众父之然？以此。）

2、对"无名"的理解

通过对"道"生天地万物这一创世说的描述，对老子提出的"无名"可以总结如下：

①"无名"存在于"道"创始天地万物的最开始，与"有名"一同出自于"一"，而"一"由"道"所生，所以认为"无名"与"有名"最终都是来源于"道"。

②"有名"化为"恒有"，并由此而产生了自然演化出"天地"的趋势，在向这一趋势的发展过程中，"无名"以无处不在的分布，加入创生"天地"的伟大进程，与"有（有名或恒有）"以完全的融并和无间无隙的化合，共同完成创始"天地"，"天地"进入均衡正行，一直运行至今为最终的成果。

与上古时期古人"浑沌初开"、创生"天地"的假说不同的是，老子用"无"和"有"的共生和共作来完成创造天地的过程，而且为其后产生万物、万物负阴抱阳这一普遍规律的存在，在本原上打下基础。

③在"天地"自然环境中，"恒有"和"无名"共同创生出万物。没有"天地"环境和条件，就没有万物的产生。自"有名"开始，到"恒有"化生，由无生命的世界，到有生命的万物，"有"是构成天下一切存在的物质之母，是一切有形有质有状有象的物质的总称。自"有"从无形

到有形、到有形有质、到有形有质有状，一切存在的变化总是按照一定的规律进行，到产生有生命的地球生物，各种不同生命类型的生变规律几乎成为任何力量都不能改变的事实，这就是"无名"或"恒无名"所起到的万物之父的作用。

这也就是老子提出和断定"无名"、"有名"两个概念的存在以及其所发生的作用的根据。

④ 从以上对"无名"的作用和意义的描述，可以理解"无名"是老子的一个创造，一个既能立足于唯物的自然观，又能解释包括人类社会存在的复杂性的理论创造。在老子的体系中，"无名"是一个存在，是决定天地万物本质的一个存在，是一个比"有"具有更加重要意义的存在。

⑤ 究竟老子的"无名"和"有名"是指什么？依《老子》中的描述，"有名"已经是过去的概念，也可以认为是产生宇宙或太阳系过程中的一个物质存在的特殊阶段。至于"无名"，《老子》中说变成了"恒无名"，体现在生物的生生不息繁衍之中，是一个决定物种遗传的非常微小的存在，也许是基因吧。

⑥ 尽管在老子2000年后，人类解析了复杂的基因，克隆出山羊或狗，但是人们对地球生物产生和变化的历史依然有很多的疑问，有很多达尔文的进化理论无法解释的现象和问题。所以，换一个角度，也许老子说对了一半，达尔文说对了一半，这大概是学习和研究老子学说的真正意义和价值吧。

第四节　"道创世说"与现代宇宙学

概　要

（1）大爆炸模型。137亿年前宇宙从一个极小体积，极高密度的"奇点"发生爆炸开始。大爆炸开始时产生极高的温度，随着温度降低，由极巨大的能量场产生基本粒子，然后才有上百种原子，原子化合为各种各样的分子，才有现今的生动世界。

（2）太阳系。大约50亿年前，气体和尘埃组成的巨大漩流在聚集、收缩、旋转中形成太阳系。

（3）地球。大约46亿年前，初生的地球是一个炙热的熔岩球；25亿年前，出现原始菌藻类生命；4亿年前大气中的氧气浓度基本达到了现在的水平；距今6500万年，植物遍布大陆，哺乳动物出现，数量种类迅速壮大；300万年前，出现了原始人类；几万年前，出现了现代人类。

（3）现代宇宙模型与"道创世说"之分析

①"道"相当宇宙、太空，"天地万物"相当太阳、大气、地球和地球上的一切有生命物和无生命物，"道"生天地万物，与现代宇宙学基本一致对应。

②"天下万物生于有，有生于无"的假说与大爆炸后宇宙从无到有的演变模型近似。

③"有物昆成"类似大爆炸后约10亿年第一批星体、星系和黑洞开始生成。

④地球于数十亿年中几经劫难，直到距今6500万年后，才开始形成现代"天、地、万物"。

⑤地球上有100多种元素，原子构成分子，没有生命的简单分子或原子组成复杂的氨基酸，成千上万个氨基酸按照合适的顺序排列起来构成基本生命物质——蛋白质，这就是无生命物"复命"后进入的"常"。

如果读一下现代宇宙学研究的成果，了解一下宇宙大爆炸模型，然后再读一下太阳系形成过程的描述，也许对分析和理解《老子》的"道创世说"是一件非常有趣的事。

1、现代宇宙模型

大爆炸模型是现代最著名的宇宙模型之一。首先是天文学家观察发现，大多数星系都在离我们远去，距离远的离开的速度就更快，宇宙像一个膨胀的气球，所有的天体都附在上面。其次，天体物理学家们找到了在宇宙深处存在的约2.7K氏度的背景辐射，被认为是大爆炸的遗留痕迹；再次，是宇宙中的氢/氦比为3，符合对大爆炸的理论推论。[2]。

大爆炸模型认为，137亿年前宇宙从一个极小体积，极高密度的"奇点"发生爆炸开始。大爆炸开始时产生极高的温度，随着温度降低，由极巨大的能量场产生基本粒子，然后才有上百种原子，原子化合为各种各样的分子，才有现今的生动世界。

大爆炸的过程概况是[2]：

从爆炸零秒到10-24秒，温度从极高降至3千万亿度，在极巨大的能量场中，有相互作用和电磁相互作用，产生粒子和反粒子对，宇宙是一片夸克的海洋。

1秒后，温度降到100亿度，宇宙急剧膨胀至5光年，这是电磁辐射为主的阶段；

100秒的时候，温度降到约10亿度，宇宙由光子、质子、中子和中微子等组成。

3分钟时，温度降为9亿度，正、反粒子基本湮灭，形成74：26比例的氢、氦原子核，能量转化为物质的反应基本结束，宇宙创造基本完成。

大约过了30万年，温度降为4000度以下，原子核俘获电子形成原子，并出现分子，宇宙主要成分为气态物质，开始透明起来。

100万年后，宇宙温度降至3000度以下，一些气体在引力作用下开始凝聚成密度较高的气云。

引力和扰动打破了宇宙的均匀性，巨大的气云受引力作用收缩、密集，核心区压力增大、升温，有的温度上升到1000万度，开始热核反应，恒星诞生。

大爆炸后10亿年，第一批星体、星系和黑洞开始生成，在宇宙的整体膨胀带动下，旋转形成星系。

也有的专家认为，我们的宇宙是众多更大的、大小不等的宇宙的一部分，大爆炸到处不停地发生。…… 也许有几万亿次大爆炸，分布在无穷无尽的永恒里，……我们生活在一个适合我们存在的宇宙里[3]。

2、太阳系形成和地球演化模型[2]

太阳系最初是宇宙中一团炙热的气体云。大约50亿年前，这个由气体和尘埃组成的巨大漩流开始聚集、收缩，形成圆盘状旋转，中心形成太阳。由于旋转和离心力的作用，在星云盘的外围逐渐演化出一颗颗行星。

中心太阳的收缩、压力增大和温度升高，使太阳开始了最辉煌的热聚变反应期，太阳的引力带动它的九大行星在一个近似平面上向同一个方向作近乎圆形的旋转运行。

地球是太阳的一个行星。大约46亿年前，刚形成的地球还是一个炙热的熔岩球，大约过了5亿年，开始形成了地球的大气圈和水圈，大气中存在氢和氦气，世界一片荒芜。

水、氨气、甲烷等在太阳的紫外线照耀下分解，氢气、氦气飘散至太空，氧气、氮气、二氧化碳等留了下来。

大约在38亿年前，地球上开始出现有机物。那时地球上的氧气只有现在的千分之一，一种生活在水中的原核细胞生物在有毒有害的环境里开始了早期的生命。25亿年前，地球磁场阻挡了太阳的辐射危害，原始菌藻类生命出现，地球上的氧气开始增多、二氧化碳减少。

10亿年前，出现了单细胞原生动物，其后是多细胞后生动物，如腔肠类、环节类、介壳类动物等。6亿年前开始了地球的古生代，出现了海生无脊椎动物，5亿年前出现了大量复杂生物，其中有著名的三叶虫等，后来陆生植物迅速茂盛起来，到4亿年前地球上大气中的氧气浓度基本达到了现在的水平。

3.5亿年前，鱼类登陆演化出两栖类动物，进而演化为爬行动物，陆生植物、脊椎动物和无脊椎动物广泛发展。2.3亿年前至6500万年期间，地球经历了"恐龙时代"。

6500万年后，地球的新生代开始，植物遍布大陆，哺乳动物出现，数量种类迅速发展壮大。300万年前，出现了原始人类，几万年前，出现了现代人类。作为千万个物种之一的人类，从自今5000年开始创造宇宙中最神奇、最辉煌的人类文明。

3、现代宇宙模型与"道创世说"之分析

① 在前已述，"道"相当于现今宇宙或太空。《老子》中称"道"生"万物"，"万物"的主体在地球上，而太阳、月亮即其它（古代的"天地"）都是宇宙生成变化中的一部分。所以，结合现代宇宙学关于宇宙起源、太阳系及地球的生成讨论"道生万物"，其基本面是一致对应的。

② 从大爆炸开始，经历了极高温度下的能量场向基本粒子、原子核、原子等物质演变，一直到生成亿万个星体星系，生成太阳系，生成一个充满生机的蓝色地球，是一个从无到有的宇宙演变过程。当然，古人对"无"的理解与现代物理学存在一定差别，但这仅仅影响到"无"和"有"的阶段的划分，并不影响整体上的"天下万物生于有，有生于无"的过程。

③ 在从大爆炸到100秒，宇宙处于一个能量场状态；然后到大约3分钟，为一个以基本粒子、原子核存在的基本物质状态；到100万年，宇宙开始有了气态物质为主的气体云。因此，至少在这100万年之前，宇宙是一个"无物"或"无形"的时期。

④ 大爆炸后10亿年左右，第一批星体、星系和黑洞开始生成，也可以说宇宙进入"有物昆成"的时期。其后一直至今，宇宙仍然在变动之中，只是宇宙的尺度如此之大、经历的时间如此之长，以至如果将宇宙从开始到现在的时间（约140亿年）缩小到一昼夜，那么从产生人类文明

（约5000年前）到现在，不过是24个小时中的0.03秒，所以人们看到的宇宙似乎是一个看上去非常肃穆、清澈，运行中极其稳定、规矩，有容乃大的"道"。

⑤太阳系是宇宙构成的一部分，自其由一团炙热的气体云开始，到大约46亿年前，可以看作是由"无形无物"进入"有形无物"时期，大约40亿年前，气之轻清上浮者为"天"，气之重浊下凝者为"地"，地球开始形成"有形有状"，并于数十亿年中几经劫难，直到距今6500万年后，才开始形成古代和现代的人们看到的"天、地、万物"的世界。

⑥"天地"生万物还是"宇宙"生万物的讨论

地球上的生物，包括人类，来自哪里，或如何产生的，至今还是科学界的一大难题。

一般的认识是，在宇宙、星系、恒星等生成时，产生了原子，目前地球上发现的元素有100多种，组成生命体的元素以碳、氢、氧、氮为主。1个碳原子和2个氧原子化合在一起是二氧化碳，2个氢原子和1个氧原子化合在一起是1个水分子，化学界将这些都称为无机化合物。

但是，当把二氧化碳中的2个氧原子用4个氢原子替代后，我们就得到了1个叫做甲烷的化合物。甲烷是最简单的有机化合物。

科学家们说，蛋白质是构成生命的基本单元，而每个蛋白质又是由成千上万个氨基酸按照合适的顺序排列起来，然后是几亿亿个蛋白质构成一个细胞，再然后是1千亿个细胞构成一个人[3]。每个人的身体内活跃着的细胞、蛋白质、氨基酸的数量使人很容易联想到宇宙中星系、星球的数量。

因为氨基酸不过是以碳、氢、氧、氮为主，加上少量几种别的东西，如硫、磷、钙和铁等构成的基本化合物的分子组合，所以，人们将最早的有机物视为生命的起源。

但是，在上一世纪60年代，人们从一块45亿年前就已经生成的陨石中发现了74种氨基酸，以及后来在格陵兰岛发现的岩石中留有38亿年前的微生物残留化学物质。科学家们开始相信，无论地球环境和生命体本身如何为地球上欣欣向荣的生命世界做出了贡献，最原始的生命大概在地球出现之前就存在于太空中。

看来，《老子》中的"天、地、万物"同出、而不是"天地"生万物的假想正在得到科学家们的证实。

冯友兰老先生曾说。[1]："《老子》书中大部分论述是试图显示宇宙万物的变化法则。"当世人看到现代宇宙学的研究正在以翔实的科学计算和观察结果不断证实、或近似证实古人的缜密思考和系统分析结论时，人们就会理解为什么很多科学家力图从中国古代文明中挖掘智慧和获取灵感，因为科学家们最了解古人的科学和科学的历史。

参考文献：

［1］冯友兰，《中国哲学简史》（赵复三译），新世界出版社，2004.1，P239，58

［2］武伟轩，《宇宙通史》，台海出版社（北京），2006.1，P101，102，3—52

［3］比尔·布莱森（美），《万物简史》（严维民，陈邑 译），接力出版社（南宁），2005.2，P9，336

第二篇　执今之"道"

　　《史记》里说，"老子修道德，其学以自隐无名为务。居周久矣，见周之衰，乃遂去。至关，关令尹喜曰：'子将隐矣，强为我著书。'于是老子乃著书上下篇，言道德之意五千余言，而去，莫知其所终。"但是，看《老子》的内容，有纲有章，有论有例，推论严谨，用词规范，绝非敷衍之作，所以，史记里的故事也许是后人为了与称老子的学术是"自隐无名"相呼应而杜撰的。

　　老子建立了"道生天地万物"的模型，用"无中生有"的独创解决了创世之初的关键过程。之后，他把目光从遥远的天际转回到充满生机的地球，把思想从远古的恢宏宇宙反转至喧闹的身边，日月周转、四时更替、山高水长、万物繁荣，一切运行于不息不止的流动变化之中。老子认识到，万般存在中，最复杂多变的是亿万生命；一切生命中，最奇妙新异的是人；一切变化中，最难以思议的是社会。

　　老子研究"道"学，"执今之道"即为纲领中的重点，是重要研究内容，探讨生命的本质是认识"今之道"的关键基础。他博采众长，又一次提出"从无（生命）到有（生命）"的重要论述，即使在 2000 多年后的今天，他的基本论点和分析方法依然具有学习和借鉴的重要价值。

　　继而，在探讨"今之道"于天地万物的恒久作用方式时，老子面临着提炼隐藏于一切运动和变化中的自然作用规律，这使他的思维从更高层次贯穿于天地万物和复杂社会的共有特点，他再次将"无"的应用推向"极致"，这就是享誉千古、而又疑惑千古的"无为"。

　　在第二篇中，我们将解读到《老子》中有关"执今之道"的论述和说明，欣赏他如何巧妙地用最简单的方法说明了物质在生命与非生命之间的循环转化，并解读对"无为"的定义和说明，深入体会老子所赋予"无"的精神和理念。

　　辩证法认为，世界上没有绝对的"无"，事实上，古人在最早的认识和造字时就已经类似地断定"无"是另外一种存在。

第一章 "道"学应用总体

在这一章，集中解读《老子》原第十四章中的"执今之道，以御今之有，以知古始，是谓道纪。"一段，以能够从总体上理解老子研究"道"学的大纲。另外，还解读了原第十五章。

老子时代，"道"字含义有好几种，不同背景下其含义完全不一样，与老子的"道"含义接近的，应该以《易经》中的"道"为最。而老子作为大师级人物，也一定研读了《易经》，只是没有做专门的评述。

《易经》成书要远远先于《老子》，据传是历经很长时间演变而成八八六十四卦、三百八十四爻，其中"乾"、"坤"两卦如同六十四卦的总序，其立足的高度和分析的广度都不是其它各卦所能相比，其余六十二卦就都是针对很具体的内容说明的，每一卦、每一爻都有所指，有所物。从《老子》原第十四章"执今之道，以御今之有"的含义看，老子的"道"学也是应用性很强的一个理论体系。所以，老子要想将自己的"道"讲清楚，并讲出新意来，就一定涉及他的"道"和《易经》的"道"有哪些异同。

从事物发展的共有规律、从阴阳互动原理等方面对《易经》进行归纳和总结，形成"系辞"的时间也许是老子同时代的事。"系辞"所述将《易经》的意义推向了极端，认为《易经》的理论可以将天上地下、自古到今的一切都囊括在内，《易经》的指向是一切存在和发展的必然。

老子研读《易经》，不但领会每一卦、每一爻的意义，而且紧密联系自然和社会实践，分析其中的优劣或正误。老子认为，《易经》对事物的分析，注重了阴阳互动引发的事物发展的多样化和矛盾向相反方向转化的特殊性，但是有可能忽略事物发展的必然性或大概率事件。特别地，《易经》经过长时期演变，其中不断渗入社会意识，从而很容易失去其自然客观性，这一点特别清晰地表现在由《易经》导出的歧视"女性"的社会观念。

《红楼梦》是一部奇书，《老子》也是一部奇书，尽管两部书在成书年代、学术类型、文体结构等方面根本不是一回事，但是，好像在蕴涵于字里行间的思想深处，二者又有极其一致的认识和观点，其核心是：反对和抗议几千年来社会思想及文化意识中对"女性"的歧视。

第一节　"道"学总纲

概　要

（1）研究"道"学的纲领。掌握"道"的法则和规律，将其应用于实践，推动当今事物按照"道"的法则和规律发展变化，了解以往天地万物起源的历史。

【原文】

　　（第十四章）"执今之道，以御今之有，以知古始，是谓道纪。"

1、研究"道"就是为了掌握"道"的自然规律

老子研究"道"的方法是非常明朗和积极的，他没有把"道"当作是深不可测的未知，也没有认为人在天地间是无可作为的，而是非常明确地提出了研究"道"的重要目的之一就是要掌握"道"的行为法则和作用规律。

"道"是"独立而不改"的，所以"道"创造了"天地万物"，然后"道"依然是"道"，人们不但可以持续不断地观察"道"的象状，体验其无际的深远，而且还可以体会到"道"对万事万物还在不断地发挥作用。所以研究和讨论"道"的原本性质，了解现在"道"作用于"天地万物"的方式和内容，可以掌握"道"的今日之运行规律（**执今之道**）。

《老子》于此用了"执"字，其意义是，通过学习、研究，达到了解、熟悉，甚至有预测能力，并没有掌握后要主宰或改变"道"的意思。就如现今的气象学，掌握天气变化的规律可以预报天气，但一般不可能去改变天气的变化。"道"是宇宙、是太空、是最大的自然，所以可以研究学习和掌握其作用及法则规律，但谁也不能改变其作用及法则规律。

另外，在此还用了"今"字，表明研究"道"学绝不仅仅是解释、说明遥远的过去或猜想、预测无限的未来，而是要针对现有"道"的存在，特别是现有"道"的作用进行深入的研究和探索。

2、掌握"道"的法则和规律就是为了应用于实践

"道"是"独立而不该"的，但是"道"所创造的世间"万事万物"

每时每刻无不在发生变化。日月运行、四季周转；春芽秋实、生长坏灭，万物生生不息；合久必分、分久必合，世事起起落落。人在世间是最活跃、最主动，随四季人要耕作收藏；每个人都在无一例外地经受生老病死的过程；有少数人身居高位，他的言谈和行为主宰一个国家或者地区的繁荣与落后，甚至别人的生死存亡。

很多情况下，人类对事物的变化和运作具有改变或主动能力，如春天可以播种或不播种，冬天可以收藏或不收藏，有权力的政治家可以发动战争或追求和平，等等。

老子认为，掌握"道"的运行或作用规律是手段，其目的是使事物的发展变化能够按照"道"的规律进行（以御今之有）。

这里，《老子》中用了两个关键字，一个是"御"，是控制、驾御的意思，强调了人在世事中的主观能动作用，当然前提是"执今之道"；另外一个字是"有"，这个"有"强调的是有形、有状、有物的"万有"，包括了"天地人"的一切的生产活动和社会活动，而不仅仅是理论清谈。

老子将"理论联系实际"、"实践应用"作为论"道"的目的，四句话用了两个"今"字，一个是**今之道**，一个是**今之有**。所以看来老子研究学问，还是非常关注现实，关注理论在现实实践中的应用。

所以，司马迁说"老子修道德，其学以自隐无名为务"，肯定是对老子的误解。也许老子的学术在当时太过超前，连孔子那样的圣人都不能够很好地理解，对别人就更不用去说去讲去宣传。既然懂得的人极少，当然也就很难用于社会、用于人们的工作和生产实践。可以想见，那时的老子一定也很苦恼，但是这种情形并没有使老子沉沦或者修改他的学术和观点，也许他坚信自己的研究和探索会在未来的人类进步和社会发展中最终获得证实和承认。所以老子于无奈中进入他自己的寥廓宇宙、进入他自己的深邃思考。其实，在其后的《老子》中，很快就会有大量针对天地自然、针对人类社会更为详尽而独到的研究和观点展现出来，使我们能理解和认识老子。

司马迁也是大家，对老子的描述也一定有所依据和出处，但有依据和出处的不一定就是完全准确的，现在和古代都一样。

3、学习"道"学可以了解世界的起源

在人类文化的传承中，了解历史，特别是最初始的历史有着特别重要的意义。

老子的年代，是一个人类文明爆发性发展的时期，在西方是耶稣教以及诸多的几何学、建筑学、古典哲学等科学，在东方是印度的佛教和中国的诸子百家，代表不同自然条件状况和不同人文背景的人类先进文化精粹几乎于同一时代在世界的几大洲产生。这种情况不是偶然，而是人类千百万年进化发展的智慧所达。那时的人们最重要的追求之一就是解答"我"是从哪里来的？"我"是谁？所以，寻求宇宙和人类产生的起源就成为当时各种先进文化代表人物的毕生追求。老子研究"道"也将此作为重要目的之一。其实，2000多年后的今日世界，探索宇宙、探索生命奥秘依然是科学发展的前沿。

当然，了解历史和起源，也是"执今之道"和"御今之有"的必然需求。所以，论"道"的第二个目的就是<u>"了解过去，特别是创世初始发生的事"（以知古始）</u>。

虽然，《老子》中将"以知古始"放在**"执今之道，以御今之有，以知古始，"**的最后，但在本书第一篇中，对应"已知古始"，介绍的是"道"的基本概念和对"道生万物"的解读，希望对老子提出的"道"首先有一个基本的概念，特别地希望这样更适合现代人了解和认识事物的习惯。在第二篇中，介绍的重点是分析和认识"今之道"，以达到能够认识和掌握"今之道"的作用方式和特点，为进一步的"御今之有"而用。

《老子》中明示，<u>"执今之道，以御今之有，以知古始"这三件事，是研究"道"的"纲纪"。所以，也应将此作为研读《老子》这本书的一个提纲</u>（是谓道纪）。尽管《道》的研究涉及的内容繁复、含义深邃，但是《老子》中对"道"的论述是一个纲目清晰的理论体系。如果抓住了这个系统的纲纪，也就提起了这个论"道"的主线，其它问题就可以在主线的带动下一一认识。

第二节　对"古之道"的批判

概　要

（1）难讲、难懂的"古之道"。"古之道"主要体现于《易经》，但在主旨方面缺乏一致性和系统性，存在许多矛盾或不合乎逻辑的内容，难以用文字记载，也难以用思想记忆

（2）与人交往的"痛苦"。自古认为，与人交往利于文化信息交流，

互通有无，是"不亦乐乎"的事，但《易经》十三卦将"同人"描述成"若涉冬水"，充满痛苦和危险。

（3）美化国家分裂。《易经》第五十九卦无视国家分裂和人民饱受战乱的痛苦，认为在"散乱"中充满了个人或者王者的奋斗机会，有许多可喜的行动和成果。

（4）春天的悲哀。《易经》第三卦"屯"卦将充满生机的春天和欣欣向荣的生命描述成悲观、惨淡、"泣血"的景象。

（5）没有逻辑的关系。《易经》每卦六个爻，每个爻好像都要经受到其它爻的影响或威胁，逻辑上缺乏证实。

（6）不公平的凶爻。《易经》64卦中有"凶险"爻词19条，其中约80%为阴爻，是古文化、古民俗中"男尊女卑"观念和社会思想的根源。

【原文】

（第十五章）古之善为道者，微眇玄达，深不可志。夫唯不可志，故强为之容，曰：与呵！其若涉冬水。猷呵！其若畏四邻。严呵！其若客。涣呵！其若冰泽。沌呵！其若朴。湷呵！其若浊。旷呵！其若谷。浊而静之，徐清。安以动之，徐生。葆此道者不欲盈，夫唯不欲盈，是以能敝而不成。

老子将"实践应用"作为研究"道"的宗旨和目的，遇到的一个挑战就是以《易经》为代表的"古之道"。主要原因是：首先，相传上古伏羲画八卦、或殷商卜者作八卦，而64卦的出现，大约在周代的初期，到周代前期，已经完成卦爻辞，基本形成《易经》[1]，所以《易经》形成的时间比《老子》要早几百近千年。其二，《易经》已是一个较为完整的学术体系，大至日月星辰、远至天地初开、小及婚丧嫁娶、近及人子教育，既是占卜，也是逻辑，还是百科全书，突出了阴阳辩证，明确了对人们生产、生活实践的指导作用和意义。其三，《易经》中也说到"道"，如"乾卦"有"终日乾乾，反复其道也"，"系辞"中有"一阴一阳之谓道"等，人们对《易经》中的"道"已经产生了深刻的映象。再四，《易经》有广泛的流传，而且不断有人对其进行研究和完善，《易经》在学术、人文、社会、政治等方面具有非常重要的影响。

但是，《老子》中的"道"是老子所创，而且从所指的对象和表达的内容都与以《易经》为代表的古代的"道"完全不同，《老子》开篇第一句话就说明他的"道"是"非恒道",以示与"古之道"的区别。另外,无疑老子在研究他的"道"时,对《易经》以及其它关于"道"的经典和内容也做了认真的了解和研究,特别是于"实践应用"方面,发现了《易经》中有很多矛盾或不通的地方,所以他从研究的角度,提出了一些问题和看法,一方面说明"古之道"与《老子》"道"的差别,另一方面也是对"古之道"存在问题的揭示和讨论。

1、难讲、难懂的"古之道"

《易.系词》中讲,"一阴一阳之为道,继之者善也,成之者性也。仁者见之谓之仁,知者见之谓之知,百姓日用而不知,故君子之道鲜矣。"意思是说:事物是由"阴阳"两个方面构成的,"阴阳"双方的相互作用规律和方式被叫做"道";万事万物遵照这一规律和方式,持续不断地发展就可以达到完美的状态;能够将这一完美状态付诸于完成和实现,也就体现了存在于每一事物之中的本质和本性。讲仁的人看见了这个"道"就会体会到其中充满"仁"的思想和精神,讲智的人见了这个"道"就会说其中充满了睿智和理性;老百姓每天的生活和生产活动无不按照"道"的法则和规律办事,但是他们却不能从理性的角度去理解和知道;所以,要谈到君子之"道",是很罕见少有的。

由以上这段话可以看出,当时条件下《易经》中已经对"古之道"有了一定深度的论述,可以认为是"古之善为道者"。但是,老子认为要说明以下几个问题。

①《易经》中的"道"不是老子所说的产生"天地万物"的"道",不是那个有物有象的"大道",而是指事物发展变化中表现为阴阳交互作用的规律和方式。

②《易经》中的"道"是"阴阳"互动的一种规律,是一种客观的存在;而"仁"、"智"是指对人的思想和行为的要求或标准,是人类的意识和见解。"道"与"仁"、"智"概念不同,也不是一个范畴和属性的内容。如果是"仁者见仁、知者见知",那么这个"道"的概念就会随人而变,也就失去了"阴阳"互作这一客观规律的意义。

③对于"道",百姓每天应用而又不知道,尚好理解,也很能说得通,因为百姓不能将日常之事上升到规律和法则的高度认识,百姓也不会有抽象事物和研究事物的能力,所以认识不到"道"的存在和意义。

但是,"君子"是古代的有知识、有地位、有修养的人,所以"君子之道"应该是这些上等人的思想和作为规范。因此"君子之道"的"道"与"阴阳"互作的"道"不是一个范畴的概念,当然也是不能互比的。这样,《易经》里说"故君子之道鲜矣"的意义也是含糊的。

老子认为,像这段话一样,"易经"以及其它"古之道"实在有太多的"微眇玄达",内容和形式、范畴和概念、思路和边界,有太多的不清晰和相互交错,其"深奥"之处难以用文字记载,也难以深入思考(古之善为道者,微眇玄达,深不可志)。

所以,《老子》中也以一种无可奈何的口吻说:既然"古之道"如此"深奥",连文字记录或思考记忆都很难办到,那就尽量讨论一些形式上或表面上的问题吧(夫唯不可志,故强为之容)。

2、为什么"与人交往"会"如涉一条冰河"?

第一个问题是对《易经》中"同人(第十三卦)"卦的卦辞和爻词的矛盾提出的。

《易经》被认为首先是一部上古时期占卜的书,其中共有六十四卦,告诉人们出行、婚嫁、诉讼、问亲等等大小事物的吉凶悔吝。按照《易·系辞》所讲,每一个卦的卦辞和爻辞所描述的内容就是根据事物发展的规律,向人们提出的做事的建议和警示。

古人出门远行,大江大河是天然的障碍,过江河要讲季节、讲天气、讲渡河的工具,是一件很重要、很有危险性和挑战性的事。所以,凡事很顺行,就比做"利涉大川",形容是可以顺利完成的大事情;如果事情进展的很不顺行,就叫做"若涉冬水",形容是在寒冷的冬天,涉过冰冷的水才能过河,即使没有被水淹没或冲走的危险,但在冰冷的河水里涉水而过,也很痛苦,甚至有被冻死冻坏的危险。

"易经"中第十三卦叫做"同人"卦。"同人"是指社会上的人与人打交道,是人和人之间进行"相与"、"相交"的事,这在古代交通不便、信息不通的情况下是一件非常重要、非常有益的事,所以孔子才说"有朋之远方来,不亦说乎"。"同人"卦的卦辞(于野,亨。利涉大川。利君子贞)、象辞中都讲到该卦是"利涉大川",有利于君子,所以从整体上表示了与人交往是工作和生活中的吉事、好事。

但是,"同人"卦的六个爻词却几乎有一致的相反解释,以下是从"初爻"开始,按顺序到"第六爻"为终点,对各爻的爻辞所作的译释[2]:

* 初始交往,多为同门之人,吉凶不定,但眼下无大碍(同人于门,

无咎);

　　*　与同宗之人交往，有"党同"的嫌疑，或同宗者多私，不好（同人于宗，吝）；

　　*　观点不同，有斗争情绪，伏隐不露，多年没有时机，不好（伏戎于莽，升其高陵，三岁不兴）；

　　*　有互相攻击征象，不克，又有改正之意，尚可（乘其墉，弗克攻，吉）；

　　*　与"同人"先哭后笑，关系改异归同，大战后相遇（同人，先号眺，而后笑。大师克，相遇）；

　　*　与人会合郊野，不能同居一城，不得不分离或无共同志向（同人于郊，无悔）。

　　以上六个爻词，导出的没有一条体现了"同人"交往、"利涉大川"的大吉大利，而是一系列艰难和痛苦。如此而然，体现人类社会进步的人与人的交往、沟通、合作、共进岂不都成了陷阱和危机，何来"有朋自远方来，不亦悦乎"呢？何来"利涉大川"呢？

　　老子看到了"同人"卦的六个爻辞的含义与卦辞、象辞的矛盾，说这样与人交往（与呵），哪里是"利涉大川"，<u>每一步都似从冬天冰冷的江河中涉过，充满困难、痛苦和危机</u>（与呵！其若涉冬水）。

　　在《易经》中，有很多地方存在类似这样卦辞与爻辞之间的矛盾，也引起一些研究者的关注。分析引起类似矛盾的原因，一是，《易经》多讲辩证看待事物，越是在"利涉大川"的有利情景下，越倾向提醒人们注意局部的不利因素，以起到警示作用；二是，六十四个卦的卦义是先期形成的，爻义是其后完善补充的，所以二者不一致是难以避免的。老子研究《易经》，从应用的角度最早提出这些矛盾的存在，既是独特的，也是正常的。

3、美化"涣散"、美化分裂

　　老子生活在一个动荡的历史阶段，国家涣散和分裂给百姓带来的苦难是巨大的，所以社会上的贤圣之人都希望国家统一，反对"涣散"，百姓也盼望有安宁的日子。《易经》中"涣卦（第五十九卦）"的整体含义是"离"，是"散"，是指在天下"涣散"的状态下或时代中，如何治理涣散的问题。

　　自从人类进化出文明，脱离开动物界，人们就都知道要想在自然界中生存、繁衍，"聚"是一个很重要的问题。在没有家庭的远古氏族社会，人们以一定的血缘关系共同居住，共同狩猎和繁衍生息。出现了家庭以后，人们或以氏族为社会核心，或组成超越氏族、并具有复杂体系的社会结构，体现为国家等。除了像国家这样的社会结构之外，古人也非常重视具有血缘关系的家庭或家族的存在，这不仅仅是处于生存的需要，也是人们出于亲情和感情的需要。所以，"聚"是人类生存和感情的永恒需求，直至今日，中国人依然将亲人或朋友"聚会"当作重要的事情做。"散"是久聚至极的调整，"散"是需要忍受和战斗的过程，任何状况下的"散"都是为了更好的"聚"。

但是，在《易经》的"涣"卦中，没有写出"散"对国家和人民造成的分裂、战乱、杀戮和流离失所等痛苦，而是通卦一致地认为在"散乱"中充满了个人或者王者的奋斗机会，有许多可喜的行动和成果。如卦辞（亨。王假有庙，利涉大川，利贞）、象辞都说到有王者治散，而且"利涉大川"、"乘木有功"。从初爻顺序到第六爻的爻词含义也与卦辞、象词呼应，分别如下所列[2]：

* 涣散之初，要补足自身，抓住壮大自己的时机，吉顺（用拯马壮，吉）；

* 涣散正中，离开危境，趁机壮大，消除悔恨（涣奔其机，悔亡）；

* 涣散不能救，但目的在于贡献，君王要躬亲军政大事，才能没有悔恨（涣其躬，无悔）；

* 解散个人小组织，突出为了统一大局，壮大群体，为维护统一做出贡献，获得出人意料的成功（涣其群，元吉；涣有丘，匪夷所思）；

* 革旧布新，壮大自己，以解天下国家"涣散"大难，君王没有不利，不必担心（涣汗其大号，涣王居，无咎）；

* 最后，避害远去，离开对自己可能的伤害，保全了自己，没有担心（涣其血去逖出，无咎）。

"泽"是聚水的洼地，用现在的话讲是沼泽、湿地。"泽"中行路，就像上一世纪40年代解放大军过黄泛区，一定是很艰难的事。到了天冷的时候，沼泽中冰冷难行，即使不像"冬涉水"那样随时有生命危险，但也是一件十分痛苦的事。但是，当气温降到冰点以下，不管是水、是泥，统统冻的硬梆梆的，当然比不结冰时要好走很多。

所以，"涣"卦中对于"涣散"态的描述，不是从最广泛的百姓出发，或从社会发展的最需求出发，或是从智者仁人的社会责任出发，而是从王者个人的、局部的壮大出发。这种描述就像将难于行走的"泽"地说成结冰冻硬的路，变成了"大吉大利"，而且还"乘木有功"。老子做学问并没有出世，相反他还是十分关注当时的社会问题的。所以，老子揭露说，把"涣散"描述成像冻了冰的沼泽，是违背事物基本规律的，是无视百姓苦难的，是对黑暗历史的美化，是对社会的不负责任。（涣呵！其若冰泽。）

4、双重标准的误区

《易经.序卦》中讲，"有天地然后万物生焉。盈天地之间者唯万物，故受之以屯，屯者，盈也，屯者，物之始生也"，意思是说有了天地后，才有万物产生，充满天地之间的是生机勃勃的新生万物，"屯"就是开始生长的万物。所以在"乾、坤"两卦后就是"屯"卦，屯就是盈满，就是万物开始萌生。

《老子》中这样描述了"万物生焉，盈天地"的自然景象：万物初生，如柔弱的小草（朴），在土下艰难地生出一点嫩芽，但却萌发出勃勃的生机和顽强；春雨淅淅沥沥地降至山坡野地，把枯叶和浮土冲入小河，河面漂浮着细小的枝叶（若浊）；宽阔的山野，在春雨中就像进入潮湿的山谷（若谷），水分和阳光把大地润湿又晒暖；低洼处集留的水由浊而慢慢澄清（徐清）；土下边的小嫩芽萌发出生命的力量，慢慢长出了新绿（徐生）；突然有一天早上，漫山遍野是嫩绿而茂盛的草叶，大地一片生机盎然，繁荣向上（葆）。（沌呵！其若朴。湷呵！其若浊。旷呵！其若谷。浊而静之，徐清。安以动之，徐生。葆。）

当然，"屯"卦不应该仅仅指山野春天的勃勃生机，其义还寓含了天地间一切新生事物的萌动和勃发能力，无论在自然界、还是在人世间，这种新兴萌动的力量是最不可逆的，新兴的事物也是最具有向上希望的。

但是，"易经"中的"屯"卦是这样描述的，"天地开始产生万物，万物是处于一片混沌之中，阻塞郁结，未有亨通。这个时候，这个状态，就是屯。继乾、坤二卦之后的这一卦，正是反映这种状态的，所以叫做屯卦。从卦画本身来看，屯卦之下卦为震，震义为动；上卦为坎，坎义为险。动而遇险，动在险中，所以这一卦有屯难之义。[2]"屯卦《象传》说："屯，刚柔始交而难生。动乎险中，大亨，贞。雷雨之动满盈，天造草昧。宜建侯而不宁。"其中"刚柔始交而难生"之"难生"，正是整个屯卦的特点。于是，自初爻至六爻的爻辞如下：

① 大石盘桓，初生难进（磐桓，利居贞。利建侯。）；

55

②艰难求婚，女子犹豫不前，十年后才嫁，表明事物进行的艰难（屯如邅如，乘马班如。匪寇，婚媾。女子贞不字，十年乃字。）；

③贸然有风险，不如舍弃而返，寓事物的反复（即鹿无虞，惟入于林中，君子几不如舍，往吝。）；

④可以前往求成，寓义有可成功的可能（乘马班如，求婚媾。往，吉，无不利。）；

⑤稳健小出，宜小不宜大（屯其膏，小，贞吉；大，贞凶。）；

⑥最后"泣血而待"，结果惨不忍睹（乘马班如，泣血涟如。）

这是一个何等悲观而又惨淡的景象，即使在自然界有时幼小生命会面临着一系列危机和风险，但从整体上讲，也不至于落到最后几乎丧生的"泣血"状态！如此，何有欣欣向荣的天地万物。

由上可见，《易经》中"屯卦"对新生事物的描述过度强调了事物初始的艰难和危险，但是忽略了自然界万物生命的坚韧和强大，在后边的说明中，还可以看到老子对弱小生命力的赞美和鼓励。这大概就是老子对"古之道"不能反映自然规律的批判吧。

对新生事物的认识和观念，是一个对自然界力量的理解，也是一个重要的哲学问题。所以，上述老子的"道"与《易经》中的"古之道"的差别正是老子潜心研究且非常关注的大问题，是老子提出和建立以"非常道"为核心的"道"学的重要原因。

在《易经》中，第十五卦是"谦卦"，该卦的"象辞"中有一句话说："人道恶盈而好谦"，意思是做人的规则应该是反对把事情做的过圆满、太完美，而要喜欢谦虚谨慎，保留一些不足才好。但是，在自然界中，却常常是万物蓬勃、"天道满盈"。"天道"与"人道"的差别，正是自然与人文的差别，是客观物质与人的主观意识的差别，是"人道"偏离自然的表现。对二者优劣的评判是一个非常复杂的问题，但是最起码的是要有所区分。

《易经》中有的地方是以"天地"、"乾坤"为准，但有的地方又以"人道"、"君臣"为准，这样形成研究和认识客观事物法则的双重标准。而老子的"道"学，从开始以"道"的自然法则和规律为准出发，到最终推演到对历史和社会问题的研究，是始终如一的一元本原论（见本书第三章人之道）。

所以，"古之道"的研究方法和基本观点，混淆了对"天道"和"人道"的标准和看法，带着"不欲盈"的社会观念和主观（欲）认识，并将其作为认识和分析自然界万物的唯一准则，从而忽视了大自然中新生命、新事物趋向于萌动、繁茂的固有本性和"盈天下"的特点（葆此道者不欲盈）。老子认为，而正是这一"不欲盈"的观念，可能会给事业造成损失和败坏（敝），错失成功的机会(夫唯不欲盈，是以能敝而不成)。

5、不应该发生的影响

相传，卦爻名、爻辞是西周初叶所作。《易经》中的每一个卦画是由6个爻组成，分为阳爻（－）和阴爻（－－）两种；每个爻代表该卦的一个阶段或一个部分，爻的含义用"爻辞"（和爻的"象辞"）说明；6个爻的顺序是从下向上，分别叫做初、二、三、四、五、上；6个爻可以分成两个小卦，下面3个爻为下卦、上面的3个为上卦。

爻是卦的组成单元，在传统的爻辞解释中，认为影响每个爻辞含义的因素有：

① 整个卦的名称及其含义；

② 爻的种类，是阳爻还是阴爻；

③ 爻的位置，排序在哪一个位；

④ 爻的近邻（上、下爻）或远邻（另一小卦对应位置的爻）的位置和类别。

在上述因素的前三项对爻辞的影响是可以理解的，但第④项的影响就很复杂，以本节前述的（2）中的"涣"卦为例说明。有关"涣"卦中"爻"的总结可以表示为以下3条：

① 从"涣散"的程度讲，该卦"初、二、三、四、五"爻的含义呈现"涣散"状况从"之初"到"难解"逐步加重的程度，对应处理的方法和对策也从"时机"到"壮大"呈现愈益加强，似一个涣散状态的发展过程。

② 又"四、五、上"爻是拯救和治理"涣散"所做的不同类型的事情，第四爻是"壮大群体"、第五爻是"革旧布新"、第六爻就成了"避害远去"了。

③ 在《易经》分析各个爻辞的含义时，会紧密地结合同一卦中其它爻的影响。如讲到"初爻"时，就认为有临位"二爻"的帮助，但分析"二爻"时又认为很难得到"初爻"的帮助；又"三爻"是下卦的第三爻，"上爻"是上卦的第三爻，于各自小爻中的位置相对应，都是第三爻，所以"三爻"是为"上爻"做出贡献的，但"上爻"为了保全自己而避

去；"五爻"是最重要的位置，"四爻"与"上爻"是"五爻"的近邻，承担为"五爻"服务，公而忘私。

通过以上总结，可以看到存在的问题如下：

① 从"初爻"到"五爻"是一个"涣散"增大的过程，是前后关系，所以从时间上和逻辑上都只有先发生的事件影响后发生的事件，不可能后发生的事件影响前面的事件，所以谈"二爻"对"初爻"的影响是没有意义，不可能发生的。

② "三爻"是"涣散"发展到很严重的阶段，"上爻"是一种脱离危险的方法，二者没有确定的逻辑关系，"三爻"强调贡献，而"上爻"是在"大难可解"的情况下远去的，所以谈"三爻"为"上爻"做出贡献从逻辑上和前后顺序上很勉强。

③ "五爻"的作用反映了最高的"治涣"效果，而"上爻"是远去的，谈"上爻"对"五爻"的服务在逻辑上和顺序上都很牵强。

由上分析可以看出，在某个爻与四邻各爻的影响分析中极易产生许多牵强和不适。

"易经"的64个卦在纵向上是由"初有天地、万物萌生、启蒙万物、饮食养育、争讼祸起、……事物终结、新的起端"等构成的，无论说事或论人都是一条总线，一贯而下。在每一个卦里，六个爻反映了事物于某一阶段在细节上的发展变化。所以，从指导或提醒人将事情做好出发，最有意义的是策划在各个爻所对应的阶段里如何采取有效适宜的对策。但是，这种谋划和对策往往受到当事爻与周围四邻的爻的影响，而这种影响有时是不符合逻辑的，有时显得机械、僵硬，往往似是而非、缺乏真正的意义。

针对分析的类似情况，老子说，<u>谋算和筹划对策（猷呵）的时候，某阶段（爻）的分析都好像要经受到四邻其它阶段或状况（爻）的影响或威胁，这种情况往往是没有逻辑的或不合宜的(猷呵！其若畏四邻）</u>。

6、"凶险"之兆为什么总发生在"上六"爻？

《易经》作为占卜之用，其中有许多预测或推断可能发生"凶"、"险"、"灾"、"亡"等严重情况的说明，经过概略查找，将64卦中有关这样一类的预测和说明列于下表。

卦序号	卦名	爻位	爻辞、象辞简义
2	昆	上六	昆道盛极，阴阳互战于郊野；战斗激烈，以至天昏地暗
3	屯	上六	进退犹豫，泣血涟如，归于亡；很难避免凶的结果
8	比	上六	比的结果是无首无终，必有凶；没有规避的办法
11	泰	上六	泰极必否，城墙倾覆，其命乱也；结果不可改变，
24	复	上六	迷而不知反回，反道而行，用兵必败，致凶；无规避的办法
28	大过	上六	过发展到极点，有灭顶之灾；阴爻险位，没有离险的可能
29	坎	初六	重险，不依正道办事，进入凶险，越陷越深
		上六	失道，不能脱险，凶不得出免；直至凶亡，无规避法
32	恒	初六	遂求深入，欲速不达，必凶
		上六	振恒，躁动无常，凶
36	明夷	上六	初登于天，后人于地，商纣王亡国之象
43	决	上六	小人不必号叫，终究有凶险
55	丰	上六	处丰至极，三年不见，陷于自敝不能自拔，必凶
56	旅卦	上九	尊高自处，骄肆不羁，过刚至凶
57	巽	上九	巽至其极，失去应变行权，必凶
60	节	九二	泽水既至，不出门庭，失时，凶
62	小过	初六	飞鸟之过，凶，不可如何
		九三	以刚居刚，不知防小人，凶，最厉害
		上六	飞高不知止，亢，至凶

① 由上表可见，64 卦中爻词有"凶险"的 19 条，约占 384 条爻词的 5%；涉及的卦有 15 个，约占 64 卦的 1/4，其中有两个爻词出现"凶险"的是 32（恒）卦和 29（坎）卦，有 3 个爻辞出现的是 62（小过）卦，其余 12 个卦均是只有一个"凶险"爻。

② 19 个"凶险"爻辞中属于"上六"位的有 12 个，占 63%；"初六"位有 3 个，约占 16%；合计属"六"的是 15 个，约占 79%。表中"爻位"一栏如果出现"六"表示这个爻是阴爻（－－），如果出现"九"表示为阳爻，所以"初六"、"上六"都是阴爻，也即约 79%的"凶险"之兆出现在阴爻上。

③ "爻位"中的"初"和"上"指的是一卦 6 个爻中最下边和最上边

的两个爻，也可以叫做边爻，属于边爻的合计17个，占19个"凶险"爻的90%。

《易经》已有"阴阳"概念，《易传》用"阴阳"解读《易经》，"阳"在事物方面，代表天、光明、正向、刚强等，在指人的时候，代表男人、君子等；"阴"代表地、黑暗、反向、柔弱、女人、小人等。《易·系词》开首就说，"天尊地卑，乾坤定矣；卑高以陈，贵贱位矣；……乾道成男，坤道成女……"，意思是说，天尊贵而地卑贱，所以乾和坤的位置就确定了，这个位置一经陈列，事物的贵贱也就各就其位了，乾道象征男人，坤道象征女人。由此，《易经》中将接近80%的"凶险"之兆归于"初六"和"上六"这两类"阴爻"就不足为奇了，而且这一结果可能就是其后几千年来演变为"男尊女卑"社会观念和伦理民俗的认识根源和思想基因。

从哲学的角度，将天地万物划分为矛盾对立统一的两个方面，是人类认识史的飞跃，直至现代仍不失为认识和分析事物的方法基础。但是，对立两面是依条件而互为转化的，谁主谁次也会互为易位，即如毛泽东在《矛盾论》中所说的"矛盾的主要方面的互相转化"。如果将世间之物、特别是人也按照"阴阳"的概念划分成两个对立体，并机械地固定于不变的"尊卑"地位，其结果一定是反自然和反社会的。

老子是强烈反对"男尊女卑"、"刚强柔弱"观点的，并提出"柔能克刚"等论证和结论（见后讨论）。其实，在中国历史上，并不乏优秀女性推动事业发展和历史进步的实例，而最能体现《老子》观点的文学作品，当首推《红楼梦》这一巨著所揭示的精神和宗旨。

另外，《易经》中还体现了"物极必反"、"极以至凶"等观点，认为事物发展"至极"、"至过"会带来不良的结果，所以反映在"凶险"以"上爻"为主（63%）。从这一分析看，《易经》强调的是客观事物变化的"必然性"。事物变化所具有的"必然性"会服从较大的概率，但"必然性"是寓于"偶然性"中出现的。《老子》的哲学观点是如何认识和看待"必然性"和"偶然性"的，人的主管能动性如何通过改变"偶然性"而达到趋利避害的，还有待于研究和探讨。

"严"，也有当"紧急"讲的词义[3]，"凶险"之时，"危亡"之日，自是当事者的紧要关头，老子用"严"字，概括了《易经》中一切"凶"、"险"、"乱"、"亡"等危恐之事、之兆。"中"间为主、"外"围（初爻和上爻）为客，"阳"爻为主、"阴"爻为客，因为《易经》中绝大部分"凶"爻是边爻和阴爻的问题，所以，老子在提出《易经》中"凶险"之爻的位置和属性问题时，用"客"字概括了这些"凶"爻的存在，指出：对凶险紧急之事呵，好像都出现在边爻和阴爻，这符合事物的规律吗？（"严呵！其若客"）

以上，是《老子》中对以《易经》为代表的"古之善为道者"提出的分析和疑问，虽然如其所说仅仅是限于其内容的一些问题，但实际上，这些问题正是其内部存在实质问题的表象，只不过老子省却了笔墨，留给后人去研究了，也许他认为这样更有他期待的效果。

看来，老子不但认真研究了《易经》，而且有他自己独到的见解，而且还提醒了后来的人们。

参考文献：

［1］张奇成 著，《易道主干》，中国书店，1999.1，P4

［2］金景芳、吕绍纲 著，《周易全解》，吉林大学出版社，1996.10，P121，405，60

［3］《辞海》，上海辞书出版社，1986.4，P1828

第二章　"道"作用万物的基本方式

与任何一种创世说一样，老子建立的"道生天地万物"的"假说"或"模型"是不能直接验证的，即使间接的验证也非常困难。但是，分析"今之道"是如何作用于"今之万物"的，首先是这一分析和研究结论要经得住现实存在的检验和重复，这就使得老子的研究从远古的浩瀚太空，一下子进入了现今的生命微观世界。

在这一章中，不仅可以解读到老子对微观世界中物质转换的理解和对"道"作用于万物的描述，还可以了解老子的另外一个创造，即"德"的功能和意义。

老子的"德"不仅仅是停留在人的思想和社会观念中的"德"，而是贯穿于宇宙间一切运动和变化，包括"道"的行为在内的"德"。他没有解释"德"的来源，好像"德"是一种自然生成的存在，但是客观上"德"是以"道"为准的。他还给了"德"仅次于"道"的高贵地位，以表明其存在的重要意义。

所以，讲老子的"天人合一"是一个综合的概念，其中包括了"天人本一源"、"天人同为物"、"天人共无为"、"天人守一德"、"天人归一统"等。在本书第三篇"御今之有"中，有大量章节解读老子的"德"的实践和重要意义。

当然，老子很清楚，"天守德"与"人守德"的差别，于是，他将"德"划分为"上德"和"下德"两大类。

所以，老子的五千字是他的智慧和认真的结晶。

第一节　生命本质及生命物质的循环

概　要

（1）"至虚"处有"宇宙法则"。"至虚"为"无物"、为"一"，万有法则皆出于"一"。

（2）"守静"中有"万物根本"。生命死亡后，构成生命的物质回到自然界基础物质状态，一切生命都是由这些基础物质聚合而构成。

（3）物构成生命的循环。处于守静态的基础物质在合适条件下进入新的生命构成，叫做"复命"，完成"复命"后的状态称为"常"。

（4）认识"常"是了解生命本原的关键。"常"是基本生命物形态，相当现代生物学中的蛋白质，认识蛋白质就是认识生命。

（5）繁殖后代对生命的影响。生殖繁育或不生殖繁育后代并不会引起生命过程或状态发生特殊的变化。

【原文】

（第十六章）至虚，极也。守静，督也。万物旁作，吾以观其复也。天物云云，各复归其根，曰静。静，是谓复命。复命，常也。知常，明也。不知常，帝（mang）。帝作，凶。知常，容。容乃公，公乃王，王乃天，天乃道，道乃久，没身不殆。

（第五十二章）塞其兑，闭其门，终身不董。启其兑，济其身，终身不棘。

"执今之道"是老子谈"道"的重点，只有做好"执今之道"，才有可能实现"御今之有"。其间，首先要进一步深入探讨"道"于现今万物生成和变化的联系。

"道"生天地万物，不但生了"天地"，还给予了"天地"运行的规律。而就"万物"而言，是以人为核心的亿万生命物。这些生命物不断产生新的生命、不断消灭旧的生命，形成各个物种的繁衍不息以及由此引起的各种过程，在其中，尤以人的意识和精神进步，以及人类社会的进步为显著。由此，在现今阶段，"道"于"天地万物"的关系就主要集中在与"万物"的关系上，特别是集中在与人的关系上。

《老子》中提出，寻找和研究天下万物于"至虚"、"守静"两个状态，就可以探索大自然的规律和生命物质的根本。

1、"至虚"处有"宇宙法则"

第一个状态是"至虚"。"虚"，与"实"相对，老百姓说，"眼见为实"，反过来也可以说眼不见为"虚"。《淮南子．原道训》中说，"有生于无，实出于虚"，意思是说，世间存在的"有"是从"无"中产生出来的，可以眼见的"实"是从"虚"中产生的。这是中国古代的哲学问题，与百姓的说法不是一回事。

"极"，是法则、准则的意思。《尚书，洪范》中有"皇极"、"惟皇之极"，意思是"帝王统治的法则"、"唯帝王之法则"[1]。

所以，《老子》中说**"至虚，极也"**，意思是在最初的"无物"状态下，可以找到宇宙最高法则。

结合本书已经说明的内容，可以看到，《老子》中对"万物之始"的描述，从"人对物之存在的感知"出发，与"有"对应而叫做"无"；概括"道生天地万物"的最高哲学观点，与"万物"对应而叫做"一"。当然，这个"一"和"无"的概念，还不是《老子》中所要表述和研究的最主要方面，还不能达到"执今之道"的目的。老子讲的是，"道"不仅是创造天地万物的本原，"道"还是天地万物生灭变化规律和法则的本原。这些规律和法则根源就存在于由"道"所产生的"无物"或"一"中，体现于"至虚"的状态下；这些规律和法则既是具体的，也是抽象的，更是唯一的。"道"学正是在探讨和研究贯通天地万物存在和生变法则的同一性和统一性。所以，从对探讨和研究"道"与万物生灭变化的规律的内在联系出发，需要将思考和探索的目标聚焦于"至虚"。

由前述的"道"生天地万物的过程分析，"一"是"无物之状、无物之象"，继而"无名"和"有名"同出于"一"，"有名"是万物之母，"无名"是万物之父，所以依此推出所谓的"极"就隐含在"无名"之中。按照"恒无（名），以观其眇"的意思，老子并不认为"无名"或者"恒无"就是真正的"一无所有"，是"真空"，而认为"无"是有别于"有"的另外一种存在，而且老子希望能找出让人们用平常的感知，或者类似平常的感知那样的方式，去认知"无名"、感知"恒无"。可见，老子尽了他最大的努力去解释或宣传他的"道"学，但是他还是被历史学家们戴上了"以自隐无名为务"的帽子。

由此也可见，对现代人来说，当看到"抽象"、"法则"、"规律"这些词汇时，会悠然而产生对现代哲学的学术理解和映象；但是，当看到"虚"、"极"等词汇时，很难以将这些词汇与现代科学或学术思想联系起来，而是产生一种"虚玄"、"空寂"的映像，一种介于"神话"和"故事"间的感觉。这是一种误区，其源头几乎和这些文字一样久远。

2、"守静"中有"万物根本"

天下万物种类繁多、生生不息、数量巨大，一切有生命物都表现出"盈天下"的旺盛生机和无比活跃。地球上有多少种生命，这取决于分类的方法和细致的程度，按照生物学家的分类方法，这个数据是个难以确定的，因为一个分类学家的一生有可能完不成一个低等生物种类的取样和登录。所以有人说自地球上产生生命以来至少有300亿种生物[2]。

但是，所有生物的最为一致的规律是，在经历了生、长，并达至生命最高端之后，不管这段时间是几分钟、还是几千年，无一例外地都将或快或慢地步入其生命的"枯黄期"，并最终归于生命的灭死。

生命灭死后，组成生命的物质哪里去了？古人观察到，无论是枯枝败叶、还是腐烂的兽尸，凡是有腐败之物的地方，新的草木就茂盛，食草的动物也可以饱食而肥壮，食肉的动物也因之而肥壮，生命之物好像进入了一个反复循环的过程。

《老子》中说，人们看到最多的是天地间万物繁茂、健壮地产生、长大，但我的注意力不仅在此，而是关注到构成生物体的物质是如何参与或者回到这一反复循环的过程中去(万物旁作，吾以观其复也)。

天下的生命物质在经历了生命的"枯黄期（云云或芸芸）"后，都会死亡。在死亡状态下，某一个具体生命的标志和特征没有了，生命结束了。但是，构成生命的物质是没有生命的基础物质，这些基础物质既不存在死亡，也不会消失，而是进入了一个分散状态，一个构成生命体的根源物、或基础物的状态（根）。这一状态相对于生命活动是极其"安静"的，所以将这个状态叫做"静"（**天物云云，各复归其根，曰静**）。

那么，在"守静"的状态下，构成生命的物质究竟是什么样子呢？《淮南子．精神训》中说，"夫造物者之撅援物也，譬如陶人之埏埴也。其取之地而已为盆盎也，与其未离地也无异也。其已成器而破碎漫澜，而复归其故也，与其为盆盎，亦无以异矣。"这段话的意思是说，天下万物生成，就像制陶者取土制陶器，来自地下的制成陶器的陶土，与没有取用还在地下的陶土是一样的；陶器碎破后重新回到地下，与还是陶器的陶土也没有差别。进而，古人又说，"夫木之死也，青青去之也。夫使木生者岂木也？犹充形者之非形。故生生者未尝死也，其所生则死矣；化物者未尝化也，其所化则化矣。"用现在的话说，树木死去，是绿色的生命消失了。参与树木生命的东西岂是树木本身，就像任何有形之物并不是有形自身。所以产生生命的物质并不要死，而生出来的东西会死；化成万物的物质也并不要化，而化育出来的会发生变化。《列子．天瑞篇》中指出，"万物皆出于机，皆入于机"。"机"指非常细微的物质，这句话的意思是，万物都是由很细微的物质组织或构成的，而这种细微物质是不会消失的。

那么，构成不同生命的原始态物质（或者叫"根物"）究竟是什么？从以上论述可以看出，虽然古人没有现代化学、生物化学知识的支撑，但是他们用类比、举例或抽象的方法表述对自然界万物构成的认识，用现代科学的眼光看，这些说明也许不完整或不确切，但是，其中包含的朴素的唯物观和物质守恒观是最宝贵的，至今仍不乏参考和启示的意义。

其实，如果把万物归根叫做"守静"，然后再和不同生物的食物链关系结合起来，很容易有一条结论，那就是构成世间万物的是同一类型的，是一种共同的"根"。如果将这一共同的"根"找到，也就找到了总揽万物的"根本"，也可称为"督"。

所以，另外一个要探索的状态是万物"归根"后的"守静"态，因为那里有总揽万物的根本存在(**守静，督也**)。

对生命本原的认识，是人类认识客观世界的关键和难点，通过对"至虚"、"守静"两个状态的认识和深入研究，就可以打开认识生命的大门。所以，老子把了解和掌握生命物质的"归根"视为最终实现认识世界的（执今之道）的重要关键。

3、生命物质循环

万物"归根"，是指构成任何生命的物质在生命灭死后都会由聚而散，重回到原本无生命的存在状态，即进入"守静"态。但是，在"守静"态下的这些基础物质并不是完全的"静而不动"的状态，而是在合适的条件下，又会重新回到下一轮构成新的生命物的过程，所以也将"静"状态叫作"复命"状态(静，是谓复命)。

生命是什么？"生"是指产生生命的过程，"命"是指构成生命的物质状态。回到"静"状态下的基础物质与原来的生命没有了任何关系，当其遇到可以产生生命的条件时，将很快参与和进入新生命体之中，构成新生命体的物质部分，即完成"复命"的过程。

《易经》中有"原始反终，故知生死之说"的论说，同样也是认为生命的存在和消失不过是构成生命的物质在开始和终结之间的循环过程。所以，古人认为在完成"复命"后，有一个非常重要的生命状态，并将该状态称为"常"。(复命，常也)。

现代化学和生物化学的研究说明，构成生命的最基本单元是蛋白质，蛋白质是由氨基酸构成的，而氨基酸是由碳、氢、氧、氮及少量的硫或其它元素组成的。这些元素是地球上最普通的元素，自然界中的这些元素就在我们的身边，正是这些司空见惯的元素最初使科学家幻想用玻璃瓶合成简单的生命[3]，但是后来人们才知道这是一个多么艰难、甚至是几乎办不到的事。人们从中了解到一切生命物来自于没有生命的元素或这些元素的化合物，一切死亡的生命物质几乎都变成了水分子、二氧化碳分子和含氮或其它少量其它元素的简单分子，而这些分子与自然界的水、二氧化碳、氮化合物完全相同，是生成新的生命最普通的来源。

当古代的人们无法解释人和其它生物的构成和来源时，就用超自然力予以说明，所有的宗教和关于神的解释几乎无一例外。而老子却用各种存在的事实加上周密的推理，希望对此做出解释。老子的"守静"就是这一系列推理的关键，生命物质在"静"状态下回到了今天人们所认识的最简单构成，即毫无生命性质的基本构成和状态，从而最终解决了无生命与有生命的联系问题。

为此，古人极其重视对构成生命的物质回到"静"状态的理解和研究，极其重视对生命物之"常"态的观察和理解，以下就是《老子》中对认识"常"状态的作用所作的说明。

4、认识"常"是了解万物本原的关键

天下生命物，都是由没有生命的基础物质聚而生成，于是人们会提出一个新的问题，那就是为什么会聚集后形成各种各样的有生命物？在各种不同类型的生命物之间，有哪些联系或者共同点呢？

天下生命物，有花草树木等植物，还有鱼虫鸟兽等动物，再有就是最具灵性的人类，只要是生命物，其生存和生长的基本条件非常相似，没有水、空气和太阳的照耀，任何生物都不能生存和长大，这就是生命物的共同点。在不同生命物之间，存在着一个食物相连的关系，水、土壤和阳光滋养培育了草木，水、草木和阳光养育了牛羊鸡兔等食草的动物，水、动物和食草动物的肉养育了虎狼等食肉的动物，而一切生命物灭死后的尸体和动物的粪便都会使其附近的草木长得繁荣茂盛。

古人观察和总结了有生命物的相互联系和特点，认为在不同类型生命物之间，有一个基本生命状态，不管是植物、动物，或者是人，都应该存在这样基本生命状态，它们之间的差别不过是聚集和组合方式的差别，是形式的差别。而且，这一基本生命状态是无生命的基础物质经历和完成了"复命"后的最基本状态。老子将这一基本生命状态叫做"常"。

古人对胎儿在母体中的孕育过程表述为："故曰一月而膏，二月而胅，三月而胎，四月而肌、五月而筋，六月而骨，七月而成，八月而动，九月而躁，十月而生。"用现在的语言讲是，第一个月形如膏脂，第二个月像隆肿块状，第三个月形成胚胎，第四个月生成肌肉，第五个月长出筋络，第六个月长成骨骼，第七个月变成人形，第八个月就会动弹，第九个月开始躁动，第十个月出生。

胎儿在母体中从"膏"到"出生"的长成是一个生命物质的化生过程，这些物质是从母体中来，而母体又是通过摄取食物和饮水中的营养而得到物质的补充，不管这食物是来自动物的肉，还是来自植物，一切食物和饮水最终都是从自然界中来。

老子说：了解和掌握无生命物"复命"后形成"常"这一关键的变化过程（知常），就是掌握了创造生命，这一创造兼容囊括（容）一切最初始、最"纯净"的生命，兼容一切生命的创造就实现了对万物共性的掌握（公），就能统治和控制天下万物的生成变化（王）；也就是人们所说的"上天主宰天下万物"（天）；而这"上天"就是"道"，就是恒久的自然（久）。换言之，是"道"给予一切生命的创生演变规律，而"道"就是恒久而没有生命的自然。（知常，容。容乃公，公乃王，王乃天，天乃道，道乃久。）

了解了"道"以自然之理赋予一切生命创生演变的道理，也就了解了天下一切有关生命的起源和知识，也就突破了人类对自然界一切有生命物起源的不解或误区，对于建立正确的人生观和世界观都有极其关键的意重要意义。所以，人如果突破了这一基本认识难点，就达到了没有什么不能认识、不能解决的层次。（没身不殆）。

如果不了解这个普遍规律，人就是愚昧和无知的，而愚昧无知的人在思考或做事时，就会发生很多错误和麻烦，甚至发生不幸的事情（不知常，苗（mang）。苗作，凶）。

当然，为了进一步说明构成生命的物质来自自然界，老子注意到了包括人在内的生物的繁衍过程，并有以下举例说明。

5、繁衍后代是生命的自然功能

在《易经》中有3个卦，分别叫"巽（xun）"卦、"兑"卦、"涣"卦，排序是第五十七、五十八、五十九。《易．序卦》讲，"巽者，入也。入而后说（悦）之，故受之以兑，兑者，说（悦）也。说（悦）而后散之，故受之以涣，涣者，离也。"翻译成现代的意思是，"巽"是指进入的意思，进入之后就会喜悦，所以"巽"卦后是"兑"卦；"兑"是指喜悦，喜悦之情过了一段时间后就会涣散，所以兑卦后是"涣"卦，"涣"就是离散的意思。

如按"序卦"所解释，这三个卦连续起来，就像一段对生物界雄雌交媾过程的描述。雄雌交媾是生物界繁衍后代最普遍、最重要的环节，但是除了人之外，几乎所有生物既不明白、也不会主动地具有繁衍后代的观念和目的，而是凭借其天然的本能完成交媾过程。实现这一天然本能的推动力就是"悦"、一种对天然快悦感受的追求。所以，"兑"卦是这一过程的核心。

如果由于某种原因阻止或消除某个生物对这种"悦"的追求和感受（塞其兑），或者关闭其生殖之门（闭其门），这样的生物会在与其它同类没有显著差别的情况下终其一生，不管这是一棵普通的树或草，还是一头牛或羊，它的身体的任何一个部分都不会因为没有繁育后代而发生异变（终身不堇）。

又有，当某个生物开启了它的舒畅快悦感受后（启其兑），那么正常的交媾是有利于其身体成长和健康的（济其身），而且也不会因为正常的生育或繁衍后代使这个生物的身体变得瘠瘦（终身不棘）。也就是说，繁育后代是生命物的自然功能，某个生物生殖繁育或不生殖繁育后代并不会引起其自身性质和状态发生特殊的变化。（塞其兑，闭其门，终身不堇。启其兑，济其事，终身不棘。）

第二节 "道"于万物的作用

概 要

（1）"道"以"恒无"进入万物。"道"无须以"恒有"参与生命的物质创造，而是以"恒无"作用于亿万生命，"恒无"以非常微末的形式进入生命物。

（2）"道"于万物善始善成。"道"对万物的生命过程，从开始构成新的生命，到生命完成、死亡，表现出一贯而已、"善始善成"的作用。

（3）"道"注万物。"道"像江河分岔，一分为二，二分为四，四分为八，……，进入亿万生命过程。"道"于万物的作用不能凭人的常规感知能力了解。

（4）"道"于万物的作用。

①"道"服务于天下万物。

②"道"的作用微末无状，是万物生灭变化规律的根源。

③"道"的作用不可改变：如倔强的自然生命、复杂的社会管理、天地间的自然公平。

（5）"道"统摄天地万物。万事万物，不管是人了解的，还是未知的，只要是存在或发生的，就离不开"道"的作用，都潜藏着"道"的法则和规律。

【原文】

（第三十四章）道汜呵！其可左右也。成功遂事而弗名有也。万物归焉而弗为主，则恒无欲也，可名于小。万物归焉，而弗为主，可名于大。

（第四十章）夫唯道，善始且善成。

（第六十三章）为无为，事无事，味无味。……道者，万物之注也。

（第三十二章）道恒无名。朴虽小，而天下弗敢臣。候王若能守之，万物将自宾。天地相合，以俞甘露，民莫之令，而自均焉。俾道之在天下也，猷小谷之与江海也。

（第五十六章）．知者弗言，言者弗知，是谓玄同。

1、"道"以"恒无"进入万物

由前面对"至虚，极也"的分析，"道"于最初的"无物"状态下，产生了宇宙最高规律或法则。又由"道生一"，"一"生"二"，"二"是"无名"与"有名"的"异名同谓"，由此"一"就是"至虚"态。所以，宇宙的最高规律或法则由"道"而生，最初存在于"至虚"态中，然后以"无名"的形式与"有名"同生。

"道"生天地万物，外覆日月星辰构成于天，下载山石川海构成于地，天地之间是亿万生命存活其间，这是一个时间和空间都宏大无比的创世过程。老子时代的人没有可能推测创世期间宇宙温度、物质组成或形态的变化，也不可能提出创世经历的时间和空间假设，但古人还是启用人类严密的思维推理和丰富的逻辑构想，将这个过程从"至虚"描述到"守静"，从"微末之眇"联象到"恢宏盛大"。

"道"完成了天地万物的创造（成功），天地万物的生化运行也遵规循序地进行（遂事），可以叫做万物已成，万事归序。因此，可以从逻辑上得出这样的推断："道"在理论上或者概念上（名），将不再向天地之间产生或者补充"物质"（有）。（成功，遂事，而弗名有也）。

构成天地间万物（主要是生命物）的物质遵循了（归焉）生命生灭化变循环的既有规则，于"守静"时归根，于"复命"后守常。这种情况下，"道"于"万物"生命物质的循环化变方面也无须再发挥任何作用（万物归焉，而弗为主）。

那么，在这种情况下，"道"于万物以什么方式、还在发挥什么作用呢？且看老子如下的说明。

这时的"道"，已经无须以"有名"、"恒有"的方式从物质上创生天地万物，而是以"恒无"的方式，作用于天地间亿万生命物之中。什么是"恒无"，"恒无"是由"道"而生的"无名"发展而来，是不为人所感知的一种存在；既然不为人感知，怎会知道其存在呢？这里，老子用了"欲也"一词，意思是虽然"恒无"不能为人直接感知，但根据万物生化灭死的现象或表现，可以用完全思维推理的方式（欲也），提出"恒无"这一概念（名）的存在。

与"道"创生天地万物、天地万物按照"道"的法则和规律进入循环往复的运行化变（万物归焉）这样一个宏大的工程相比，<u>"恒无"进入每一个生命物的作用显得非常微小(于小)，所以将"恒无"这个概念划分为"道"的微小概念；而亿万生命物充满于天地之间，尽管"道"已经不再主宰(弗为主)万物在非生命物和生命物之间的循环变化，但是"道"于万物的作用，可以认为在概念上还是很大很大。</u>（**则恒无，欲也，可名，于小。万物归焉，而弗为主，可名，于大**）。

2、"道"于万物善始善成

"道"创造天、地，创造日、月，创造万物，一切有生命物的生化衰灭，也都遵循于"道"的法则和规律。

一只小鸟，衔一粒松籽飞上绝壁之顶，松籽落于石缝之间，受雨露滋润，阳光温暖，松籽发芽生根，最终长成一棵松树，绿叶如针，树干苍劲，百千年傲然于百丈石崖。

为什么那颗松籽不会长出垂柳、洋槐，而必然是一颗松树，那是因为在那颗松籽中已有"道"的"法则"的存在。从它生命的开端，发的是松树的嫩芽，生的是松树的细根，一切都按照预定法则进行。也许石缝有宽有窄，也许崖顶有旱有涝，松树可以或高或矮，枝干可以或粗或细，但它不会不是松树，也不会生出翅膀、拔出根系，飞下绝壁。这棵松树直到百千年后，慢慢地树成空干、枝叶日少，最后走入它生命的灭死，在风雨日晒中将它的物质返回到自然的循环中去。可以说，从松籽生芽、生命开始的那一瞬间，到松树枯灭的那一瞬间，是松树生命的全过程。在此期间，松树经历了无数枝叶的盛绿和枯败，产出了无数松籽，或被风吹落、或被鸟衔走，有许多的生命基础物质进入并且转化为松树的生命之物，又有许多松树的生命之物离开松树，返回到"守静"态，重新经历"复命"，进入自然界生命物的循环。

百千年间，只有"道"的法则，固守并规范松树的生命过程，一贯而已，善始善成。

这里，老子用了"善始善成"，而不是"善始善终"，这是因为，老子所描述的对象，已经跨越出物质的生死之界，从"道"学观点，世界上的任何物质，不管它是生命物、或是没有生命的物，他们之间从本质上讲都是一样的，任何物质其实没有生和死的差别，不过是以某种方式聚集化合，又以某种方式分散返回原有的状态。所谓的差别，只不过是各种基础

71

物质形成某一种暂时生命的聚集化合形式的差别。

"道"就是这样，无论对植物，还是对动物，从生命的基础物质开始"复命"（始），一直到长成或构成生命的一部分，再到完成后返回到"守静"，表现出一贯而已、"善始善成"。（夫唯道，善始且善成）。

3、"道"注万物

自古至今，"道"于万物的化生、运行之中表现出一贯而已、"善始善成"，那么，唯一的"道"、远无边际大无其外的"道"是如何作用于不计其数的有生命物呢？

解决这个问题，《老子》中应用了指数增加的概念，说明"道"在数量上满足有生命物的需求，即："道汜呵！其可左右也。"

"汜"是江河分岔的意思，"道汜"是指"道"可以像江河分岔那样，一可以左右分为二，二可以再分为四，四又可以分为八，……，如此分下去，当分到第 65 次时，已经具有 184 亿亿个分岔。

所以，"道"很容易通过不断的分岔，将其作用送达至任何一个生命体中，实现生命延续和繁殖新的生命所需要，完成善始善成的伟大作用。

所以，"道"于万物，采用左右分岔的方法，不断更新和增加自己的数量，不断地满足万物的需求。（道汜呵！其可左右也）。

对于"道"作用万物的方式，《老子》中提出的假设比较简单，仅仅概括性地说明：

①"道"的作用是非物质的，是不能凭人的常规感知能力去了解的，或者说是无形无质的（为无为）；

②"道"也不会去作用于万物常规的事变，如下雨、四季的变换等等（事无事），或者说"道"的作用显示出无象无状的作用过程。

③"道"的作为不但"无形无质"、"无象无状"，而且是"无味"而在的，是一种没有任何征象气味的存在"味无味"，是比"无为"、"无事"更无法得到任何感知的一种存在。（味无味）

在这里，老子又一次将"道"对万物的作用描述为真实物质的存在和作用，现代人应该理解老子于缺乏实证科学支持的情况下，是如何艰难地坚持他唯物自然的宇宙观。

4、"道"于万物的作用是任何力量不能改变的

"道"虽然"为无为"、"事无事"、"味无味"，以无限可分的数量，以"小"的概念作用于万物，但是"道"学原理，可以普遍地应用于万物

的生成变化，"道"学观点可以普遍地说明万物的繁衍兴衰（**道者，万物之注也**）。

所以，老子还是巧妙地利用类比、举例的方法，非常清晰地展现出"道"于万物的作用和效果。

①"道"的服务功能

"道"以"无名"存在于天下万物之中，为万物提供生生不息的规律和法则。由于"道"的作用，天下万物各行其"道"，章序不乱。"道"于天下的作用，就像宫廷官宦之处的服务人员（**俾**），虽然不见显赫的地位，但没有他们，一切程序和事物都会发生混乱。所以，从"道"的作用看，其犹如忠诚尽职的伺者，服务于天下（**俾，道之在天下也**）。

②"道"微细而至上的作用

"道"以"无名"进入万物，不见其形，不显其质，如果将其看作是山谷中的涓涓细流，那么这一股股溪流入江、入海，最终将汇聚成浩瀚的海洋，这海洋就是"天刚健、地势坤、万物蓬勃的世界"。对海洋来说，每一股细流虽然细小的微不足道，但没有一股股细流就没有浩瀚的海洋；对于世界来说，没有"道"的微末作用，也就没有世界。"道"的作用和意义，就像对事物的谋划和部署（**猷**），是一个类似"软件"以小控大的作用，是世界上万事万物发展变化的真正根源。（**猷，小谷之与江海也。**）

"道"无论是如"俾"服务，还是如"软件"般控制，都是以"恒无名"的方式，在"无形无状"下发挥作用（**道，恒无名**）。

"有名，万物之母"，当天地万物都完成始创的历史，"有名"成为"既有"，代之以构成世界物质的是"恒有"，意思是永恒的物质存在；而作为"万物之始"的"无名"，与其对应，继续作用于万物，故称其为"恒无名"，意思是感知不到、但于思维理念中永恒存在的概念。"恒无名"作用于世间万事万物，老子用以下三个不同类型的实例予以说明。

③"道"的作用之第一例—神圣的生命

《辞海》中讲[3]对"朴"字至少有4个含义，即"带树皮的原木"、"朴素或质朴"、"榆科中的一类乔木"、"（古指）一种小草"等。《老子》中有"朴虽小"，从含义上讲，不可能是"带树皮的原木"和"榆科中的一类乔木"（这两种东西都不会很小），另外结合上下文"朴"应该当名词讲，所以不应该是"朴素"或"质朴"，那就只剩是一种"小草"了（既是名词，又符合"小"）。另外，从《诗经. 召南. 野有死麕》中 [4读到"林有朴樕，野有死鹿"的句子，表明古代确实已经将一种植物（灌木）

叫作"朴樕"。

"朴"的含义一经确定，就可以了解《老子》中"**朴虽小，而天下弗敢臣**"的意思了。

与树林里高大的乔木比较，"朴"仅仅是一种灌木或很小的草。每到春季，"朴"就抽绿发芽，还长出小小的花蕾；夏季到了，花蕾开出小小的花，枝条上或叶子旁还抽出新的嫩条；秋天的时候，"朴"结了颜色鲜艳的果实，叶子在秋霜中发黄；冬天来了，寒风吹落了枯黄的叶子，"朴"把它的树条或根埋在雪下边，用它的根和枝干悄悄地蓄藏营养，等待来年的春天。"朴"很小，人们可以砍断它，或麋鹿可以吃掉它，山火可以烧枯它，但是普天之下没有谁能役使它、改变它的生存规律。天旱无雨时，"朴"减掉它身上的大叶子和老叶子，用以保持水分；夏日里，"朴"就从周围高大树木茂密的枝叶间寻找射入林间的阳光；它有自己的生存和繁衍方式，它的果实鲜艳，里边的核也很结实，周围的小动物吃掉它的果实，也把它的种籽带到适宜生长的地方；或者它的种子很轻，可以随风飘到其它地方，在合适的温度和水分中长出新的生命。<u>"朴"的一切生长过程都在遵照一个定式，这个定式就是"道"赋予它、"恒无名"作用给它的，普天之下谁也不能役使它或改变它。</u>（**朴虽小，而天下弗敢臣。**）

这就是"道"赋予每一个生命的神圣不可侵犯的自然秉性。

④"道"的作用之第二例—伟大的使命

人是"道"所创造的万物之一，尽管人在天下最有灵性，也唯有人懂得去思考其自身的来源和归属，但是，人以及人所进行的一切行为都不能违反"道"所赋予的规律和法则。

在中国上古的夏、商、周，以及到周室衰落的春秋时期，各国的君主名义上都是被封侯为王。候王位极人臣，权倾一国，臣子和百姓都要遵从其指令，势力强大的还不断对其他国家征讨扩张，收受其他国家缴纳贡赋。如果一个候王治国治天下的主张和行为，不符合"道"的规则，则其不但不能一统天下，就是王侯之位也不能久居。

其实，古代的王侯管理社会，不但要实行鼓励农耕，保卫国家，抵御各种自然灾害，维护社会治安等等公共事务，还要建立积极的社会价值取向和伦理文化，积极推动符合历史发展进步的潮流，尊重人的基本权利，保护绝大多数人的利益等等。在《老子》中，将针对治理国家和安抚百姓有专门的论述，并提出"以正治国"和"无为安民"的政治主张。这些被认为都是遵循"道"的法则，管理社会的正确方式。

所以，老子说：作为肩负治国安民责任的候王，如果他能以"道"学法则为准，顺应"道"的规律，那么他管理于人事则百姓臣服，管理于工农商事则百业兴盛，管理于国际外交则四方平安、八方归顺，天下万事万物将无不按照自然规律，顺境顺行，宾服于人，宾服于候王。（**候王若能守之，万物将自宾**）。

这就是"道"赋予人、赋予社会发展的神圣伟大的不可改变的自然秉性。

⑤ "道"的作用之第三例—天地公平

自古以来，日、月周行，天、地相宜，风、雨相随，都是人能见之而不能为之的自然之事。由于人力不能及、不能为，所以古人或将其解释为阴阳之相交、相运，或解释为超乎人力的神秘力量所为。

但是，老子认为，天地均为"道"所产生，天地间的一切风雨霜露之事，四季周转之规，也都遵循"道"的法则。例如，在百日无雨、禾焦地裂的枯旱时节，人们必将盼雨心切，往往将这时的救命雨叫做甘露。每逢此时，天有阴云，地有凉风，天地相合，风雨相宜，降下人们久盼的喜雨。这时，并不需要百姓特别发出要求和命令，雨水无有薄厚之分别，总是均匀地普降大地，（**天地相合，以俞甘露，民莫之令，而自均焉**）。

这就是"道"赋予天地客观存在，自然公正公平的属性。

5、"道注万物"与人的经验

"万物之注也"，是说可以用"道"的法则解释和说明世间万物的生成变化，亦即无论是生命现象、自然现象，还是社会现象，无不体现"道"的存在。那么，既然"道"如此的"无所不在，无所不为"，人们是怎样反映和体会这一"存在"和"所为"呢？人们还有必要专门来讨论和研究这一"无所不在，无所不为"的"道"吗？

宇宙是一个大尺度、长周期的时空概念，自古以来，人类一直生存在一个基本条件相对稳定的世界里，例如四季春夏秋冬周而复始，昼夜日出日落循环变化，草木春华秋实生长枯黄，动物雄雌交媾繁衍不息，社会有分有合动静相交。古人认为，这一切存在和变化都在自己的经验范围，一切都司空见惯、理所当然、可知可测（**知者**），不言而谕，并且都觉得无须人们去讨论和研究（**弗言**），一切都自然发生、自然为人们接受。（**知者弗言**）

当然，在人们看来，还有许多发生的事物是超出人们经验的，如突发的地震灾难、局部大规模的陨石雨、日食月食等特殊天象、动植物形态突发变异等等。人们对这些超乎经验之事，视为不测、不知的意外之事（**弗知**），于是人们注重对其进行研究和讨论（**言者**），希望找到发生这些事的本原或规律。（**言者弗知**）

老子认为，凡一切事物，无论是可知可测的、或不可知不可测的，其变化都是在"道"的法则下进行的，之所以让人们有不同的经验感觉，大概与发生这些事物的周期的长短和发生时间的波动有关。如果一件事的发生周期远远大于一个人直接或间接的经验时间，甚至其发生的波动时间都超出一般人的经验时间，那么在古代的技术或条件下，这件事就好象是随机而突发"弗知"的事件。所以，老子从"道"学的角度出发，研究各类事物发生的客观本原和生成机理，认为无论是人们认为的"知者弗言"的常规事物、还是"言者弗知"的偶然事物，都是在"道"学法则下发生的客观事物，也即自然界中一切"偶发"事物和"可测"事物都有内在的联系，或者都是同一类事物的不同表现而已。

佛教的经典《金刚经》中认为"凡所有相，皆为虚妄"，是指世间一切事物的表现都不过是一种表面的现象，其表象之后，潜藏着接近本质的"非表象"，逐层剖析，才能接近其真实本质。

所以，老子认识到不管是人们所谓"知者弗言"所指的事物，还是"言者弗知"所指的事物，其差别或矛盾仅仅是形式上的，立足于"道"学的自然高度和历史长度，它们在实质上是相同的（**玄同**），都是"道"的作用结果，在所有事物的背后，都潜藏着"道"的法则和规律。所以，老子将其称为"玄同"（**是谓玄同**）。

第三节 "德"是最高的行为规范和标准

概　要

（1）"德"之功能和位置。"德"是自然存在，是一种理念，体现一切存在的行为规范和标准，具有集成的意义和作用。"德"享有仅次于"道"的尊贵地位。

（2）"道"于万物之"德行"。

①"道"生天下万物，不是生其"有"，而是注其"无"。

②"道"的作用随生命而存在，生命完结，"道"的作用也随之而结

束。

③"道"保持生命物的物种及特性，任其在环境下适应成长。

（3）"德"以"道"为准。"道"于万物的作为达到"玄德"的标准，而"德"永远只服从于"道"的法则。

（4）不同层次的"德"。

①"上德"，自然界按照"道"的法则所发生的各种行为准则，体现了"道"于"无为"的自然法则和规律，其过程和结果是确定的，也是其它力量不会改变的。所以，不需要制定其它标准和要求。

②"下德"，指人或者其它行为主体所对应的标准或要求，由于行为方式受行为主体的意志影响，事先没有固定的准则和方法；这种情况下按照"道"的法则，制订的规范和要求叫做"下德"。"下德"需要人去实施或考核。

（5）"德"为天下贵。人或其它事物如依"德"的标准去规范行为，是天经地义的事；不按照"德"的规范和标准去做，任何事都不能成功。

【原文】

（第五十一章）道生之，而德畜之，物刑之，而器成之。是以万物尊道而贵德。道之尊，德之贵也，夫莫之爵而恒自然也。道生之，畜之，长之，育之，亭之，毒之，养之，复之。生而弗有也，为而弗持也，长而弗宰也，此之谓玄德。

（第三十八章）上德不德，是以有德。下德不失德，是以无德。上德无为，而无以为也；下德为之，而有以为。

（第五十六章）故不可得而亲，亦不可得而疏；不可得而利；亦不可得而害。不可得而贵，亦不可得而贱。故为天下贵。

（第五十五章）含德之厚者，比于赤子。蜂虿（chai）虫蛇弗螫，攫（jue）鸟猛兽弗搏。骨弱筋柔而握固。未知牝牡之会而脧怒，精之至也。终日号而不嚘（you），和之至也。

（第二十一章）孔德之容，唯道是从

《老子》一书又叫做《道德经》，意思是这本书是专门论述"道"和"德"的。那么，"德"是什么？"德"与"道"有怎样的关系？《老子》中有如下的说明。

1、古人对"德"的多种解释

《淮南子．原道训》中说，"无为为之而合于道，无为言之而通乎德"，意思是，用无为的方法去做，就符合了"道"的法则；用无为的说法去讲，就与"德"的原则相通。由此说，好像通过"无为"可以与"道"的法则相合，与"德"的标准相通，因此"道"与"德"也是相通的。《淮南子．原道训》中又说，"是故清净者，德之至也；而柔弱者，道之要也"，意思是"德"的最高目标是"清净"，"道"的最重要方式是"柔弱"。而在又一个场合，有"夫喜怒者，道之邪也；忧悲者，德之失也，……心不忧乐，德之至也"，说明情绪可以反映人对"道"、"德"的掌握，没有过度的"喜乐忧悲"就可以达到"德"的极至，"德"是人追求精神修养的标准。

《庄子》中有[5]，"物得以生谓之德"，是说万物得以产生，就叫做"德"，"德"就是产生万物的过程或事物本身

在有的场合，"德"还指人的优秀行为或行为的优秀效果，如称赞伏羲和神农两位先祖圣帝是"其德优天地而和阴阳，节四时而调五行"，即这两位先帝的德行使天地阴阳调和，节制四时，调理五行。由此说，"德"可体现于人的行为之中，可以起到与自然和顺的作用。

现代的词典中还说，由"道"所体现于具体事物的特有规律和法则叫做"德"。

由上可见，"德"在古人那里的解义有很多种，但核心是指好行为的理念、标准和效果。

2、老子的"德"畜万物

也许是由于考虑到对"德"的解释很多，容易产生歧义，所以《老子》中对"德"做了比较详细的说明。

①"德"之功能和位置

首先，老子从功能上说明"德"的性质。他说，"道生之（天地万物），而德畜之，物刑之，而器成之"。

因此，按照老子的"道"学理论，<u>构成生命体的基本物质是从"道"产生</u>，然后基本物质通过各种各样的组合形成具有一定生命力的物质，如有的物质构成骨头，有的构成肌肉或血管等等。这些生命物质以有形的结构组合，形成具有一定生命功能的器官，如心脏是血液的加压泵，肺将氧吸收并溶于血液等等，最终这些器官构成一体化的生命体。在从基本物质

到生命体的构成中，"德"的作用是提出标准、制定出目标，并由此规范一切生化过程，实现"道"所预定的目标。（**道生之，而德畜之，物刑之，而器成之。**）

"德"体现了一种万物构成方式的规范和结果目标。所以，<u>"道"尊居最高层次，"德"享有优贵地位。这种"尊荣"和"优贵"不是人为赋予的权力，也不是某个意志的愿望，而是恒久自然发展的结果，是一种客观存在，所以万物以"道"为至尊，以"德"为最贵。</u>（**道之尊，德之贵也，夫莫之爵而恒自然也，是以万物尊道而贵德。**）

需要注意的是，《老子》中将"道"和"德"的存在及其作用看作是一种自然而成的结果，这种自然而成是不需要人或者人以外的任何力量驱使或作用的，是客观世界自我变化和发展的必然结果。老子的这一观点已经非常接近现代科学自然观和唯物世界观。

②"道"之"德行"

从现代化学看，已经发现的元素不过一百多种，但就是这一百多种元素以不同组成、数量和结构的差别构成宇宙间无数种物质或生命的形式，例如，水由两个氢原子和一个氧原子组成，甲烷气是一个碳和四个氢的原子组合，等等。构成生命的物质是非常非常复杂的，如氨基酸是几千个原子按照规定进行排列组合的；而后又有成百上千个氨基酸构成几十万、甚至 100 万种蛋白质（在人体内大约有 20 万中不同类型的蛋白质）；而一个具有生命的细胞其中大约有 1 亿亿个蛋白质；最后如果是一个人，那么构成他的细胞大约有 1000 亿个。不同的细胞在一定的组合下形成生物的某一部分肢体或某个器官，最后是这些肢体和各种各样的器官形成一个完整的生命体。这个生命体通过一定的方式与外界交换物质，不断将新鲜的物质吸收进来制造自身新的部分或下一代生命，并将不需要的物质排出体外。在许多生物体内，除了物质的吐故纳新外，还有表现其情绪和条件反射的行为；尤其在人类又发展出异常复杂的精神活动和心理反应。万物秉承了宇宙的复杂性和天文级数量的概念，每一个生命物都好像是一个微缩的宇宙。

在还没有建立科学，人们还远远不能了解和揭示生命奥秘的古代，老子从可以感知的现象或生物变化过程出发，阐述了"道"遵循"德"的几个作用行为特点。

老子说，"道"以"无名"进入一个生命的创生过程（**生之**），使该<u>生命物按照固有法则、并能够在一定程度上适应环境变化，于母体中或胚</u>

芽状态下开始，规范其长成为一个完整生命体（**畜之**），接着培育该生命物从环境中不断吸取可以构成生命需求的基础物质，转化为成长、发育需要的生命物（**长之、育之**），直至化育出果实或孕育新的后代（**亭之，毒之，养之**），然后进入枯黄和灭死，解聚后的基础物质重新进入环境，参与新一轮生命的创造（**复之**）。（**道生之，畜之，长之，育之，亭之，毒之，养之，复之**）

　　老子对以上"道"在不断生成天下万物（主要是生命物）的过程中，所具有的三个重要特点做了非常重要的说明。第一点，"道"生天下万物，不是生其"有"（**生而弗有也**），如前所述，其"有"是"恒有"，来自"常"态的基本物质；第二点，在天下万物的生成坏灭过程中，"道"的作用是无时无刻不存在的，但是，当这一生命完全灭息时，"道"的作用也随之而结束（**为而弗持也**）；第三点，在某一生命物的长成中，"道"并不是机械地、僵硬地主宰该生命物的一切形状和性状，而是在基本保持该生命物的物种特性前提下，任其在适应环境下成长壮大（**长而弗宰也**）。

　　老子将"道"的这三个行为特点集中在一起，叫做"玄德"（**此之谓玄德**）。（"玄德"不是劣，也不是优，在后结合更具体的实例或可有结论。）

　　③"德"以"道"为准

　　在此，《老子》中对"道"按其自身规律的所为和作用进行了凝练和提高，并评价其达到"玄德"的水平。由此可见，"德"是一种理念，具有指导行为和评价结果的作用，包括对"道"的行为的评价。

　　那么，"德"的理念和评价标准从何而来呢？老子是这样说的，"**孔德之容，唯道是从。**"

　　"孔"有"深"的意思，如《淮南子.精神训》里有，"孔乎莫知其所终极（深不可测）"。老子说无论"德"有多么的深刻（**孔德**），其内容都只能以"道"为准，永远只能服从于"道"。（**孔德之容，唯道是从。**）

　　这里，老子好象在做一个类似循环论证的证明，即"道"的所作所为达到了"玄德"的标准，而"德"的理念和标准又要以"道"的需求为准。也许，这就是老子所建立的"恒自然"的结果。当然，这里的推论也说明了老子对"道"体系的一致性的严格态度，即尽管用"玄德"评价了"道"的行为，但是，"德"还是要服从于"道"的法则。

　　④ 不同层次的"德"

　　老子对"德"进行了分类，将"德"划分为"上德"和"下德"。

"上德"是指自然界按照"道"的法则所发生的各种事物的行为准则，这些事物或行为是以"道"的最高法则为直接依据，体现了"道"的理想和理念，其过程和结果符合任何力量都不能改变的自然规律和法则。例如："今之道"以"无名"的方式作用于"万物"的始终，四时规律与农事的关系等等。因为"上德"所表达的标准和目标已经自然融合于这些行为或过程之中(是以有德)，所以"上德"之事的发生和变化就不再需要制定另外的标准和要求(上德，不德)。（上德，不德，是以有德。）

从行为类型上看，"上德"所对应的是"无为"。关于"无为"的含义在稍后将有详细的说明，在此可以将"无为"理解成是"做事的行为"、不是"做物的行为"，如"恒无名"所起的作用是规制万物生长变化中的规律和物类本质，而不是作用其生命物质数量的增加或减少；又如圣贤之人所做的是对农事的管理和指导（做事），并不直接从事耕种植物的农事（做物）等等。由此可见，因为"上德"所对应的是"无为"之事，不能体现具体物质（有）的创造和增减，所以表面看起来，好像"上德"并没有起到什么作用，看不到体现"上德"的结果。其实人们司空见惯的自然行为都体现了"上德"的作用。（上德，无为，而无以为也）

"下德"是指人或者其它行为主体所对应的标准或要求，由于人或其它主体的具体行为方式是不确定的，也就是说在事先并不存在自然固定的要求和标准(是以无德)，这样就可能出现不同的结果，有的结果可能完全符合"道"的法则，而有的结果则可能完全违背"道"的法则和自然规律。例如：以天下民众安生为重而一统天下，君王就会以德政感化邻国，在战争中减少杀戮，不计前嫌广招天下贤士，符合"道"的法则；如果以贪图霸占土地蹂躏百姓而发动战争，君王必定不顾百姓疾苦，肆意侵扰四邻，杀戮百姓，残害忠良等等，干下许多违背"道"的法则，违背人伦自然之理的坏事。所以，老子认为：提出"下德"对应的行为标准和要求是非常必要的，要建立开明、公正的理念，制定统一、公平的标准或规范，使其符合"道"的自然法则和社会法则；另一重要之点是一切都要按照"德"的要求而行，绝不能"失德"。（下德不失德，是以无德。）

因为"下德"对应的都不是自然界确定不变的行为方式，所以不同的行为方式和过程会产生不同的结果，这些结果的差别可能表现在物质的数量上，也可能表现在物质的存在方式上(下德为之，而有以为)。例如，农民按照四季气候和当地的条件种植庄稼，就会多收获粮食，反之就会少获得收成；又如，按照生命的自然规律生活，保持无忧良好的心情，人就

81

会身体健康，享受天年，如果过度透支体力，或无节制吸烟饮酒，就会伤害身体，严重者导致丧命。

老子提出"上德"和"下德"的概念，其良苦用心不在于如何划分的问题，而在于提出将"德"的重点放在"御今之有"的"人事"和"社会事"的讨论中。

⑤"德"为天下贵

"德"在规范包括人和社会在内的一切天地万物的行为时，也在规范"德"自身。对"德"的要求是以"道"的法则为依据，用老子的话说是"唯道是从"。这一要求的核心内容是"德"的公共性和自然性。根据"道"于天地万物"一视同仁"的自然法则，如果一个人或一个事物按照"德"的标准去做事，那么可以从其结果看到这个人或物的行为是否符合"德"的标准，至于这个人或物是不会、也不应该由此而与"道"和"德"变得更亲近或更疏远、获得利益或遭遇伤害、变得高贵或低贱。因此，"德"才称得上是天下最可贵、最重要的事，依"德"而行是每个人都应该、都必须、而且有可能做好的事。（故不可得而亲，亦不可得而疏；不可得而利；亦不可得而害。不可得而贵，亦不可得而贱。故为天下贵。）

需要注意的是，老子在这里依然赋予"德"以平常的自然属性，认为人或天下其它事物按照"德"的标准去规范行为，是天经地义的事；而不按照"德"的标准去做，是不可能做成功的，或者迟早是要归于失败的。因此，老子在这里实际上是在宣讲一种与当时社会不同的观点，即依"德"而行是大家都应有的做事标准，不存在"德厚"者"高贵"、"德"薄者"下贱"的划分，也不需要蓄意将"德"束之高阁，或仅仅当作圣贤的作为。

对于当时人们将"德厚"者比作"赤子"的说法，老子也顺便给予了分析和批判。

⑥"德厚"者的比喻

古人用"赤子"比喻或赞美君子或有深厚德行的人，如《孟子. 离娄下》中就有，"孟子曰：大人者，不失其赤子之心者也"，认为正人君子是保持他们幼年童贞之心的人。（含德之厚者，比于赤子）

那么，"赤子"有那些特点，"赤子"之心是指什么样的心呢？《老子》中做了如下分析与说明。

①"赤子"是指刚生下来的孩子。有人说，蛇蝎类有毒的爬虫、昆虫不蛰刚生下来的婴儿，虎豹、鹰雕类猛禽凶兽也不吃刚生下来的孩子（蜂

蚕（chai）虫蛇弗螫，攫（jue）鸟猛兽弗搏）。为什么？古人没有说。用现代眼光看，毒虫不螫可能与婴儿的体味有关，猛兽不吃可能与婴儿不对它形成危险有关，但可能也不是一概的不螫、不吃，是人们对类似的怪异之事有夸大之词，不然早就找到防虫防兽的有效办法了。

② 婴儿虽然筋骨柔弱，但是两只小手却紧紧地握拳（**骨弱筋柔而握固**）。其实这与婴儿的手指还不会自由运动以及天生自然保护手指有关。

③ 刚生不久的婴儿对外界基本没有反应能力，当然更不会有两性的概念，但是男性婴儿的小生殖器有时会挺起来。这种情况被中医认为是婴儿从母体中生下来，就带有父母所给的先天阳精，而且精气很足所导致（**未知牝牡之会而朘怒，精之至也**）。

④ 婴儿只会用哭声表示其饥饿或者其它感觉或需求，但即使日夜号哭也不会造成呼吸气逆（嗄 you）。这种情况被认为是婴儿体内的阴阳处于极其和合顺行的状态，所以不会因为哭而产生不好的结果（**终日号而不嗄，和之至也**）。其实，婴儿的哭声只是一种正常的生理反应，既没有任何心绪的成分，也不因此而造成生理上的伤害。

不过，需要提出注意的是，如果婴儿长时间地、连续地号哭，可能与其生理状态的欠佳有关，是需要引起注意的事情。

⑤ 从刚出生的婴儿的表现看，这时"赤子之心"的意识和情绪基本上处于空白，只是从生理上具备了先天精气充足、阴阳和顺的状态，古人将这种状态叫做"常"。

从以上对"赤子"特点的描述，可以看出将"德厚"者比作"赤子"，是一种似是而非的事。如果一个人在他的地位或条件下做了许多符合"德"的规范的事，第一，那说明对他有许多依"德"而行的要求，第二，他的所作所为不过是完成了按照自然规律应尽的分内之事，没有必要在这一方面用"赤子之心"来赞美或褒奖。所以，"有心为善，虽善不赏"，把依"德"而行看作让人赞美和褒奖的依据，其意识和目标就不符合"德"的规范；把"德厚"者比作"赤子"，是对依"德"而行者的误解；关键是使得每个人建立起正确的宇宙观和人生观，将依"德"而行视作人生的当然之行，如同饮食睡眠。

3、关于"德"的小结

① "道"是物的集合体（是宇宙、是太空），是产生天地万物（地球）的本原，是硬件的概念；"德"是"唯道是从"的行为规范和变化规则，其中有"道"、天地万物、包括"德"自身的一切行为规范，是软件的概

念。"德"是自然界的客观存在。

②"德"可以分为"上德"和"下德"。"上德"表现为一切天地万物自然变化行为之中，表现于"无为"和"无以为之"；"下德"没有确定的标准内容，不同行为具有不同的结果。"下德"是"执今之道，御今之有"的重点对象。

③"德"的自身规范是：对是否依"德"而行的自然公平。所以，普天之下，世间一切人、一切事物依"德"而行是最为重要、最天经地义事。

④ 不以"德厚"、"德薄"划分人的贵贱。

参考文献：

［1］徐奇堂 译注，《尚书》，广州出版社，2004.5，P76

［2］比尔·布莱森（美），《万物简史》（严维民，陈邑 译），接力出版社（南宁），2005.2，P308

［3］辞海编委会，《辞海》，上海辞书出版社，1986.4，P 1248

［4］陈晓清、陈淑玲 译注，《诗经》，广州出版社，2006.1，P17

［5］马恒君，《庄子正宗》，华夏出版社，北京，2007.5，P134

第三章　　"道"学之"无为"与基本法则

"无为"是二千年来使用多、解释也多的"道"学词汇之一。有人说"无为"就是不作为，也有人说按照客观规律办事就是"无为"。究竟"无为"的定义是什么，还是应该到《老子》中看看老子最初是如何定义的。

十年前，曾经见一位领导，整天将自己关在办公室里，用两根手指头学习打电脑，有人传言，说这是"无为而治"，有古代周公、诸葛孔明的遗风。其结果可想而知，几年下来财务报表变得以红字为主。如果这样做就是"无为"，那秦皇汉武、唐宗宋祖，加上现代的总统总理首相总裁总长等等政要和高管们何必那么辛苦劳累。当时本来还希望专门查找资料搞清楚，看看古人究竟是如何说的，但不久还是以一头雾水而结束。

后来，政府有了对"管理者"的管理条例，心想那种"无为而治"应该算是"不作为"的。但究竟"无为"是何作何为，依然不得概念。

直至读了帛书版《老子》，也算是 2000 年前的原版吧，才知道"无"不是没有，当然"无为"也一定不是"不作为"。其实在《老子》原第四十八章有一段描述，非常明确地说明了"无为"的来源和作为方式。在以下的第一节中，会有专门的解读。

第一节 "无为"是高级的行为体系

概 要

（1）对"无为"的各种理解或解释。自古就有"无为"是"不作为"或"没有作为"，人不能达到"无为"的水平和能力，"无为"是有"修养"的作为、"顺乎自然"的作为等等说法。

（2）老子的"无为"。

①"道"于天地万物"有"的作为逐渐减少，发展成不可感知的作用方式，叫做"无为"。"无为"不是"没有作为"或"不作为"，而是一种高级别的作为。

②"道"以"无为"作用于天地万物，事事处处，时时刻刻，无一不在，无事不涉，故"无为而无不为"。

③"道"于不经意中，以"无为"注入于万物之中，默默不闻地发挥着作用。

④研究"无为"的作用和意义，掌握事物发展规律，推进自然、社会持续发展。

⑤"道"之"无为"，在于恒久。

（3）对"无为"的补充理解

①"无"是一种存在，在生命范畴，是指主宰生命本质的"微末"之"眇"，到社会发展变化，是指客观发展规律；"无"是"至虚"、是"归一"，"无为"是一种客观永恒的高尚作为方式。

②"无为"使人体悟到无私、真诚和智慧的行为。

③以"物"为对象的行为叫做"有为"，以"事"为对象行为叫做"无为"。

【原文】

（第四十八章）为学者日益，为道者日损。损之又损，以至于无为。无为而无不为。

（第六十二章）道者，万物之注也。

（第三十五章）执大象，天下往。往而不害，安平大。乐与饵，过格止。故道之出言也，曰：淡呵！其无味也。视之，不足见也。听之，不足闻也。用之，不可既也。

（第四十三章）……吾是以知无为之有益也。不言之教，无为之益，天下希能及之矣。

1、对"无为"的各种理解或解释

①"不作为"或"没有作为"

"无"字使用最多的是"没有"的意思，"为"是行为、作为的意思，所以从字面上讲，"无为"很容易被认为是"没有作为"或"不作为"的意思。举例如下。

《淮南子·诠言训》中讲："圣人知祸福之制不在于己也，故闲居而乐，无为而治。"用现在的话解释是：圣人知道，控制和改变祸福的主动权不在自己的手里，也不在于自己如何去做。因此，以保持闲散的状态为乐事，简出行、少活动，凡事听天由命，以"不作为"或"少作为"的方式，从事自己的工作或治理公务。且不说古人的这段话是在赞美圣人还是在讽刺圣人，总之按照这段话前后句子和用词的逻辑，对原话中的"无为"可以作"不作为"或"少作为"讲。

胡适老先生曾对"无为"作如下的解释，"如今且说他（老子）的无为主义。他把天道看作"无为而无不为"，以为天地万物，都有一个独立而不变，周行而不殆的道理，用不着什么神道作主宰，更用不着人力去安排。……所以他主张一切放任，一切无为[1]"。这里的"无为"就是"放任"，也可以叫做"不作为"。值得注意的是，胡适老先生指的是"天道"的"无为主义"，所以不是对一个简单词义的一般解释。至于老子是不是这个主义，在此并不重要。

②"庄子"的神秘"无为"

在《庄子·至乐》中[2]，有一段话说是这样说的："天无为以之清，地无为以之宁。……故曰，天地无为也而无不为也。人也孰能得无为哉。"意思是说，上天通过无为达到清净，大地通过无为达到安宁。……所以，天地以无为的方式，而达到于万事万物什么都有作为。人怎么能达到天地"无为"的水平和能力呢？。显然，庄子将"无为"划出了人的能力所达的范围，这是他的神秘主义，庄子认为人与天地是不可能"平等"而论的。

在《庄子．天地》中[2]还说："无为为之之谓天，无为言之之谓德."用行为体现的"无为"可以叫做"天"（或自然），用语言表达的"无为"可以叫做"德"。结合前一段，这里庄子认为"无为"包括了行为和思想两个方面，行为与"天"相应，思想或语言与"德"相应。所以，人于"无为"，客观上只能顺天行事，主观上以"德"相应。

又在《庄子．大宗师》里[2]讲到："夫道，有情有信，无为无形"。这是说，"道"是具有实情实信的存在，但又是没有作为和没有形状的存在。这里的"无为"，与①中的"不作为"是一个意思。

过去常有人提起"老庄学说"，所以自然认为老子和庄子是"一伙"或"一党"。其实庄子讲的'道'和老子的'道'并不一样。由对"无为"的意义分析看，庄子和老子的基本学术观点是有着天壤之别。但是，庄子的文章写得好，很多人读，所以对人们研究、理解老子的观点有很多影响甚或误导。所以，在欣赏庄子漂亮文章的同时，也需要深入了解和剖析他的"不作为"思想。

③ 对"无为"常见的误解

"无为"究竟是"不作为"、还是一种"作为"，由于从字面上看很不容易判断，所以也常引起人们对古文中说法的误解。举例如下。

《论语．卫灵公》中有："子曰："无为而治者，其舜也与？夫何为哉？恭己正南面而已矣"。字面上翻译是：孔子说，以"无为"而达到治理天下的君王，不就是舜吗？舜是怎样做的呢？他不过恭敬、正襟地面南而已麼。"恭己正南面"，仅此"而已"。所以，一个"而已"，令很多人认为舜的"无为"就是面朝南坐下，君临天下而已，并不要做什么，所以古人的"无为"就变成类似这样的"不作为"了。

孔子是春秋末的人，舜是夏朝的帝王，孔子与舜的年代和我们离孔子的年代差不多一样久远，所以，孔子对舜的了解不会多于现代人对孔子的了解。孔子了解舜帝，必定是通过有限的文字和传说，所以，应该再看看别的资料是如何讲的。

《尚书．尧典》中有一段文字比较详细地描述舜的工作情况，说舜接受尧的禅让后，首先按照祖制祭天地，接见诸侯的朝拜；然后到东岳泰山、南岳衡山、西岳华山、北岳恒山进行巡视，后来将这种巡视定为每五年一次；其后还划定了各方的疆界；进行疏通河道等水利工程；在行政管理方面调整刑法；于国防上领导属民平定四方边境；加强农事耕种的管理和疏导；在已有基础上制定了各级礼仪规范；开展教育青年的工作，等等。

《淮南子. 主术训》中还记载有："舜立诽谤之木，……坦然天下而南面也。"是说舜于他的办公室门外，树立了一个木牌，人们可以将对他的意见或者建议写在木牌上，……舜就是这样心怀坦诚、面南君临天下，全心全意地为他的臣民服务，管理他的国家。

在《荀子. 正论篇》中，还赞美了尧、舜广泛地对属民和青年实施教育，认真倾听天下百姓声音的善政（原文：尧、舜，至天下之善教化者也，南面而听天下，……）。

由这些资料可以看出，舜治理天下做了许多事，为政也很民主。古人出行，车船等条件很差，主要靠人的两天腿走或骑马而行，还要经受寒暑风雨的折磨、深谷大川的危难、虎豹虫蛇的袭击，五年出巡一次等于有很多时间工作于山林野地，肯定是非常辛苦的。所以仅就巡视一事就已经够舜"南面"而"作为"的了。

孔子介绍舜的工作和为人，言其"无为"定有来源，而且他也一定阅读或了解了许多资料，所以他断不会将舜帝说成是个"不作为"的人。而"恭己正南面"是指他正式接受禅让后，"正南"而面向天下执政的情况。舜开始执政的20多年里尧帝还在，所以孔子要强调"正南"，说明他是在正式的执政。

所以，将孔子对舜的介绍理解成舜"不作为"一定是误解，而这样的误解多少年来也使人们对"无为"的含义产生了错解。

④"无为"中的各种"作为"

除了"不作为"和"（人）不能为"之外，其实古今中外的许多学者都对"无为"的含义做出解释，其中大部分都按照各自的理解或意图提出实施"无为"的作为方式和要求。

在《淮南子. 诠言训》中有："君道者，非所以为也，所以无为也。何谓无为？智者不以位为事，勇者不以位为暴，仁者不以位为惠，可谓无为矣[1]。"这段话是从"无为"的角度，对身为帝王、君王的作为提出要求，即作为帝王或君王，其治国理事之"道"并不要求他要做多少事，而是要实施"无为"。什么叫"无为"？"无为"就是：智慧的君王不要居高临下用心术去行使职权，勇敢的君王不要以自己位显而对别人采用暴力，仁厚的君王不要以自己位贵而有意给别人恩惠，做到这些就是实施了"无为"之治。

《淮南子. 原道训》中还在论述圣人的修养和工作方面，提出对"无为"的解释,原文是:"是故圣人内修其本,而不外饰其末。保其精神,偃其智故,漠然无为而无不为,澹(dan)然无治也而无不治也。所谓无为者,不先物为也;所谓无不为者,因物之所为。所谓无治者,不易自然也,所谓无不治者,因物之相然也。"用现在的话说是:圣人致力于内在本性的修炼提高,认为其外表的状态不过是内心的末端,并不需要着意修饰。由此,圣人保全了自己的精神,掩盖了自己的智慧和策略,漠然无意间"无为",但又是什么都有所为。这里,古人将"无为"解释为"不于事情发生前主动去做"的意思,对应于"无所不为"是在事物发生后随之而为。

人们还经常说,干大事的人,如最高领导者君王、高管人员总经理等等人物,处理的都是大事,就叫做"无为",如果做了很多具体的小事,就不叫"无为"了。这种提法貌似正确,其实毫无道理。不同社会阶段,不同国情,不同过程,什么是大事,什么是小事,概念随时变化;有时细节重要,失败就系于细节;有时小事变大,同样需要举轻若重;由小涉大,只要是关键,就都是大事,岂能不办。所以这种情况下,不是"无为"或"无不为"的问题,是"有所为"、"有所不为"的问题,两类问题不是一个概念,所以不能混淆。

⑤"无为"与"道"

《淮南子.原道训》中有一段与《庄子》中相类似的话讲:"无为为之而合于道,无为言之而通乎德。"这里将《庄子》的"天"改成"道",其它基本没有变化,可以翻译成:按照"无为"的原则而作为,符合"道"的法则;按照"无为"的原则而言谈,就是"德"的体现。也可以说,"无为"是按照"道"和"德"的法则和要求,进行行为和思考的方式,是一个方法论体系。

冯友兰老先生在《中国哲学简史》中写到[3],"按照'无为'的理论人的活动应限于'必要和顺乎自然'的范围。'必要'是指达到某个具体有限的目标;'顺乎自然'是指按照事势和事物的本性,不强行要求"。"圣人治国,不是要忙于做事,而是要裁撤废除过去本不应该做的事情,以至'无为'"。由此可见,"无为"是一个指导作为的理论体系,关键是"有限"和"顺乎自然"。

在《淮南子.诠言训》中还直接提出"无为"与"道"的关系,认为:"无为者,道之体也;执后者,道之容也。无为制有为,术也;执后之制先,术也。"也就是说:"无为"是"道"的本体,可以了解而后实施

"无为"，就是应用"道"法则的实用体现。"无为"可以控制和指导"有为"，持后可以控制和指导在先已有的事物，这两点都是应用"道"的具体措施和方法。

以上对"无为"的解释，五花八门，形形色色，正所谓"仁者见仁，智者见智"。因为老子是提出"无为"的"始作俑者"，所以还是认真读读《老子》，从中学习以下老子的想法和说法。

2、《老子》中的"无为"

老子非常严密地介绍"道"是如何以"无为"的方式作用于天地万物的，为了说明清楚，老子借助了人学习知识、日积月累的情况，通过以此比喻，说明"道"的作用方式类似知识积累的反向变化，在无限长的时间里，于无意中减少，直至以"无为"的方式作用于万物。

① 学习是渐进积累的过程

中国的古人是很推崇学习的，孔子就说过，要随时随地学习（三人行，必有我师也）；不厌其烦地学（学而不厌）；学习要思考（学而不思则罔），还要举一反三地理解（举一隅不以三隅反，则不复也）；有机会还要将学到的东西去实践一下（学而时习之）等等。《管子．劝学篇》中专门论述教育和学习的事，说学无止境（学不可以已），学习如积步行千里、积流汇江海（故不积跬步，无以至千里；不积小流，无以成江海）；要活到老学到老（学至乎没而后止也）。

其实，每个人从一生下来就在学习，只不过在学校读书是专业化学习。学习是一个缓慢积累的过程，有的人学习认真，善于思考钻研，善于举一反三，学的知识丰富，最重要的是能够对各种知识融会贯通；开始学到的一般是具体的内容，随着知识数量积累，加上积极的思维整理，达到一定的程度和水平，那些感性的、具体的、个别的知识逐渐上升为关联性和系统性很好的知识系统。

头脑中的知识系统是一个人一生中使用最多的一个能力基础，这个系统对人应对外界或自身出现的事物，做出理解和判断有决定性的作用，而且到目前为止，这些作用是人工创造的任何产品所不能替代的。一个人的知识系统包括的内容越丰富、不同知识之间的贯通性越好、对知识的凝练越精准，则对新事物的认识和判断就越深刻、越准确、越快。所以，一个人学习的质量和效果如何，最终表现为他的知识系统的完善和有效。

但是，几乎所有的人都无法回忆或追述他的知识系统是如何积累或建立起来的，这几乎是一个集尘为山的缓慢过程，每一天、每一刻的生活和学习都在体现着为学者的收获。

所以，老子说，<u>喜欢学习的人每天都在增长（益）知识</u>（**为学者日益**）。

②"道"之作用的"减少"

"道"创造的世界现状（老子的年代与现在变化不大）是：形成以日月星辰为主的天，以山川原谷为主的地；日月运行形成天的四季周转，大地寒暖与四季相应；天地按照"道"给予的法则周而复始的运行，在一定的时间内，可以看作是基本稳定、不变的。"道"创造"天地人"的工程浩大，但创造物质的过程于最早的时段（几十亿年前）已经完成；天地运行的方式和基本规律也已经完成并进入长期的稳定运行。

从"道"创世以来，经过长期变化的结果，天地间万物的物种生成及其生长变化规律等也已经完成。地球上的各种生命物，繁荣、多样、生生不息，新的生命不断产生，旧的生命不断消亡，自然界的基本物质形成循环反复，为新生命长成提供所需要的物质，不同生物之间以连续的食物链和合理的物种比例使自然界的基本物质循环达到了完美。在新旧生命生生不息的产生和消亡过程中，"道"以"无名"的方式，每时每刻给予每一个新生命、或伴随着每一个正在生存的生命以必要的法则和规律。

变化最复杂的是人及由人构成的社会，这是由于人及人的社会是以往所有变化中完成最晚、而且尚处于继续完成的阶段或过程中。人类的精神和思想还处于不断进化中，每个人的思维和行为模式从生命开始到结束也一直处于变化和进步中；社会形态还在不断发展和进步，人的社会意识和社会行为也在变化中。人的意识和社会发展比天地万物中已有的任何存在都要复杂和多样化；这种情况下"道"于人类精神和人类社会发展的指导和规律作用也显得无比重要。

总结以上，"道"在长期的创世和万物发展中所起的作用在发生变化，这一变化的趋势是，"道"的作用由浩大的创世工程改变为进入天地间亿万众生命物的生灭过程，进入复杂无形的社会变革之中，有形的物质创造逐渐改变为提供法则和规律的"微末"作用，人类精神和社会发展对法则和规律的需要变得越来越重要。

从形式上讲，"道"于天地万物的物质作用在日益减少，这个过程是漫长的，甚至是潜移默化的（类似一个人的学习和知识积累的反过程）。

在经历了几十亿年的漫长变化后，最终形成现在"道"于万物的作用，其特点是以"无名"的方式，进入万物，以提供生灭变化的法则和规律为主。这是一种人类依靠感性或经验的观察取得素材，并对其进行推理或理解的过程，其中不直接涉及有质、有形、有状的物质生灭，所以称为"无为"（以至于无为）。

"无"是存在、作用的方式，"为"是作用的实质和结果。"无为"不是"没有作为"或"不作为"，而是一种高级别的作为。

"损"有减少的意思，<u>"道"的有形之作为在漫长的变化中极其缓慢的减少，不断地减少，最后发展成以"无为"为主的作用方式</u>（**为道者日损，损之又损，以至于无为**）。

3、老子"无为"的行为特点

①"无为而无不为"

"道"以"无为"的方式作用于"天地"、"自然之物"、"人"三个方面。

"天地"方面，天为主，如日月推行、星移斗转、四季循环、风雨雷电、寒暑冷暖等等，"地道"中有山岭平原、大川深谷、水土沙石等等，其中大部分变化随"天道"而起落，所以也统称"天道"。

"物"方面，凡生物，如有树木花草、鱼鸟虫兽、男女人等，天下万物之变化主要是有生命物的生长坏灭和基础物质的循环变化规律，其中"男女人"是指人生长坏灭过程中构成人的物质循环变化之道，不包括人的精神和社会变化。

"人"方面最为复杂，有君子修身之道，圣人修心之道，帝王治国之道，百姓为人之道；于社会、国家有兴衰胜败之道，战争之道，外交之道等等。

<u>虽然"道"行"无为"是以给予天地万物生灭变化运行的规律和法则为主，但涉及"天地"、"万物"、"人事"各个方面，事事处处，时时刻刻，无一不在，无事不涉，所以称其为"无为而无不为"</u>。

②"默默不闻"

"今之道"所作为的"无为"，重在万事万物的生长变化法则和规律，其作用潜藏于万物丰富的生长和形态变化之中，表面上风云雨下、瓜熟蒂落、水到渠成，一切都循章按序，"道"所做的过程或事件不会像一般的事能显示出来，在一切生灭、变化中时时处处都蕴藏着"道"的法则，如久旱必有雨、冬暖来春寒、合久分天下、福祸所相依等等。"道"就是这样，在不经意中体现于万物之中，默默不闻地发挥着作用。（**道者，万物之注也。**）

③ "无为"与掌握事物发展

"无为"中突出的是"无"。这里"无"的概念已经超越"道"创生"天地万物"初始所表现的一种人类不能感知的存在的概念，而是对天下万物万事生成、变化过程的一种统称，一种对物质存在形式（而不仅仅是物质）的统称。所以，"无为"所行为的对象更广泛、更宏观、更抽象。换言之，"无为"是通过对事物发展规律进行的研究，并指导对事物的操作。

如果人类通过对"无为"的理解和认识，致力于对自然界和社会方面发展规律的深入研究，就可以从整体上和宏观上掌握事物发展的规律（**执大象**），研究探索事物未来发展的趋势和前景，特别是对社会发展的趋势进行研究，掌握社会发展的大趋势（**天下往**）。

人类社会发展是"道"学自然发展的高级阶段，人类社会的运作比自然界中任何一个方面的运作都要复杂的多，而人类对社会发展的干涉和操作也比自然界中任何一种发展显示出人的能动作用，并依次影响社会的发展方向和进程。所以，人类可以通过自身的努力，推进社会向良好的方向发展，避免出现不利人类，有害大自然的行为，使人类和自然都取得和谐平安的进步。（**往而不害，安平大。**）

在这里，老子还极其预见性地指出了另外一个问题，即人类的过度消费问题。古代，人们的过度消费已经显示端倪，如享受音乐和美食。所以这里指出对于音乐和食品，不要过格消费，要有所节制。（**乐与饵，过格止。**）

④ "恒久作为"

"道"发挥"无为"的作用，还在于恒久。

自"道"创始天地万物以来，先生成没有生命的物，然后给万物以生生不息的生命，然后给生命物中的人以灵气，然后给人类修养精神的法则，然后给人类社会发展的规律，然后……，用现代语言，然后给人类认识大宇宙的科学，给人类走出地球、走出太阳系的知识和能力……，一直到"道"再开始一个新创世的循环。

在此之前，一直是老子在介绍和说明"道"的本质和作用。在此，当读者对"道"已有基本的了解时，与"道"已经有了亲近之感、融合之情时，老子给了"道"一个发言的机会，所以"道"对大家说，我与大家的交往表面上是浅薄之交，淡而无味，大家既看不到我的身影，也听不到我的声音。但是，我创造的世界永远不会停止运动，我的作用是永恒的，我永远陪伴在大家的身边（故道之出言也，曰：淡呵！其无味也。视之，不足见也。听之，不足闻也。用之，不可既也）。

4、对"无为"意义的理解

①"无为"的学术意义

"无"与"有"相对，"无为"的"无"表明了这种行为方式是一种非物质的方式，以人的普通自然感知器官是不能认知的，或者说这是一种类似知识、类似软件的作用方式。该行为的作用结果不是体会在一般物质的增加或减少，而是体现在提高和改善物质运动的方式或规律。这是一种比常规的物理或化学作用更为深刻的行为方式，是"道"于创世和世界高度发展后的高级作用方式。

在"道"学的概念里，"无"与"至虚"相同。"虚"与"实"相对应，表明"无为"的共性和抽象概念，代表了现今阶段"道"于"天地万物"的所有行为方式，同时也是"道"所具有的最根本、实质、永恒的方式。

在"道"学的概念里，"无"与"一"相通。"一"是万物万事归一，是创始本原和行为本原的归一，是物质和精神的一元化，是无所不有的"大一无外"，包括了宇宙间"天地人"一切，是行为方式上的"天人合一"。

"为"的含义，是作，是行为；是准则，法则；是运动和作为，有过程和结果；是应用和实践，是"无"的落点。

"无为"是一种永恒、永在的高尚作为方式。

②"无为"的社会意义

"天地万物"都是"道"所创造的产物，"天地万物"的行为都应该遵循"道"的法则和规律，违背"道"的法则和规律，就会造成错误和损失。

实施"无为"的作用以及实施的结果都体现在"天地万物"（包括人的思想和行为）的运动和变化中，其行为应当遵循"道"的法则，其思想和言语应当合乎"德"的规范。如果不实施"无为"的作用或方式，或者违反"无为"的原则和途径，那么就一定是违背了"道"，违反了"德"。

自然界有许多不合乎"道"的事物出现或发生，但是自然界往往能够通过自身调整实施修补或改正，如某种植物泛滥生长，侵犯了其他生物的生存空间，某种动物数量巨大，超过环境的承载等等。这些最终都将在自然的平衡中归于正常。

人是自然界最具有主动精神和创造力的生物，因而人也最容易与"道"和"德"的准则相违背。君王可以无视"道"的法则，不顺天时，不讲地利；战争破坏社会的"德"性，造成自然和社会灾难，等等。人的精神世界是天地万物中最具"无为"的地方，以"软件"的方式作用于另外的"软件"，这是"道"的法则和"德"的规范实现最高作用效果的过程。

"无为"的社会意义，在于其对人的"思想"、"观念"和行为的规范和要求。所以，搞清楚"无为"的意义和准则，并按照"无为"的方式做事，才能使人类自身和人类社会有良性的发展前景。

"无为"是天地万物在运行和生灭变化中实施"道"的法则和规律的行为汇总。"无为"规范人的思想和行为，按照"道"的规律行事，按照"德"的标准思考。

所以，老子对"无为"的意义做了总结，他说，通过分析，我明白了"无为"对自然、对人类、对社会有很多启发和教益。其中最大的"教益"是，使人们体悟到最真、最善、最美的法则，教给人们最无私、最真诚、最智慧的行为。普天之下还有什么能比得上"无为"的意义呢？（**吾是以知无为之有益也。不言之教，无为之益，天下希能及之矣。**）

③ 对"无为"理解的补充

中国的文字是独特的，也是最丰富多彩的，在古代，文字不但是人们记载历史、表述思想的工具，也是人们理解世界和表达思想的方法。例如，现在人们常用"宇宙"一词指太空，其实在古代"宇"是空间的总称，"宙"是时间的总称，"宇宙"包括了天地万物于时间上和空间上的一切存在，是人们理解和思考客观世界存在的两个尺度，直至现在，科学家们依然在从两个方面探索"宇宙"的奥秘。

还有一个词，是"事物"。"物"是指具有形、质、状的客观存在，是世界物质或环境的总称，与《老子》中的"有"相通；"事"可以当事情、事件讲，是指一个有始有终的过程。用现代哲学语言讲，"世界是物质的，物质是运动的，没有不运动的物质，也没有无物质的运动"。所以"事物"的"物"就是这个构成世界一切的物质，"事"就是"物"的运动和变化，没有不发生"事"的"物"，也没有没有"物"的"事"。这样，"事物"一词就囊括了客观世界中的一切存在，即"物"和"物的运动变化"。

老子观察、研究客观世界的存在，探索这些存在的本质和变化规律，并希望找到一个产生一切的本原。这个本原是自然的、客观的、物质的、一元的，"道"就是老子探索和找到的这个本原。但是，世界上的存在按照其表现又可以分为"物"和"事"两类，"物"是可知可感的存在，老子将其叫做"有"，"事"是"有"存在的过程，老子将其归于"无"。

老子的"道"学体系认为，"道"创生天地万物、然后发展到现在，其过程中创造"物"的经历已经结束，世界进入一个以过程的复杂为标志的阶段，换句话说，现在天地间"物"的问题已经进入固定的程序和规范，而"事"的问题越来越复杂，特别是人类活动和社会变革成为越来越重要的"事"。

人们将现代人类的活动划分为两大类，一类是自然科学，另外一类是社会科学。从目前的情况分析，这两类活动是不能截然分开的。例如，一位物理学研究所的所长，假设他的专业是"物理学"，但是他作为所长，又不得不做很多"物理学"以外的事情，如科研队伍的建设，要涉及许多和人有关的事；科研课题的策划和组织，要考虑许多资源调配的事，等等。随着生产力的发展和人们文化和社会意识的提高，人类的两种活动越来越相互交叉，希望寻找一个纯自然的环境和学科工作已经成为奢望。

这样就产生一种对人的活动重新划分的方式，一种活动的对象是"物"，如农民种地、工人造车、科学家搞核聚变等等，都是与"物"或者"有"打交道；另外一种活动对象是"事"，如国家总统管理社会事务、企业经理调整资源配给、办公室主任协调客户关系等等，都是与"过程"或者"关系"打交道。现代社会，公共的"事"越来越多，搞"事"活动的人也越来越多。如果说，人类使用铁制工具改变了社会分工，使少数人成为专职的社会管理者，成为"务虚"的职业工作者，那么现代科技的发展又进一步改变社会分工，使专门从事管理、协调、服务的职业工作者大量增加，"务虚"在社会分工中的比例越来越大。

由此，可以做一个大胆的划分，即以"物"为对象的活动或工作可以叫做"有为"，以"事"为对象的活动或工作叫做"无为"。这样，有助于让人们结合自己周围的事物，加深对"无为"的理解和体会，当然也就非常容易地让每一个人明确他自己是在做"有为"的"物"，还是在做

"无为"的"事",从而便于用"道"的理念指导思想和行为。

在"御今之有"章节中,还会结合社会管理,进一步说明"无为"的含义。至少,人们对"无为"的理解不应该是"不作为",也不应该是"有所不为"。

第二节 "道"的基本法则——"循环观"、"柔胜观"、"自然观"

概 要

(1)"道"之循环观。

① 天地万物是运动、变化的。

② 循环是一切运动的基本方式,如基础物质在生命中循环,日月运转、四时循环等。

③ 万事万物在永恒的运动中保持总体平衡。

④ "循环观"奠定"天人合一"的观念基础,是"道"学重要理论。

(2)"柔"胜观

① "道"以"无名"的形态,以"无为"的作用,以"柔"的方式,将天地万物的运动法则和存在规律注入万物之中。

② 以"柔"为根本策略,坚持"柔"的作为,达到永远的"强",真正的"强"。

③ "柔"可以胜于比自己强的,故"至柔"无坚不摧。

(3)自然观

人法地、地法天、天法道、道法自然。

【原文】

(第四十一章)反也者,道之动也。弱也者,道之用也。

(第七十八章)人之生也柔弱,其死也胆(geng)信坚强。万物草木之生也柔脆,其死也枯槁。故曰:"坚强者,死之徒;柔弱微细,生之徒也。是以兵强则不胜,木强则恒,强大居下,柔弱微细居上。

(第二十五章)道大,天大,地大,王也大。国中有四大,而王居其一焉。人法地,地法天,天法道,道法自然。

（第四十三章）天下之至柔，驰骋于天下致坚。

1、循环观

有的学者将循环观也叫做"圜道观"[4]，认为"是中国传统文化中最根本的观念之一"，"宇宙和万物永恒地循着周而复始的环周运动，一切自然现象和社会人事的发生、发展、消亡，都在环周运动中进行。"

《易经》中有许多关于自然界环周运动的说法，如《易·系辞》中说"日往则月来，月来则日往，日月相推，而明生焉；寒往则暑来，暑往则寒来，寒暑相推，而岁成焉"，说明环周运动是自然界日月天地、四季寒暑运动变化的基本规律。在《荀子·王制》中有："始则终，终则始，若环之无端也。舍是而天下以衰矣。"意思是从始到终，周而复始，就像圆环一样没有头。放弃这个规律，天下就要衰亡。

老子提出万物循环反复的运动是"道"作用的**重要法则（反也者，道之动也）**，这也是《老子》中许多观点的最高哲学基础。"循环观"作为中国古代哲学的重要论点，其意义可分析如下。

① 天地万物是运动、变化的

由"循环观"的观点认为，环周运动、周而复始是天地万物运动的最根本形式。这一观点揭露了天地万物存在的运动本质和运动方式。

首先，是事物的运动观，即万物都处于运动之中，从"道"创生万物之始，运动就伴随物质的存在，运动是万物的存在形式，直至物质消亡。天地万物之中不存在没有运动的事物。

运动不仅包含一切物质的存在，如日月星辰、风雨雷电、人兽鱼鸟等等，还包含了一切事物的变化，如生物的产生和消亡、季节冷暖的变化、社会或朝代的更替等等。

现代哲学辩证法的第一条就是关于物质运动的法则。可见，中国古人很早就认识到天地万物的运动法则。

② 循环运动的方式

其次，是事物的循环运动方式。即万物不但是运动的，而且是以循环往复的形式在运动。这一观点也是古人从自然界和社会上许多事物的发展变化中总结而来的。

循环运动的观点被古人应用于许多社会实践，如在农耕作业安排、风雨气象分析、人体血气循环、社会兴衰更替等等方面都有重要的指导意义。

循环运动的理论解决了一切事物向极端化发展的问题，自古中国人的许多格言像"三十年河东，三十年河西"、"物极必反"等均出于此。

现代哲学的辨证运动观之一，就是事物运动呈现螺旋式上升的规律，认为每一次循环不是简单的回到事物发展的起点，而是在一个新的层次上的开始。古代的"循环观"是建立在古人以亿万年的天体自然运动、数百年的朝代更替变换为样本，进行归纳和总结的结果，与现代科学和社会发展相比，古代事物的运动更替变换节奏要慢得多，所以更强调运动的总趋势，停留在初级的循环往复层面。

当然，任何一种循环运动的方式都是相对的，有限的。在一种条件下可以实现的循环，当条件或讨论的物质或运动层次变换时，这种循环可能就不复存在了，也可能在新的条件下，还会有新的循环出现。人类的认识在不断的发展前进。

③ 万物运动的平衡态

天地万物在循环往复的运动状态下，由于解决了向单个极端发展的问题，所以可以在动态平衡下实现事物发展中的总体平衡和相对稳定。只有两个窄轮的自行车在运动下平衡，地球上的气候在四时变换中求得平衡，社会在动乱和治理中找到平衡。

运动中的平衡是相对的平衡，平衡的规律是有范围和层次的。宇宙在100～200亿年的生成变化中，总体上是不平衡的，但它的一个局部，在一个时间段中，又是平衡或稳定的，如太阳系在近几十亿年中就处于一个较长的平衡段中。有时在一个平衡段中，可能包含了几个不平衡段组成。当一个人或一件事正好处于这个不平衡段中，那么这个人或事看起来就很不平衡或很不合理，但是，在更长的时间或更大的范围则是平衡的。

万事万物在永恒的运动中终究是平衡的，这就是"道"的"循环观"的规律。

④ "循环观"是"执今之道"的重点

老子用"循环观"的理论描述天地万物的存在或运动规律，既符合了自然界存在的许多变化规律，也解释了社会学中存在的许多现象。更重要的是，这一理论奠定了"道"、"德"约束、规范人的思想和行为的认识基础，从而把"天地人"有机地联系在一个系统里，奠定了"天人合一"整体观念的基础。

所以，"循环观"是"道"学中的重要基础理论，也是"执今之道"

的重点。

2、"柔"胜观

（1）"道"之用弱

"道"以"无名"的形态，以"无为"的作用，以"弱"的方式，将天地万物的运动法则和存在规律注入万物之中（**弱也者，道之用也**）。

如果将软件于计算机的作用比作"道"以"恒无名"于万物的作用，可能会更有助于认识"道"之"柔弱"的作用。

①"道"于万物的作用，从形态上视而不见、听而不闻，悄然而入万物。与计算机的硬件比较，软件载于硬件之上，也是视而不见，悄然而入。

② 从形式上看，"道"的作用是无所不在、无时不在、无事不在，世间万物无不循"道"而行，依"德"而作。软件是计算机的组成部分，没有软件，计算机只是一堆元件；没有软件支持，计算机不可能进行任何运行；计算机的所有功能和过程都是在一定的软件程序引导下进行和完成的。

③ 从状态上看，"道"的作用是柔和的，没有冲突，只有相宜，没有占领，只有相容。计算机的软件与硬件是不应该有冲突的（不包括专门的病毒软件），软件总是尽一切可能适应硬件的水平和需求；不同软件之间讲求高度融合和相宜；软件的"柔和"并不影响它的作用和功能。反而，越是柔性的、相容性好的软件，越是作用强大的。

④ 从效果上看，天地万物没有不循"道"而行的，是"道"于潜移默化中让万物有纲、有章、有序、有律，于秩序和柔顺中体会出无比的繁荣宏大。计算机软件也是如此，硬件讲求的是容量和可能达到的计算速度，而软件支持了硬件，使硬件更好的发挥作用，使硬件有序工作，适应外界的需求；软件的作用是无限的，软件使一种计算机模式适应亿万用户的不同需求；软件体现了人类对自身智慧的模拟。

当然，用计算机软件说明"道"表现的"弱"的作用仅仅是一种模拟，毕竟这是完全两个范畴的概念。

老子及其注重"道"于万物作用方式上的特点，并将"弱"抽象出来，提出天地万物"以柔为强"、"以弱胜强"的重要哲学观点。

（2）守"柔"才是真正的"强"

"弱"是物质的一种内在的特性，是相对"强"而言的。"柔"是一种外在的表现，与"刚"而相对。"弱"的内在特性从表面上一般只能以"柔"的状态出现，但特性"强"的可以表现出"刚"，也可以表现出"柔"来。

"柔"的相反是"刚"或"硬"，如果让性状"弱"的表现出"刚"或"硬"来，那也是一种勉为其难，或叫做"硬撑"。

一般认为，"硬"克"柔"，"强"胜"弱"，是世间常理，如钢硬可以削铁，劲风可以吹走云团。但是，"硬"与"柔"，"强"与"弱"，都是相对的概念，在一定的条件下，还会发生互相转化。如太硬的钢容易断裂，长时间的细雨也会使气温和风向改变。

因为"强"与"弱"是内在的特性，在一定范围内是不可能改变的，但"柔"与"刚"是行为的表现。所以，老子说，不管你是"强"或"弱"，都应该表现出"柔"来，用"柔"作为根本策略，而且不是表现出一时一事，要坚持"柔"的作为，才是永远的"强"，真正的"强"（守柔曰强）。

（3）"至柔"无坚不摧

《列子》中说[10]："天下有常胜之道，有不常胜之道，常胜之道曰柔，不常胜之道曰强。……强，先不己若者；柔，先出于己者。先不己若者，至于若己，则殆已。先出于己者，亡所殆矣。"这段话的意思是："柔"是天下的常胜的方式，"强"是不常胜的方式。……"强"可以取胜于比自己弱的，"柔"可以胜于比自己强的。如果只能取胜于弱于自己的，遇到强于自己的，就会失败；能取胜于强于自己的，则战不败。

如果"强"的表现为"柔"，则无论遇到比自己"弱"或比自己"强"的，都可以用"柔"的手段，化解对方，以最小的代价，换取最大的效果。

"弱"也是可以转化的，但不管是真正的"弱"，还是经过努力和转化变得已经"不弱"，都不要采用"刚"的方式，"柔"是"弱"方最好的保护自身的方式，也是战胜比自己"强"的对象的最好法宝。自然界、社会上，以弱胜强的例子很多，都是利用了"以柔克刚"的方法。

所以，不管是"强"者，还是"弱"者，凡天下之万事万物，只有做到"最柔"，就可以如骑马驰骋于天下，无坚不摧、战无不胜（天下之至柔，驰骋于天下致坚）。

（4）一段掺入的"柔、强论"

原帛书版《老子》第七十八章有一段关于"柔弱"和"坚强"的说

明，其论点和论据混乱，应不是老子的原作，在此不再赘述。原文是："人之生也柔弱，其死也胹（geng）信坚强。万物草木之生也柔脆，其死也枯槁。故曰："坚强者，死之徒；柔弱微细，生之徒也。是以兵强则不胜，木强则恒，强大居下，柔弱微细居上。"

3、自然观

无论是"柔胜"，或是"循环"，这些运动变化规律在多大的范围内作用呢？

老子想，这个问题大概只有人能够提出来，因为人的思维和社会意识已经达到了对范围、权利、服从等等习惯的思考和追求，人们经常把自然和社会混放在一起，例如把君王看作是"上天"的儿子或是奉行"上天"的旨意来到社会上的。

如果结合人们的习惯思维方法，<u>在社会上或国家里，有四个超级力量的存在</u>，是："道"、"天"、"地"、"君王"，虽然君王在人们的心目中有<u>无限的权力，但他仅是这四个超级力量中的一个</u>（**道大，天大，地大，王也大。国中有四大，而王居其一焉**）。

在这四个超级力量中间，无论是君王、或是一般的人，无疑是最低等级的。人和一切生物都是依赖土地而生存的，一切食物的根源几乎都来源于土地，"大地"承载着万物，"大地"的一点微小的变动都会带来山崩地裂，造成无法逃脱的灾难。所以，与"大地"比较，人很渺小，<u>人随土地而生存，人的行为必须依法"大地"的规律和特点</u>（**人法地**）。注意，这里老子用"人"代替了"君王"，可见在老子的"道"学里，用自然的眼光看，所有人都是相同的，甚至所有的生物都是相同的。

但是，"大地"与"上天"比较，无论是空间的延伸，还是四季冷暖的变换，还是风雨雷电的施为，还是日月星辰的周行，"上天"又显得无比的宏大，无比的刚健，有一种任何力量都无法阻挡和改变的强盛。是"上天"的日光给"大地"光亮和温暖，没有太阳的光和热，万物不能生存，"大地"会变得死寂。所以，"大地"随"上天"而存在，而充满生机，而变换冷暖，<u>"大地"的存在和变化依法"上天"的规律和特点</u>（**地法天**）。

与无垠的太空比较，"上天"不过是其中的一部分，"道"在空间上无限延伸，"道"中间飘浮着无数个"天地"，而"道"的深远使这无数个"天地"显得稀疏遥远；"天地万物"都是由"道"而生，"天地万物"的运行和变化都是按照"道"的法则和规律进行。所以，"上天"随"道"而生，在"道"之中而存在，受"道"的发动和驱使而运行，依法"道"的法则和规律而变化(**天法道**)。

最后，"道"的存在和一切行为又会依法谁呢？老子的最终答案是依法自然，**是自然而然的变化和结果（道法自然）**。

这就是《老子》中"道"学自然观的归属和出发点。古往今来，有多少人试图寻找这个最初的归属，但总是陷于一个循环而不能自拔，而在2000多年前的中国，已经有人于四个字间奠定了人类认识的顶点，即"道法自然"。

参考文献：

[1] 胡适，《中国古代哲学史》，安徽教育出版社（合肥），2006.8，P57

[2] 马恒君，《庄子正宗》，华夏出版社，北京，2007.5，P200，128，75

[3] 冯友兰，《中国哲学简史》（赵复三译），新世界出版社，2004.1. P88, 57,

[4] 刘长林，《中国系统思维－文化基因探视》，社会科学文献出版社，2008.11，
    P13

第三篇　御今之有

　　老子研究"道"学，在于他认为自古至今、天地万物一定有一个从逻辑和事实上都能自圆其说的本原，这个本原不但决定了天地万物的存在，而且还决定了存在和运动变化的方式。在第一篇中，老子提出"道"的概念，并且还设想了"道"创生天地万物的过程，提出了创世模型；在第二篇中，老子详细说明了没有生命的基础物质参与生命体生死变化循环不灭的过程，并且认为决定生命体基本生物种类和生变规律的是"恒无名"的参与和作用，并提出"道"、"天"、"地"、"人"在生变运行法则上的影响序列；老子对"无为"的分析将"道"的自然行为作用提高到一个新的认识层次，结合"循环观"和"柔胜观"这两个基本运行法则，作为认识、分析"今之道"的根本规律。

　　老子提出的"道法自然"的观点是认识和研究一切事物本质和运动规律的基础，其中也包括了对人和人类社会的认识和研究。"御今之有"是老子以"道法自然"为出发点，倾其毕生精力研究"道"学的重要内容，也是研究"道"学的目的，通过第三篇"御今之有"的解读，可以看到老子将他的理论用于探索天地自然的奥秘，用于指导人们从事复杂的社会管理，并最终构成一个完整的"道"学体系。

　　在拆读《老子》中，将与"御今之有"有关的章节归划在第三篇的五个章节中，其中集中了老子"道"学体系的一些重要学术观点和研究结论，大致可以分为对"天地自然"的认识和分析，对地球上自然之物的生长变化规律的研究和认识，对治国安民等社会发展规律的研究和认识，以及对个人研究和实践"道"学的分析说明。这一部分的文字或章节大约占了《老子》原章节文字的50%，其中不乏精彩独特的观点和深远大行的预测，其事例犹如发生于昨日，其论点好像与现实相关，仔细解读义寓深厚，综合分析融古贯今，让人读起来不由得拍案叫绝。

第一章 "天之道"

对"天地"的认识是一个由来已久的问题，到现代已经成为不同地域文化或不同民族文化的主要组成部分。现代中国人对"天地"的认识，许多情况下依然受到几千年前古人已有认识的影响。古人认为"天地"中的"天"为主、为乾、为上，"地"为副、为坤、为下，所以一般将"天"作为讨论的主体。

从上古开始，"天"在古人的心目中就是神圣、万能、无上的，直至最后一个下台的皇帝，他们都把自己叫做"天子"，意即秉承、代表"上天"的精神和旨意。在几千年的文化中，在民众的意识深处，"上天"是一切幸运和灾难的发源，也是人们庆幸收获和安慰心灵的归依。在这种情况下，即使有的人具有科学的观念，了解天地的自然真相，也常常出于一种矛盾的思想，宁愿将"上天"的真实面目掩盖起来，让人们在虚幻中保持精神的角落、心灵的港湾。

按照老子"道生天地万物"的创世模型，"天地"不过是自然界存在的一种物质，他毫不保留地在他的《老子》中阐明了这一重要观点。无法想象这一观点如果在2000多年前面世，会引发什么样的社会和精神震动，即使在现代依然让后人为他的胆识和执着而感动。

"道"家与"道"学是完全不同的两回事，事实上"道"学在历史上基本处于"在野"的地位，这也许与"道"学所宣传的一些观点有关，至少，"道"学中的天地自然观对维护以"天子"自居的任何一位皇帝的统治是有碍无益的。

虽然"天地"是自然的物质构成，而且与生命和意识毫无一点联系，但如果联想到人也是自然界的产物，是物质存在和构成的另外一种形式，则可以得到这样的结论：人类不必因为迷信而盲目崇拜畏惧天地，但作为人类也是自然物质的一种存在，应该平等地看待"天地"，并以天地的自然行为为模式，克服自身在意识和行为上的非自然倾向和弊病。因此，老子倡议人们应该学习"天地"的奉献无争，学习"水"的上善低调，学习大自然的功成自退。

因此，老子的"天地观"不仅仅是在告诉大家"天地"无情这样的事实，而是在启迪人们在思想和精神上，建立回归大自然的理念和追求，实践"天人合一"的认识和行为。

第一节　古人对"天地"的认识

概　要

（1）人格化的"天"。"上天"有思想、有意志，在意志方面有主导、控制和威慑作用。

（2）万能的"天"。"上天"是万能的，主宰天下兴衰，能管天灾地难，控制一切人力不能及的事。

（3）"天地"阴阳说。天为乾、为阳、为上、为动，地为坤、为阴、为下、为静。地以天为准。

（4）"天地"生万物。天地阴阳交互作用，万物得以化育生成。

（5）"天长地久"。有天地，才有日月星辰、天下万物；天长地久，万物生化不灭。

1、人格化的"天"

首先，人们将"天"人格化，认为"天"象人一样，是有意志，有思想的。人们经常把"天"叫做"上天"，不仅是因为"天"的位置在"地"的上方，而且这个"上"还有意志方面的主导、控制和威慑作用。

这个方面的例子很多，如《诗经.大雅》中"皇矣"是这样说的："伟大的上天，英明地临视下界，认真地观察和监视四面八方各个地方，寻找使民众安定生活的处所。看到过去夏、商朝代，失去民心而亡国，通过对四方各国的考察和认真策划，最后顾视西方的状态，决定在此留居。……上天立周王为天子，并要固守天命。……上帝还赐言给周文王，……（原文：皇矣上帝，临下有赫。监观四方，求民之莫。维此二国，其政不获。维彼四国。爰究爰度。上帝耆之，憎其式廓。乃眷西顾，此维与宅。……天立厥配，受命既固。……帝谓文王，……）[1]"

看来，古人认为上天不但有思想，有意志，甚至还能用语言与人们进行沟通。

2、万能的"天"

古人除了将"天"人格化以外，还认为"天"是万能的。

如在《诗经.大雅》的"文王"一文中有[1]："假哉天命，有商孙子。商之孙子，其丽不亿。上帝既命，候于服周。"意思是上天命令商朝的亿万子孙要臣服周的统治。在"大明"一文中还有："有命自天，命此文王。于周于京，缵女维莘。长子维行，笃生武王。"是说周文王娶妻生子等事也是上天的命令。如果是有比较大的天灾人祸，也把上天作为灾祸的始源并乞求上天怜悯并消去人间的苦难。如在"云汉"一文中就有[1]，"老天降下饥馑灾荒等祸乱（天降丧乱，饥馑荐臻)"，然后一连 6 个"旱既大甚"，描述了灾情，最后说，"仰望上天，何时能赐给百姓安宁？（瞻仰昊天，曷（he）惠其宁?)"。

所以，"上天"在人们的思想里，不但主管着人类社会的兴衰变换，天灾人祸，还主管重要人物的娶妻生子等等，一切对国家、社会有关的大事或者一般人力不能达到的事情，都要有上天的指令和意志。

3、"天地"阴阳说

"阴阳"的观念起源很早，大约上古时代的人们观察日月、昼夜、阴晴、寒暑等变化，总结出大量相反相对现象和"相其阴阳"的生产经验。"阴阳"作为一个哲学概念，主要指事物对立统一、相辅相成的属性。在《易．系辞》中，将"阴阳"与刚柔、进退、往来、动静、阖辟、寒暑、伸屈、尊卑、吉凶、贵贱、险易、大小、得失、远近等相对属性关联，同时阴阳也直接指日月、天地等有形实体。

在一般直观感觉的概念中，天在上、地在下，天在运动、地是"静止"，天是"圆"的，地是"方"的等等，所以很早就用"阴阳"说解释"天地"的关系和变化。《易．说卦》中就有，"乾为天"、"坤为地"等等。

由此可见，"天地"的"阴阳"划分和说法由来已久。

4、"天地"生万物

除了"天地"阴阳说，还有"天地"生万物。《吕氏春秋．本生》一文中就有，"始生之者，天也；养成之者，人也。能养天之所生而勿撄之谓天子。[2]"意思是最初产生万物的是"天"，养成万物的是人，能养成"天"所生的万物而不触犯天的是"天子"（也就是帝王）。《易．系辞》中也说，"天地氤氲，万物化醇"、"天地之大德曰生"，意思是说"天地阴阳二气"交互作用，万物得以化育生成；"天地"最大的德行是生出万物。《易．说卦》中也说，"有天地然后万物生焉。"

所以，"天地"生万物也是古已有之的说法。

5、"天长地久"

古人认为，宇宙生成，最早有的是"天地"，《易．系辞》中就说，"天尊地卑，乾坤定矣"，有天地，才有日月星辰，有天下万物；天地不存，则宇宙万物消矣。

所以，"天长地久"是宇宙万物运行生化的根本。

第二节　老子的"天地"自然论

概　要

（1）"天地"没有生命。"天地"不繁衍自生，故能"天长地久"，"天地"之间充满看不见的物（空气），其量没有穷尽。

（2）"天地"不仁。"天地"按自然规律运行，不与人产生人与人之间的交往和关系。圣人知天下自然之理，顺自然法则而行，所以也往往不讲"仁"。

（3）"天"予万物"奉献、不争"。"天"给予人类的是恒久的"奉献和不争"。

（4）"天之道"之"损有余而益不足"。"天"的作用像拉弓射箭，以微调实现自然稳定和持续。

（5）"天之道"之"功遂身退"。"天"于万物所成就的一切都是自然之为，"功遂"之时"天"自然"退隐不争"。

【原文】

（第七章）天长，地久。天地之所以能长久者，以其不自生也，故能长生。

（第五章）天地不仁，以万物为刍狗；圣人不仁，以百姓为刍狗。天地之间，其犹橐龠乎？虚而不淈，动而俞出。多闻数穷，不若守于中。

（第七十五章）天之所恶，孰知其故？天之道，不战而善胜，不言而善应，不召而自来，单而善谋。天网恢恢，疏而不失。

（第八十一章）夫天道无亲，恒与善人。

（第七十九章）天之道，犹张弓者也。高者印之，下者举之，有馀者损之，不足者补之。故天之道，损有余而益不足。

（第九章）持而盈之，不若其已。揣而锐之，不可长葆也。金玉盈室，莫之能守也。贵富而骄，其遗咎也。功遂身退，天之道也。

老子的"道"学理论认为，"天、地、人"都是"道"所产生的，都是自然之物。在天下万物（主要指有生命的万物）的生生不息、繁衍变化中，天、地中的无生命物质为天下的有生命物提供基础物质，提供生命物生存和长成的条件。所以，《老子》中对天地的自然属性和自然行为特点做了分析，以讨论和说明"道"学体系中的"天地"自然观。

在古人对"天地"的各种认识中，只有"天长地久"是从对"天地"的长期观察中总结出来的客观规律，其余都带有明显的猜测和假想。所以，老子谈天说地也首先从分析"天长地久"开始。

1、"天地"不自生，故能长生

在老子的学说中，根据天地万物的特点，将天地万物分为两大类。一类是以"天地"为主的无生命物，另一类是指叫做"万物"的有生命物。无生命物自己不会生长变化，也不会繁衍后代、直接生出小的生命来，如山石、风雨、流水、金属等等。

"天"上有日月星辰、蓝天白云、风雨雷电，都是没有生命的存在。所以，"天"是无生命的。"地"上有山石沙土，河流大川，也都是没有生命的存在，所以"地"也是无生命的。

天地万物中，无生命物向生命物提供物质构成生命体，生命体则生出下一代生命体；但是，无生命物不会生化出无生命物。"天地"都没有生命，所以"天地"不会生出他们自己的后代，即他们不会生化出与自己一样的无生命物（否则，他们也就不是无生命物了）。

所以老子说，<u>天长地久是人们长期对"天地"观察的结果，确实是一种客观的存在</u>（**天长，地久**）。但是，"天地"为什么会长久呢？

<u>这是由于"天地"没有生命，所以不能繁衍自生，但是也没有死亡，这就是"天长地久"的根本原因</u>（**天地之所以能长久者，以其不自生也，故能长生**）。

另外，远古的人们还认为，"天"和"地"之间是一无所有的空间，习惯上将这种空间状态认为没有物质存在。对此，《老子》中从概念上做了纠正和如下说明，<u>"天地"之间，表面上一无所有</u>（**虚**），<u>实际上犹如一</u>

个大的鼓风箱（橐籥 tuoyue），越鼓动从中间出来的"东西"就越多；这些"东西"用眼睛看不见，但是可以听得见象刮风的声音，其数量很多，无穷无尽，人们虽然置身于其中，但是往往没有在其中的感觉。（**天地之间，其犹橐籥乎？虚而不淈，动而俞出，多闻数穷，不若守于中。**）老子的时代，还没有"空气"的概念和称谓，老子用"橐籥"的作用和现象补充说明，但没有随意命名，由此也可见其治学的认真和慎重。

说"天地"是无生命的，表明"天地"与世间有生命物相比，有着本质的区别，但这丝毫不影响从整体层次讲"天人"合一的观点，而正是这一点说明了"天地人"都是"道（自然）"的产物。

现今说"天地"没有生命，没有意志，不过是一种最普通的常识。但是，于古人那时说"天地"没有生命，则等于几乎推翻了人们所有对"天地"的理解和宣传。"天地"与一块顽石、一池静水相同，既没有生命，也没有意志，当然也没有神灵，统治者失去了愚弄百姓的借口，百姓也失去了安慰自己的依据。所以，这一观点于古代对所有人的震动，也许丝毫不会小于伽利略的日心说对中世纪天主教会的震动。

2、"天地"为自然之物，故无情

①"天地"不仁

"刍狗"是古代人们用草做成似狗形状的祭祀品，在祭祀天地祖先的时候，人们会以隆重规范的礼仪将"刍狗"作为贡献品，祭祀结束后，"刍狗"自然被丢于路旁，不再受到"礼遇"和重视。

从字面上，最初"仁"字是指两个人，意思是人与人之间的交往和关系，既有感情的，也有社会的，是人类进化、区别于自然界动物本性，体现了人类的理性和社会性。

因为"天地"是无生命的自然物构成，所以，老子说"天、地"之间或"天地"与万物之间，当然包括和人之间，根本就不可能有"人与人"的关系和表现。《荀子. 天论》中说："大自然的运行变化有它自然的恒常规律，不会因为尧而存在，也不会因为桀而消失。…… 引起社会混乱的不是"天"，也不是"四时"，也不是"地"。…… 上天不会因为人们讨厌寒冷而没有冬天，大地也不会因为人们厌恶遥远而缩小地域，……（原文：天行有常，不为尧存，不为桀亡。…… 治乱非天也，…… 治乱非时也，……治乱非地也……）[3]"。

可见，那时就有人认为"天地"是按照自然规律运行的。所以，"天地"与人之间就像人们对待刍狗一样，有时候似乎对人非常友好，给人类带来许多福祉，有时候又会对人极其冷酷，还会造成巨大灾难(**天地不仁，以万物为刍狗**)。

正因为是自然行为，所以"天"也会不知其缘故地给自然界、包括人类带来不良的事件或灾难(**天之所恶，孰知其故?**)。

在自然灾害发生的时候，人类或其它力量显得非常渺小，往往是"天"不用迎战就会取胜，总是用静默的方式对应人们的祈求或对抗(**天之道，不战而善胜，不言而善应，**)。

自然灾害是自然发生的，不像人们传说的那样，是由于人类的某种原因而引起。自然界是独立单一的，找不到与"天"相伴的存在，但自然灾害过程往往又显得似有谋划，让一切反抗的努力都不能作用(**不召而自来，单而善谋**)。

"天"就像一张宏恢宽广的大网，将人和世间万物都罩在下边，看起来这"天网"非常稀疏，但无论发生什么事，任何人和物都不能逃脱(**天网恢恢，疏而不失**)。

② 圣人不仁

《大师讲史（上）》中"西周"一段文字记有，在文王时代，西周扩大势力范围，征服小部落，占有当时西部和北部大部地区，三分天下有其二，武力可以和商抗衡，奠定了灭商的基础。文王后是武王，周的力量更大了，并开始对商的战争。牧野一战，商纣王兵败自杀，商朝灭亡。但武王还没有统一东边的大部分地区。武王死后，周公帮助成王又做了很多努力，直到周公第二次东征，才解决了山东、河北的问题，实现了大一统局面。当时，东部地区的社会水平很高，周的东征很吃力。后来，周公为控制、经营东部，采取了在洛阳营建东都，将殷商的"顽民"迁至那里就近统治，在东部建点封侯，等等[4]。

圣人是知识丰富、了解"天地"间真实本质和客观法则、而且在社会上也享有盛誉的人，周文王、周公就是古代的圣人。文王、周公开创基业，自然知道要依靠百姓、发展生产、强大国力。但是，连续几代人投入战争，士兵远征，战场杀戮，俘虏沦为奴隶，对"顽民"要实行严格统治，其中最为苦难的必然是百姓。圣人是知道"天地"与人的关系的，也知道战争的危害，但是圣人不会因为"小仁"而损坏其"天下大事"，也不会因为"天地"的自然属性而不向其对手或百姓宣传"天"的旨意。《诗经》里有许多对士兵离乡背井、战争残酷、天灾人祸的描述，足见当时人们对战争的厌恶。所以，圣人有时用"仁"的政策对待百姓，有时就毫不讲"仁"，必是采用最残酷的手段取得或巩固战争的胜利。

因此，当老子首先提出"天地"是无意志、无感情的无生命物后，必然要说明为了蒙蔽百姓和对付反对派，统治者编的很多关于"天意"、"天子"的故事。于是，也就必然要涉及"圣人"与百姓的关系。于是，老子很诚实地说，<u>圣人也往往是不讲"仁"的，对待百姓也象对"刍狗"一般，有时给予"礼遇"，有时弃之路旁（圣人不仁，以百姓为刍狗）</u>。

3、"天"的自然行为之"奉献、不争"

尽管"天地"不仁，但古人明白，此"不仁"属于客观自然的存在，既然"天地"都是自然之物，其行为也都是自然之为，与人也当然不会有"仁"的关系。但对"天地"与人之间的关系，还是需要给予归纳、总结，以利人们更认真、更理性地认识自然界的客观存在，利用好自然界的有利之处，做好人类自己的事。"恒与善人"就是古人总结的重要一条。

"善"字有"好"、"擅长于"等意思，如"善良"、"善射"等等。有资料介绍[5]，最早的"善"字是交口称赞，称赞什么？自然是好，什么好？从字型看，是称赞"羊"好。

人类畜养羊是很远古就有的事。羊生性温和，不但羊和羊之间少有争斗，羊和其它动物之间也少有争斗；羊的要求很少，只要有草或植物的枝叶就可以充饥；羊不但给人类提供鲜美的肉食，羊皮还是非常好的御寒物。所以，称赞羊的优点，就是赞美羊的"奉献、不争"。

在自然界中，地球上生物的生化和长成与"天"的关系很大，太阳给万物温暖和生机，雨水滋润万物，星辰在黑夜指明方向，风把种子带到可以生长的新地方，"天"给大地生机，大地哺育亿万生物，人们一本万利地耕种和收获庄稼……。这就是自然界的安排。而且"上天"对人和其它地球生物的这种"奉献"是最公平的，也是恒久的，至少在人类可以记载的千万年间是一直恒久不变的。

古人认为，"天"有寒暑，年有旱涝，甚至有的时候还会有大涝、大旱或蝗灾等等天灾，如果人类根据时令季节等变化勤于耕作，并有一定的应灾储备，则短暂的天灾总会过去，人们还会迎来新一轮的风调雨顺。但是如果政令不好，社会不安宁，生产力遭到破坏，那么任何灾害都是雪上加霜，百姓就会遭到很大的苦难。有时，极端的气候也会存在有利的一面，如冬天的寒冷可以冻死虫卵，减少第二年的虫灾等等。所以，社会不安定时，尽管有时遇到的天时和社会安定的时候是一样的，但遇到的灾祸却与社会安定时不一样，这不可以埋怨上天，而是由于人们自己所造成的。

但是，"上天"对人类和以人类为首的地球生物没有任何需求，"上天"永远是"无争"的。所以，在总结"天"的行为时，《老子》中说，**虽然"天"与人之间没有"仁"可讲，没有情可感，但是，"天"给予人类的是恒久的"奉献和不争"，是恒久的"善"（夫天道无亲，恒与善人）**。

4、"天"的自然行为之"损有余而益不足"

"天"于万物"利而不害"、"恒与善人"，是"天"以自然之物、行自然之为的一条自然之"德"。另外一种自然之"德"是"天"对"地"、对万物的"损有余而益不足"。

《老子》中说，**天以"道"的法则作用于"大地"和天下万物，其过程就像一位张弓搭箭、瞄准欲发的人，如果弓举得高了，欲射的目标就会偏低，这时就略放低弓使之与目标相合（印），如果弓举低了，就需要略抬高，这就叫做"对有余者要减少，对不足者要补充"。所以，也将此减少有余、增加不足的"天之道"叫做"损有余而益不足"。（天之道，犹张弓者也。高者印之，下者举之，有馀者损之，不足者补之。故天之道，损有余而益不足。）**

分析《老子》中对这一"天之道"的说明，可以总结有以下几点：

① 自然作用是不断调整变化的

射箭是古代人的一件重要能力，是力量和技巧的完美结合，所以古人对射箭有很深的研究。射箭的准确性除了射手的力量和技术外，还与目标物的远近，当时的风向风力，射手与目标的相对运动等有关，张弓搭箭、屏气瞄准就是要适时地观察和判断所有的主观、客观的瞬间变化，以最佳的状态实现命中靶心的结果。

所以，射手射箭的瞄准过程是一个主、客观条件和相互作用随时随刻、无处不在的变化过程，《老子》中用这样一个例子说明"天"的自然作用，首先表明有两个变化，其一是自然界的事物是不断发生运动或变化的，其二是自然界事物间的相互作用也是随之而变化的。

② 自然微调作用

在自然界中，"天"对大地和万物的作用是在基本稳定的方向下，随双方状态等变化，不断地自行发生很微小的调整。例如：一年四季的大气温度、雨水分布、风向风力等等，千百年来，既是连续的、也是变化的。

这一调整就像射手发箭前对准靶心的调整，其特点是：总体趋势和方向不发生明显的、较大的变化；调整幅度是微小的；调整后要保障事物运动、变化的连续性及稳定性。

③ 自然平衡作用

"天之道"的这一调整也是自然平衡的作用过程，是射手举弓的高低、射手与目标间的气氛和条件、射手依据目标及周围各种条件变化所作的调整等等一个体系的平衡作用过程。

在这一平衡中，最主要的是减少有余和增加不足，减少量与增加量获得相对的平衡，从而在整体上保持稳定和不变。

平衡是一个重要的普遍自然原则，是通过无数个局部的、微小的不平衡，达到一个整体的、总量的平衡。例如，人的身体是一个总体的平衡系统，地球上的水分分布是一个大的平衡体系，人对社会的贡献和从社会得到的回报也是总量平衡的过程，等等。平衡原则维持了自然界的稳定和持续，也是人与社会发展的自然约束和调节。

5、"天"的自然行为之"功遂身退"

"天之道"的另外一条是"功遂身退"。

"功"是成就、成效的意思，"遂"是完成的意思。所以这句话可以解释为，<u>"天"于某一事业完成、实现成就后，就隐退其身。这句话是对前边的"恒与善人"、"利而不害"的补充，即"上天"不但"奉献、不争"，而且还在成就前面退隐其身（功遂身退）</u>。

"功遂身退"在自然界中的事例很普通、也很多。例如，阳光、雨露滋养万物生长，五谷丰登，牛羊肥壮，而洒下阳光和雨露的"上天"却从来不降临在丰收的现场或索要什么回报。

分析"功遂身退"，总结如下几点。

① "天地"于万物所作为的一切和所成就的一切，本来就都是自然之为，"天地"于所作所为本没有意志和需求，所以当然也就无"身居"的必要，故表现为"身退"。

② "天地"之外，凡自然之物的行为，都有"功遂身退"的趋势或者表现。如，森林中茂密的草木为各种动物提供了充足的食物，河水浇灌沿途的土地，小鸟将松籽带到了悬崖之上，长出一棵挺拔出众的奇松，等等。

③ 自然行为都在自然进行中"功遂"，是"道（自然）"的规律。换

言之，凡符合"道（自然）"的规律和宇宙法则的行为都是自然行为，都可以在自然进行中"功遂"。（人在自然界中常常违反自然之规律，甚至有意识、有目的的采用反自然行为）

另外，《老子》中还有几个例子，好像从另外一个角度说明非自然事物的结果，如：用手托扶（持）着容器，保持其中充满东西，这种做法是不能持久的，不如放置在一个地方，虽然可能没有那么充满，但是自然状态下可能会更稳定或持久；将一个非常细小的东西藏放在身上衣服的一个地方，也是不能长久保存的，倒不如置放于可以看到的地方更容易保存；如果个人获得很多金玉财宝，堆满了屋子里，也是极不安全、难以长期守护的；如果一个人做了官、发了财，而且也很骄横放纵，也不会长久，或许还会给他的后人留下灾祸的根源。（**持而盈之，不若其已。揣而锐之，不可长葆也。金玉盈室，莫之能守也。贵富而骄，其遗咎也。**）这段话从本义分析并没有明显的悖论，也与人们一般的认识一致，但其希望说明的实质问题不清晰，似乎是在表明非自然（人为）事物的不稳定（或反向结果）。暂且不论是否为老子所作，放在这里一起解读，让大家鉴别，也无大碍。

"奉献不争"、"损有余而益不足"、"功遂身退"是三条重点"天之道"，体现了"无为"的理念和"无所不为"、"默默而为"、"恒久而为"的行为特点，也符合"柔"的"道之用"行为原则，其结果是最具"德"的标准，所以可以认为是三条重要的自然行为原则。这三条对人及人的社会行为也具有重要的指导意义。

第三节　对"天、地"阴阳论的疑问

概　要

（1）谷神不死，是谓玄牝。山和谷没有生命，故不死；"谷"不分牡、牝，故谓"谷神"、谓"玄牝"。

（2）玄牝之门，是谓天地之根。"谷"生水成溪，生气成云，像是生出天地的产门。

（3）縣縣呵！其若存！用之不堇。生自"玄牝之产门"的自然之云水，无穷无尽哺育万物。

【原文】

（第六章）谷神不死，是谓玄牝。玄牝之门，是谓天地之根。緜緜呵！其若存！用之不堇。

古代的阴阳说对于总结天地万物生成变化、周转运行的规律有重要的意义。但是，对于"阴阳"学说的应用也不乏太滥、太偏的问题，有时将一些并不相关的东西放在一起，用"阴阳"互动的规律去演绎、分析，反而损害了"阴阳"理论的研究和应用。例如，山南为阳、河北为阳，仅仅是用于判断地理方位和起地名，与万事万物的阴阳互动毫无关系；又如，进为阳、退为阴，其实很难有深刻的意义存在；山为阳、谷为阴，本是一体，强分为二；等等。古代"阴阳"说泛滥，问题很多，有很多问题还很难用简单的方式讲清楚，所以，老子在探讨"阴阳"问题时，采用了借古人温和方式，"点"其一例，其余留给后人去做。

1、关于"谷神不死"的由来

在《老子》（原）第六章有一段话，"谷神不死，是谓玄牝。玄牝之门，是谓天地之根。緜緜呵！其若存！用之不堇。"关于这一段话的来源，人们讨论了很多。《列子．天瑞》中有一段与此完全相同，而且还注明来自《黄帝书》。一者，人们认为《列子》成书不实，二者《黄帝书》已无从可考，所以至今没有考出来。

2、对"谷神不死"的探解

古人最早大多生活在山地，山和谷是先人们观察最多的自然景色。在大山深谷之处，常常也是林茂泉深的地方，一面是潺潺溪水，自山脚谷中流出，经年不断，由溪水而汇成小河，由小河而汇成大江，奔腾而下，浇灌哺育了沿途的山野大地，滋养着万物繁茂的生长。这时，"谷"就好像是生化天下万物的根源之处，是万物的物之源头或产门。

另一方面，深谷处又常常水雾缭绕，有时雾气绵绵不断、连天蔽日，天地浑然不分；有时股股青霭，自谷中升腾而起，直上云霄，化作白云，飘然而去；也常常有，"习习古风，以阴以雨。[1]"谷中浓雾，天上细雨，雾向上化作细雨，雨向下变为浓雾，天地以谷相合。这种种情况下，"谷"又像是生化天上云水的根源之处，是天之云物的源头或产门。

所以，在古代，有的人根据"阴阳说"称山为"牡"、谷为"牝"。

《易．系辞》中讲，"阴阳不测之谓神"，即古人认为，如果不能断定一个事物属阴、还是属阳，就称之为"神"。老子认为，"山、谷"本为一体，划"山为牡、谷为牝"，意味着"山、谷"分离各属"阴"、"阳"，相媾合有所生。但是，实际上对"谷"的"阴阳"属性不能断定，所以上古时期就称其为"谷神"。其次，"山"和"谷"是没有生命的，没有生命的物不会自生，也不会自灭。所以说，谷，是没有牡、牝属性的无生命物，所以能长久不死(**谷神，不死**)。

无论源自对自然的观察，还是源自对"阴阳"划分太滥的疑问，《老子》中的"谷神不死"都是对"山为牡、谷为牝"的否定。

另外，"谷"中生出地之水、天之云，是产生"天云、地水"之物的源头，将其划分为"雌性"或"牝"，那也应该叫做"玄牝"，意即"阴阳"交错不分的"牝"(**是谓玄牝**)。如是，这"阴阳"不分之产门，就成了"天地"之根(**玄牝之门，是谓天地之根**)。由此也说明，将没有生命的"天地"划分为"阴阳"，缺乏物质的根据，即使将"谷"看作是天地的产门所在，也不过是一个分不出"牡、牝"的产门。

尽管是"玄牝之产门"，但生出的云、水，无论漂流多么遥远、多么长久，只要存在，均可象使用其它水一样的用之，而不会由于其出于"玄牝之门"而变得不能使用(如有毒的水)(**緜緜呵！其若存！用之不堇**)。这说明，谷中"玄牝"之门中流出的水是正常的水，是自然之水。

如上，老子主要以"山、谷"为例，进一步说明天、地都是自然之物，是没有生命的自然存在，用"阴阳说"将山和谷划分为"牡、牝"是没有意义的。

中国古代的"阴阳"学说有很久的历史，早在夏商时期就有"阴阳"的概念，到春秋时期前后，"阴阳"说已经在百家之中自成一派。将天地万事万物按照"阴阳"两性划分，是对自然界和人类社会物质存在和运动规律的高度归纳和提炼，是人类认识和理解客观事物的重要进步。在中国古代，"阴阳"学说的方法和观点被应用于很多领域，如医药、军事、政治、农耕、天象、历法、占卜、生活等等方面。但是，"阴阳"学说在理论和应用方面也存在许多问题，特别是应用太滥的问题。其中有些是符合事物的客观规律的，如表明事物性质的冷热寒暑变化、与生物有关的雄雌交媾作用等等，但也有许多是牵强附会、或很不准确。

老子在"道"学研究中继承了"阴阳"说的一些观点，如对天下万物的生化就有"万物负阴而抱阳，中气以为和"的说法，同时也对其存在的问题提出意见，"谷神不死"仅是其中一例。

第四节　水的"品格"

概　要

（1）上善如水。水，"奉献"于万物，居下而不争，其"风格"几乎接近"道"的水平。

（2）客观条件对人诸种活动的关键作用，如水于万物的奉献。

① "居，善地"，人居住或停留，关键条件是选择适宜地址。

② "心，善渊"，人的思考，关键在于深入分析事物本质的能力。

③ "予，善天"，人对社会的贡献，关键在于客观规律提供的可能性。

④ "言，善信"，人说话，关键在于有真实可信的事实和依据。

⑤ "正，善治"，以正治国的关键支撑条件是有效的制度和治理措施。

⑥ "事，善能"，能否从事或完成某种工作，关键在于人的专门能力。

⑦ "动，善时"，动身行路、战争出兵，关键在于适宜的时间或时机。

【原文】

（第八章）上善如水。水善，利万物而有静，居众人之所恶，故几于道矣。居善地，心善渊，予善天，言善信，正善治，事善能，动善时。夫唯不争，故无尤。

水是"天地"之外最重要的自然之物质，水是天下一切生命的本原，自古以来人类就是逐水而居，依水而生。所以，《老子》中对水做了专门的论述，重点是结合"道"的论述，赞美水的自然品质，并认为是人类行为的典范。

1、上善如水

在前讲到"天"的自然"德"行，称赞其是"恒与善人"，也即恒久地为人类"奉献、不争"。而在自然界中，表现出最高等级的"奉献、不争"的是水。所以，老子开门见山地说，"上善如水"。

水是如何表现出"上善"的呢？古代有很多赞美水的文章，如《淮南子》、《庄子》等。古人对水的赞美，一般讲到，水滋润万物，没有水万物不能生长；水没有自己的好恶，恩泽遍施而不要求回报；水平和顺势、谦恭礼下，处于下方从来不争；水以柔克刚，无坚不摧；……。但是，由老子所言，水的"上善"最关键有三点。

① 利万物

是指水滋润万物，不分贵贱美丑，没有亲疏远近，不管天上地下、山顶谷底，不论是人是兽、是草是木，一律遍施泽惠。<u>由于有水，天下才有万物的生机和蓬勃，才有亿万种生命的繁衍和化变。所以，**"利万物"**是水之用</u>。

② "静"而不争

<u>这里的"静"有两层意思，一是指水安于静而不争，随缘而来，随缘而去；另一层是指水是构成亿万生命物的基础物质，是万物归根"守静"的主要物质（**而有静**）</u>。

所以，水之"有静"，正是其于天下万物的重要性和不争性的统一，是自然之物的自然之为的最高表现。

③ 居于"恶"处

从一般的观察，万物都有一种趋于向上的特点，无论是树木花草、鸟兽鱼虫，无不是向着阳光和天空，竞相感受大自然的美好。但是，<u>水不是这样，水给万物以生命和繁荣的同时，总是向低处流动，从不与谁竞争（**居众人之所恶**）</u>。

老子说，<u>水的这些特点很了不起，都快赶上"道"的水平了（**故几于道矣**）</u>。

2、从水的风格到其它事物的分析

从功用出发，没有水就没有天下万物。反言之，水是万物繁衍生长的充分必要条件，由此及彼，世界上有许多事的发生和变化，都离不开必要的条件支撑。条件有利，则事顺而达，条件不好，事情就很难做好。

人生存活动于自然界和社会上，需要做很多事情，也需要有各种自然条件支撑，其中有些条件很关键，就像水于万物不可或缺。所以，就需要这些自然条件象水一样提供"奉献"。《老子》中举了以下一系列常见的事例。

① "居，善地"

"居"是停留或居住，古代的人经常由于自然环境的变化而迁徙，所以选择停留或居住的地点很重要。例如《管子．牧民》中有："错国于不倾之地。"意思就是讲要把国家建立在不会倾覆的地方。适宜人们停留或居住的"地"应该是在获得水和食物、通风与保暖、出行与安全等方面均可达到良好的条件。所以，<u>对人的居住或停留，关键的支撑条件是选择适宜的"地（地点）</u>（居，**善地**）。

②"心，善渊"

"心"是指人的思考和意识，"渊"是深刻、深邃。人对事物的思考，关键在于能否对事物进行深入的分析和认识，能否把握事物的本质和关键，能否通过思考找到解决问题的有效途径。这是一个思考方法和思考能力的问题。所以，对人的思考过程，最为关键的是提高深入分析问题的能力（心，善渊）。

③"予，善天"

"予"是授予、给出的意思，这里可以认为是向社会做出自己的贡献，或者是在社会上发挥作用的意思。如周公辅佐周成王完成周朝的最终统一大业，并建立巩固社会统一安定的行政法规和管理措施，这些就是周公对社会的服务和贡献；而同一时代，另外一个老农民用自己种的粮食供给打仗的士兵，也是他对天下统一事业的贡献。

按照老子的"道"学观点，无论是自然的变化，还是人与社会的改变，都应该符合自然的规律，所以当自然规律决定要发生某一件事情时，任何人的力量都不能阻挡；反之，如果发生变化的客观条件尚不成熟，则任何人的努力也很难完成一件事情。例如，明王朝积重难返，内外矛盾重重，这时纵使崇祯怎样的勤政辛劳，也无法挽回王朝败亡的颓势；又清末戊戌变法，虽然有皇帝和七君子的革新志向和献身精神，但从大局看清王朝还没有到达完全瓦解的时刻，所以维新派人士最终遭受毁灭打击。

由以上讨论，事物的发展取决于自然规律，即一个人能否对国家、对社会做出大的贡献，成就大的事业，与其所处的环境，所在的历史条件有直接的关系。古人将"天"看作是大自然，所谓"天时"就是自然规律的意思。所以，<u>一个人如果希望对社会、对国家做出历史贡献，成就一番事业，最关键的是这个人所处的历史阶段和社会条件是否给他提供了可能性，而这种可能性归根结底取决于自然发展的规律。</u>（予，**善天**）

④"言，善信"

人说话是为了说明事物或表达意见，这时言谈话语能否清晰表达、准确说明，让听讲的人明白所说的事物或思想，关键是所讲之事物和思想是否真实、可信。如果所讲之事不能真实反映客观事物和思想，那么越是说得天花乱坠，越是没有好的效果，即使暂时有人相信，也不能长久。所以，说话的关键，在于所说所讲有真实可信的背景事物做支撑（言，善信）。

⑤"正，善治"

"正"是不偏倚、有公正，可以指家事管理，也可以指国事、天下事的管理，具有政治或行政上公正不邪的意思。事情能否做的正当、公正，不仅在于操作者的主观意识和管理能力，更重要的是取决于客观上的管理（治）能否达到令行禁止、行之有效。有效的制度和措施是实现公正管理的关键支撑条件（正，善治）。

⑥"事，善能"

这里的"事"，是指人们的具体工作，如盖房、收割、驾车或奏乐等等，古代人们很重视做这些事，如孔子就教他的学生们学习驾车和音乐。做这些事当然要有很多条件，如盖房需要材料、需要有合适的地方等等。但是，各类条件中，最重要、最关键的是做事的人有没有做好该事的能力。表面上看，人的能力是主观方面的问题，不是客观条件，但人本身也是自然的产物，人的能力包括了天生的条件所决定的能力和后天通过学习掌握的能力。所以，对"事"而言，人的能力就成了条件。所以说，能否从事或完成某种工作，关键在于人本身固有的能力（事，善能）。

⑦"动，善时"

"动"是行动，指出门行远路、战争出兵等等重要的动身之事。古代人出门，最讲究的是时间或时机。夏天出门，需要关注风雨洪涝，特别路途经过大川深沟，行路的安全最重要；冬天行远路，天寒地冻，人、畜防冻保温和粮草供应很重要。所以，古时的人出门前不是必须要占卜吉凶，而是向有经验的老者或有知识的人请教时机是否合适。现代人出门旅行也要看看天气预报，与古代的人基本相同。所以，人们动身出门是否顺利，取决于时间或时机的选择（动，善时）。

⑧上述7种行事的关键影响条件可以划分为自然存在，如"地点"、"天"；自然状态，如"时机或时间"、"真实性"；行事的本来性能，如"思想深度"、"管理"、"能力"。一般情况下，上述条件与行事本身没有冲突（不争），所以提高这些条件的作用能力，能有利推动和促进事物的发展，也不会引发与行事人的矛盾和纠纷，所以在具体实施过程也不必担忧出现负的作用或问题。（夫唯不争，故无尤。）

以上是对7个做事方面的分析，从总体看，所强调的问题突出了关键条件对人做事的影响，分析问题的出发点是客观的，结论也是清晰的。但是，7 个方面的分析对象的轻重差别很大，如第③、第⑤说的都是很大的事，而第①、第④、第⑥又是很具体的事情，放在一起讨论，轻重难以适宜。另外，从内容上，这些问题放在"天之道"合适、还是放在"物之道"更为合适，也是需要考虑的问题。不过，原文与"上善如水"同为一章，而且所分析的"关键支撑条件"基本上都属于自然客观生成的条件，所以在"天之道"一节谈论。至于这些内容是老子的原著、还是后来人加进去的，就不是重要了。至少，根据帛书本，这些观点出自 2000 年以前，也还是值得一读的。

参考文献：

[1] 陈晓清、陈淑玲 译注，《诗经》，广州出版社，2006.1，P197，191，216，27，

[2] 黄碧燕 译注，《吕氏春秋》，广州出版社，2006.1.，P4

[3] 潘嘉卓等译注，《荀子. 天论篇》，广州出版社，2004.4，P80，

[4] 吕振羽 等著，《大师讲史（上）》，中共中央党校出版社，2007.1，P139，

[5] 陈政著，《字源趣谈》，新世界出版社，2006.7，P275

第二章 "物之道"

"天之道"是用"道"学原理和法则研究"天地"的本质及其存在和运行的特点，"物之道"是用"道"学原理和法则研究"物"的存在和变化特点。为了解读方便，在拆读中将《老子》中涉及"物"的内容划分成以下三个部分。

第一部分是一般概念下的"生命物"，包括植物、动物和人。在第二篇"执今之道"中已经对没有生命和有生命物质的转换、即生命的本质做了说明，所以在此解读的主要内容是描述生命物自产生开始，到长大成熟，到繁育后代等共有特点和特殊变化。虽然老子的时代尚没有任何关于生物学的概念，也没有达尔文的"遗传和变异"理论支持，但是老子所总结的生物共有规律非常类似"遗传"原理，而生物的变异规律又非常类同于生物进化论中环境影响下的"变异"现象。但不管是"遗传"还是"变异"，都反映了生命在自然界中所具有的"顺其自然"的本质和变化。

第二部分是一般概念下的"天地万物"作为客观存在，所具有的基本性质、或所发生的变化规律的总结。这种总结往往是抽象的、总括的，不仅仅适用于没有生命的事物，也适用于有生命的动物和植物、适应于人类

社会的发展，所以这种叙述和结论已经具备了现代哲学的高度和深度，如用"一分为二"或"物极必反"等观点对一切事物变化规律所作的说明和对未来的预测。这一段文字也可以认为是老子"辩证法"思想最集中、最精粹的部分，有的文字所具有的深度或准确度也是极其罕见的。

第三部分专门解读老子关于"人的生命和精神关系"的章节。在生命体中，有许多奇妙的存在特别明显而又容易引起人们的不可思议，如眼睛的结构和功能。而最让人们陷入迷茫或最容易让人们堕入有神论的是人类的精神活动。在中国古代医学中，对人的生命和精神有许多独特的理解和描述，而且其观点和解释总体上属于"无神论"。但是，中医关于人的身体结构及其功能、精神在生命活动中的作用等方面也存在一些猜测和人为堆砌的问题。显然，老子是非常认真的，他一边吸收中医理论中合理的成分，采用中医的一些观点，一边指出其中存在的问题。

可见，老子是成功的，他将认真、独立思维和博学结合在一起。

第一节　"万物"生成规律

概　要

（1）生物生存的共有规律

①"万物"产生的开始阶段，都经历了"屈曲委细"。

②"万物"生长，必先出现"不直（枉）"，然后转化为"正直"，"正"是相对的。

③生命的自我调整功能。生命物具备有适应自然界条件变化的自我调整能力。

④吐故纳新、新陈代谢是生命的本质，也是长期进化的结果。

⑤生命繁衍产仔（或籽）的数量很多，得以完成新生命的很少。

（2）生物多样化

①生物生存需求是形成多样化的根本原因。

②动物需要看清远处，其眼睛视力好；只要求看到接近自身处，其视力就差。

③凡健壮生长的机（肌）体或器官，都是有用的；凡自行退化或消失的器官或肌体都是没有用的。

④生长枯瘦、发育不好的生物短命。

⑤世间生命物是自然界的一部分，没有任何力量能够改变或战胜天下万物的生命力。

【原文】

（第二十三章）曲则全，枉则正，洼则盈，敝则新，少则得，多则惑。是以圣人执一以为天下牧。不自视故章，不自见故明，不自伐故有功，弗矜故能长。夫唯不争，故莫能与之争。古之所谓曲全者，几语才！诚全归之。

（第二十二章）炊者不立，自视者不章，自见者不明，自伐者无功，自矜者不长。其在道也，曰：余食赘行。物或恶之，故有欲者弗居。

1、"万物"生成的共性规律

所谓"万物"，是以世间一切有生命物为主。但无论是老子的时代，还是现代，基本上以植物、动物以及人为主。

①"万物"初始都"曲委"

《易．系辞》中有，"曲成万物而不遗"，意思是说万物的生成长大，都经历了"屈曲委细"的开始阶段，然后经历逐步长成过程，才成全长大，而且万物之中，无一例外都是如此。因为是无一例外，所以不管是参天挺拔的大树、还是眈眈凶猛的狮虎，开始时或幼苗细根、于土下石缝间顺势而生，或嫩膏软朕、于母胎中委细而孕。

在"道"系统中，既然万物都是自然之物，其长成也必然都符合一个自然之律，所以，《老子》中首先说明万物生长第一律，即万物都是由"曲委"的初始态成长状大（**曲则全**）。

由此也符合老百姓常说的一句话，是"有小不愁长大"，也即幼小稚嫩是成长壮大的基础，"曲"者于随变中成长，"全"者于成长中完善。

②"万物"生长必显"枉"

《论语．颜渊》中讲，"（樊迟）问知。子曰：知人。樊迟未达。子曰：举直错诸枉，能使枉者直。"孔子因材施教，在这里是告诉了樊迟正确的了解人和对待人是最主要的聪明和智慧。孔子说，主动用（举）正、直的知识和方法去磨琢（错）各种不正之处（枉），能使原来不正的变正。孔子这段话的意思是，第一，人人都有不正之处，对人要宽容；第二，不正之人可以变正，不直之处可以变直，要相信别人。

老子讲"道"，已经谈到"万物"在"屈曲委细、随变而应"中开始成长，则万物必然不可能从始至终"直而不枉"的成长，无论是植物还是动物，也无论是形体还是思想，在自然界中"不直不正"是必然的，是普遍的，没有"不正"就没有"正"，"枉"是"正"的对立，但也是"正"的基础。

所以，老子认为，<u>"万物"生长，必然会出现"枉"，"枉"是普遍、必然的共性；"枉"中有"正"，"正"仅仅是"枉"的一种情况，"枉"可以转化为"正"</u>（**枉则正**）。

③ 自然补充之"洼则盈"

"洼"是不足，是欠缺的意思。万事万物，没有完全的相同，总是有洼陷、有凸起（有余），不均是普遍的、绝对的存在。"不足"有时体现在环境，如植物、动物生存的环境或条件，也有时体现在生命体自身，如基因或先天的其它原因等等。

自然界中的生命物，于生长中具有自行调整的功能，专以针对自己或环境的不足（洼），能够补充形成独特的应对方式或特长，在某一方面超出（盈）同类或其它生命物。如，低洼处的树，为了多寻找阳光，一般都往高长；沙漠中的骆驼，具有蓄水耐旱能力的生理特点；先天视力不足的人，耳朵的听力就很灵光，等等。当然，对于人来说，人有意志、有思想，除了对条件和环境的自然对应之外，还可以有意识地补充自身的欠缺或环境的不足。

老子观察到<u>生命物与生具备自然适应和调整能力</u>，那时离达尔文的时代还很远，古人还不具备用遗传和变异的理论来解释自然之物的种种能力和特点。但是，老子体会到生命物具有<u>"补不足而盈余"</u>的自然特性（**洼则盈**），并将其作为共有的规律予以总结。

④ 生命的吐故纳新、新陈代谢

一切有生命物不但能以坚强的能力变"不足"为"有余"，而且生命本身就是吐故纳新、新陈代谢的过程，极端的情况下还能更新损毁和坏旧，于严重破坏后重新获得新生。

随着四时季节的变换，天气冷暖交替，无论是植物、还是动物，都具有很强的自然适应能力。植物掉落或更换已经枯老的叶子，保持水分并长出新的枝叶，用以为自己的生长制造更多的营养；动物则无时无刻不在进行新陈代谢的过程，如进食排泄、更换皮毛等等，一边适应环境，一边完成自身的生长需求。

吐故纳新、新陈代谢是生命的本质，也是长期进化的结果，是大自然从变化到和谐的结果，老子关注到这一普遍存在的生命奥妙，总结为"有敝则有新"（敝则新）的生命规律。

⑤ 生命的延续，得少、惑多

生命物通过自身繁衍，得以实现物种的持续和进化。

古人注意到生命物的超强数量的繁衍水平，而且越是低等级的生命，其直接产生繁衍的数量就越大。如一棵树每年产生的种籽的数量可以万计，一只昆虫的产仔数可以千百计，而一只母兔每次可以产仔十数只，等等。一般来说，产仔（或产籽）数量越大的物种，其真正获得下一代并能够长成生命的数量占产仔（或产籽）总数的比例就越低，大多数的产籽（或产仔）由于各种原因而不能形成新的生命。这个现象在植物和动物中都很普遍，反映了生物的繁殖能力是千百万年生存、进化的结果，是物种于自然界条件下生存繁衍的需求。

古人很容易通过观察和归纳得到以上的普遍规律，同样，将其归结为"道"生万物的共性法则。所以，《老子》中在介绍了万物出生长成的几个共性规律外，最后对万物最具有共性的繁衍过程的特点进行了说明，即，万物繁衍产仔（或籽）的数量一般都很多，但得以完成（得）后代生命长成的只有少数，而多数则由于各种原因而不成，随物种的差别，不成的原因很多，故难以说清楚(少则得，多则惑)。

对万物上述普遍存在的5种生成规律进行连贯的分析，从初生的"屈曲委细"开始，到初长成型的"枉而不正"，又到"补不足而盈"的生命适应，再到生命过程的"新陈代谢"，最后完成新生命的"繁衍不断"，揭示了天下万物生命过程所具有的最普遍、最共性的规律。

在今天来看，尽管现代的人们掌握了很多植物、动物，乃至人类的进化知识，但看到古人如此深刻、细腻的总结和分析，不由不钦佩之至。所以，老子对上述的万物生成规律作了更进一步的概括和总结。

依"阴阳"学说，万物都是"天地阴阳"相动相作而产生，所以有千万种差别。但是，"阴阳"说只能解释万物之表面相异的产生，很难说明万物之深层的相同。而依"道"学的原理，万物的本原在于"一"。"一"包含了天地万物无一例外的"物"和"事"，即使亿万生命物的生长全成，其无一相同的表象之下，长成规律和法则却都是一个"本原"。所以，只要掌握了"天下万物"的"一元起源"说，就等于掌握了天下万物生成的基本规律和自然法则。

这就是懂得自然规律的圣人为什么坚持将"一"作为天下万物本原，并能够掌握天下万物生成规律的根本原因(是以圣人执一以为天下牧)。

另外，古人有所谓"曲全者"的说法，与老子的"曲而全"的分析是一致的。可以说，从"曲"到"全"，反映的是生命物的全部生命过程的总体规律。所以，这三个字是以上说明的核心，全部描述都包括在此三个字中。(古之所谓曲全者，几语才！诚全归之。)

2、生物多样化及其自然生成研究

以上是老子对生命物生长成全过程共性规律的描述，但是，世间生物表现出种类的多样化，不同种类的生物在形体或其它方面表现出与其它物种差别，《老子》中对此做了归纳和分析。

① 生物外表多样化及其自然生成的分析

古人对自然界生物有长期的观察和思考，虽然到老子的时代，还没有足够的依据对生物作科学的分类，但是已经认识到生物的多样化首先表现在外形和颜色方面的千差万别。那么，古人是如何从自然的角度思考和认识这些缤纷多彩的生物世界呢？老子对此又是如何总结和论述呢？

具有"视力"是地球上很多生物所具有的一种奇妙功能，而这种功能又是认识生物外表的形态和颜色多样化的基本条件。这里，所谓具有"视力"是指生物自然所具有的可以看见周围物体的能力，如大部分动物（不是全部）具有"视力"，而植物都没有"视力"。古人将是否具有这种能力叫做"自视"或"不自视"；当然这里已经排除了一些特殊的情况，如个别天生盲人、盲犬等均不在此列。

生物多样化首先表现在形态或颜色上，例如，具有**彰显(章)** 的形体和颜色，如开放鲜艳花朵的植物、具有漂亮羽毛的飞鸟等等；另一类是那些身体的颜色和花斑长得与环境尽可能一致的生物，如隐藏于**(不章)** 绿色枝叶之间的昆虫、掩蔽**(不章)** 在树林里的梅花鹿等等。

是什么形成生物界如此的丰富多彩呢？古人立足自然，从生物最基本的生长繁衍需求进行了唯物唯实的分析。纵观天下万物，最基本的生存需求有两点，第一是在自然界的激烈生存竞争中，能够获得满足自身生存需求的食物，而且同时保护自己不被别的生物当作食物吃掉；第二是满足繁衍的需求。正是这样两条必要的条件，促成了生物的多样化。

老子巧妙地将"视力"和生物在形态或颜色上的多样化结合起来叙述

了这样的观点。

一般，树木花草等植物皆属"不自视"的生物，由于其根系和枝叶的作用，完全可以实现保障其生存长大需求的营养，但是，维持其生命延续的功能大多不得不依靠外物的帮助，特别是依赖具有"自视"能力的动物——如昆虫等——来帮助实现。所以这些"不自视"的生命物自然形成了自身形状或者颜色的彰显，以起到吸引那些"自视"者的作用。（**不自视故章**）

当然，那些有"自视"能力的动物，它们的生存关键不是借助外力寻找"配偶"，而是必须躲避同样有"自视"能力的其它物种的侵犯或伤害，于是天生自然地通过形状或颜色，尽可能不使自己彰显或隐蔽起来。（**自视者不章**）

于是，天下形成至今仍然保持着丰富多彩的生物界，延续着宇宙中最美丽星球的生命。

② 生存需求及生物能力的进化

讨论了为满足基本生存需求而形成的生物形态与颜色多样化的观点以后，老子进一步以眼睛的视力强弱为例，阐述了生物某种生理能力的进化与生存需求的内在关系。

人和很多动物可以用眼睛观察包括自身在内的许多东西，但是不同动物的眼睛结构和视力也有很大差别，有很多动物的生存活动需要在一定的环境条件下清晰地观察其自身以外的物体，如，鹰要在高空搜索草丛中的小动物，狼要在黑暗中抓捕猎物；也有一些动物活动在隐蔽和黑暗处，如鼹鼠或蝙蝠，它们的视力要求就很低，只要求可以看到其自身或与其非常接近的物体即可。

眼睛及其对外界事物的视觉是生命体长期进化产生的最高级的感觉器官，其光学结构的复杂性和视觉神经系统的完美性非常容易使人的认识进入"非自然创造的歧途"，即认为是一种超自然的意志所造。所以，在丝毫没有现代解剖学的科学支持下，古人欲想说明或解释人和动物视力的奇妙机能，会遇到很大困难。

但老子还是以非常简单的事实和逻辑，对动物视力的进化和能力与其生存需求的关系作了自然唯物的说明。

《老子》中如是说：其生存活动需要远距离观察的动物（**不以自身或接近自身为所见目标**），其眼睛的视力是非常好的（**不自见故明**）；而只要求能看到自身或非常接近自身的东西，其视力就差（**自见者不明**）。

③ 动物的器官与应用

当然，在不同的动物之间，还有很多肌体上的多样化，如老虎、袋鼠有长而壮的尾巴，兔子和山羊的尾巴短小，牛有强力的犄角，大象有长鼻子等等。

造成动物这些肌体差别的是其功用，如老虎和袋鼠的粗壮尾巴，可以保持身体在运动中平衡、静止时稳定，或用尾巴防御或攻击敌人；而兔子和山羊的尾巴由于妨碍其在摆脱猛兽时逃跑，所以很短很小；牛长出坚利的犄角可以防御或攻击敌人，而象的鼻子既是工具也是武器。

所以，老子对这一点做了总结，指出凡是在生物体上能够健壮生长、没有退化消失的部分肌体或器官，都是具有使用功能的部分（**不自伐故有功**）；凡是生物体自行退化或消失的器官或机体（肌体），都是失去功用或甚至可能带来反作用的部分（**自伐者无功**）。

④ "可怜"者命短

在生物的生命过程中，有的生物与其同类比较，或枝干矮小、花叶单薄，或体瘦侏儒、躯体残疾。一般该类生物都是由于某种先天的原因，如种籽（仔）发育不好或有遗传异常等，或者后来的一些原因，如生长关键时刻缺水干旱、幼子持续饥饿、外力损失等，使得正常的发育受到障碍，以至其后的其它办法都无法改变初时的基本状态。根据人们的观察，这样的一些生物，无论是植物或动物，其生存的时间都会大大缩短，不能长久。

《诗经. 小雅. 鸿雁》中[1]有句，"爰及矜人，哀此鳏寡"，其中"矜人"是指可怜的、贫穷的人。

所以，老子说"**弗矜故能长，自矜者不长**"，意思是没有发生不健康发育的生物与一般同类相同，可以获得正常的生命时间，而生长枯瘦、甚至连自己都怜悯自己的生物是短命的。

自然界的万千生物正是在这种生存竞争中保持其进化、发展的。

⑤ 生命是大自然的组成部分

以上4点是对自然界生物多样化的讨论，其结果可以归纳为，不同物种的生命体现象都是生物进化和适应环境的结果，万物顺自然之势而生，随自然之势而长，各取所需，各尽所长，各得其彰。正因为生命物与天地之间这种相容相合（不争）的自然本性，所以可以认为生命物是自然界的一部分，生命与天地自然合一，从而没有任何力量能够改变或战胜天下万物的生命力（**夫唯不争，故莫能与之争**）。

补充一点，原第二十二章有"炊者不立"，似与该段"自视者不明，自伐者无功，自矜者不长"难以呼应一致，又考虑二十二章与二十三章的紧密联系，认为这句话应该是两章有关对应内容的连接句。《荀子．仲尼》中有句："可立而待也，可炊而馈也"，意思是"稍等片刻、烧顿饭的工夫"，《老子》中将"可立而待也，可炊而馈也"合而简写为"炊者不立"，意思是原第二十二章的三个"自"字开头的句子与第二十三章的三个"不自"开头和一个"弗矜"开头的句子是关联紧密，连片刻都无须相隔的意思。

从天下万物"不自是"而"彰显"，到一切生命物"自矜"而"不长"，涉及的主要是构成生命体的"物"的特殊变化，这些变化不过是生物体生命过程中关于"物"或"有"所发生的现象。老子研究"道"学，注重探讨"道"与天地万物相关原理和法则的深层次问题，特别是以"无为"的方式和"德"的规范所相关的规律和法则的研究。所以，分析生命体的这些特殊现象，不是《老子》中研究"道"学的希望说明的内容，就像多余的食品和累赘的出行，表面上很有必要，实质上没有意义。（**其在道也，曰：余食赘行。**）

当然，虽然上述的内容更多是分析与生命体有关的"物"方面的内容，但即使专门针对生命体的"物"进行的研究，也不一定会涉及这些特殊的现象（**物或恶之**）。

所以，对希望研究、有意学习"道"学的人（**欲者**）来说，勿需停留（**弗居**）在这些关于"有"的讨论上（**故，有，欲者弗居**）。

第二节　对立统一规律

概　要

（1）典型事物的"一分为二"观

①"天下溪"有豪迈奔放的"雄气"，也有滋养万物"雌柔"，显示出最高德行。

②"天下谷"有欣欣向荣的景象，又保持居下谦恭、包容不争的精神，回归于最高德行。

③"天下式"太极图以其"黑白"两色象征天下万物最基本的规律，回归于宇宙本性。

（2）"真理"是相对存在的

①"美"是具体的概念，"美"与"丑"是相对而存在的。

②"善"以"利他"为主，"善"与"不善"相对，"不善"不是"恶"。

③"有"和"无"相辅相成；"难"和"易"相互转化；"长"、"短"相互对照；"高"与"下"相对存在；"声"、"音"是一个事物的两个方面；"先"与"后"是不变的。

（3）物极必反，一切存在的自然灭亡

①"天清、地宁"，周而复始运行；至极之时，"天翻地覆"，天地走向毁灭。

②至极之时，依自然规律而行的一切存在，都将面临最后的灭亡。

③以侯王为代表的人类社会最后也将走入尽头。

（4）其它几点规律

①"名实"不符——"孤、寡、不谷"等王公谦称是典型的"名实"矛盾。

②因果对立统一，事物表面与实际的反方向变化。

③凡事，从"重"准备，以静思考。

④人自然寿命的基本规律，人的寿命在宏观上是符合统计规律的，四十岁为强壮年。

⑤"开放交流"、"互动研究"，教学相长。

【原文】

（第二十八章）．知其雄，守其雌，为天下溪。为天下溪，恒德不离。恒德不离，复归于婴儿。知其荣，守其辱，为天下谷。为天下谷，恒德乃足。恒德乃足，复归于朴。知其白，守其黑，为天下式，恒德不貣（te）。恒德不貣，复归于无极。

（第二章）天下皆知美之为美，恶已；皆知善，斯不善矣。有无之相生也，难易之相成也，长短之相刑也，高下之相盈也，音声之相和也，先后之相随，恒也。

（第三十九章）昔之得一者：天得一以清；地得一以宁；神得一以灵；谷得一以盈；万物得一以生；侯王得一而以为天下正。其致之也，谓天毋已清，将恐裂；谓地毋已宁，将恐发；谓神毋已灵，将恐歇；谓谷毋已盈，将恐竭；谓万物毋已生，将恐灭；谓侯王毋已贵以高，将恐蹶。

故必贵而以贱为本，必高矣而以下为基。

夫是以侯王自谓孤、寡、不谷，此其贱之本与？非也。

（第四十二章）天下之所恶，唯孤、寡、不谷，而王公以自名也。物或损之而益，或益之而损。故人之所教。亦议而教人，故强良者不得死。我将以为学父。

（第八十章）天下莫柔弱於水，而攻坚强者莫之能先也，以其无以易之也。水之胜刚也，弱之胜强也，天下莫弗知也，而莫之能行也。故圣人之言云曰：受邦之**诟**（gou），是谓社稷之主。受邦之不祥，是谓天下之王。正言若反。

（第四十五章）大成若缺，其用不敝，大盈若冲，其用不穷。大直如诎（qu），大巧如拙，大赢如绌（chu），大辩如讷。

（第二十六章）.重为轻根，静为躁君。是以君子冬日行，不离其辎重。唯有环官，燕处则昭若。若何万乘之王而以身轻天下？轻则失本，躁则失君。

（第十一章）卅辐同一毂，当其无有，车之用也。然埏而为器，当其无有，埏器之用也。凿户牖，当其无有，室之用也。故有之以有利，无之以为用。

在老子的年代，已经基本形成古代"阴阳"说的概念，特别是在"易.系辞"中得到了极大的发挥，其特点是将自然界中存在的各类物质首先按照其属性两两分类，分别归纳为"阴、阳"两个方面。"阴阳"象征的事物很多，如下表中所列。

阳	阴
乾、男、天、打开、刚健、父、闓、君、玉、昼、大赤、日、暑、良马、光明、直、牡、运动、白色、盛、丘陵、外在、正、俯下	坤、女、地、关闭、柔顺、母、方、臣、布、夜、黄、月、寒、母牛、黑暗、迷、牝、安静、黑色、衰、谷地、内在、负、仰上

古人由"阴阳"的方法，对万事万物两两对应、研究宇宙间事物的互动作用和变化规则，提高了对事物本质和规律的认识，反映了古人抽象思

维的进步和社会文化的发展。

但是，随着人们对事物存在发展规律的深入认识，已经逐步形成反应客观事物性质和变化的"一分为二"的分析和研究方法，从而加深了对万事万物的研究和认识。与"阴阳"说相比，"一分为二"是事物内部不同侧面对立统一规律的作用关系，可以更深入到每一个事物内部，关注到相似、但属于不同层次问题的比较和分析，关注到更普遍、共性规律的归纳和分析，因此也更客观、更具有理性和科学性。

老子在《老子》中阐述了以"道"学为基础的"一分为二"观点。

1、典型事物的"一分为二"观

①"天下溪"的两面观

"溪"是山谷中有水的河沟，古人最早多居于山区，也多逐"溪"而居，所以与"溪"、"谷"的情谊和感受最深。《诗经》中有许多关于山谷或溪的生动描述，如《诗经. 谷风》中有："习习谷风，以阴以雨（山谷风起习习吹来，伴着阴云伴着小雨）"；《诗经. 考槃》中有："考槃在涧，硕人之宽（敲槃作歌于山涧之畔，高大之人呵胸怀宽广）"等等。

俗话说，山有多高，水就有多高，指的是溪水的源头大多在大山之巅。在高峰峻岭之下，由泉水（或融化的雪水）流下而成"溪"，由小溪而汇成大溪。山势稍平缓，则溪水潺潺；山势一陡峭，有大溪顺势而下，或直落成飞瀑，或奔腾击白浪，虽然不及大江大河之磅礴，但也是势猛力强，其形式可谓雄姿豪放。

另一方面，"溪"水滋养了岭上山下万亿生命，特别在久旱无雨之际，"溪"水如汁如蜜，哺育大地，哺育众生。更可贵的是，"溪"流不与石争，不与木斗，遇阻而回折，柔顺而委婉，其姿容也可谓雌柔温雅。

所以说，天下所有的"溪"，都有豪迈奔放的外表，显现（知）出其雄气，而在对万物的滋养和哺育中又保持（守）着她的雌柔（**知其雄，守其雌，为天下溪**）。

天下所有的溪水，都是一样地滋养万物而不争，自古至今，从此及彼，显示出"道"之系统中最高的行为标准（**恒德**）；而这永在的最高德行（**恒德不离**），就像回归到婴儿般纯真的天性和无染的情感，是天地间的"上德"和"上善"。（**为天下溪，恒德不离。恒德不离，复归于婴儿。**）

②"天下谷"的两面观

"谷"是两山之间长沟或深洼地。"谷"与山一体，有山才能有"谷"。一般，谷中水汽深厚，与山上参天林木相比，谷中更是草木藤蔓繁荣，花鸟虫兽众多。所以，"谷"呈现一片绿色茂盛、欣欣向荣的景象。

在陆地环境中，"谷"是生命之水的发源地，是地之水、天之水的源头。"谷"居山丘之下，阴湿之处，与山相比，"谷"不争上，不争高；与水相比，"谷"不争动，不争名；"谷"以怀大而容天下万物，"谷"以谦下而奉献出生命之水。所以，天下所有的"谷"，既有欣欣向荣、万物茂盛(荣)的形象，又保持着居下谦恭、包容不争(辱)的精神。（知其荣，守其辱，为天下谷）

天下所有的"谷"，自古至今，从此及彼，显示出"道"之系统中最高的行为标准（恒德）；而这充满奉献精神的最高德行，就像回归于那未经任何刀斧修饰和加工的"原木"般的无私本真，也是天地间的"上善"和"上德"（为天下谷，恒德乃足。恒德乃足，复归于朴。）。

③"天下式"的两面观

"黑"与"白"是两种最具对比的颜色。在《易·系辞》中有"无极生太极，太极生两仪，两仪生四象，四象生八卦，……"，其中太极可以用一幅图来表示。太极图是以"黑"、"白"两色构成象征"阴阳"互动的图案，表示了宇宙间一切事物产生起始的"一元"本原，被认为是天地万物本原的一个重要抽象模式。太极"黑白"两色，象征天地万物是由两个侧面的相动而产生，没有"黑白"，就没有世界，也没有万物；"黑白"两色之间是弯曲的相隔线，象征二者的互动和相互依赖，没有"黑"，就没有"白"，没有"白"，则"黑"也不复存在，二者缺一就不是太极，二者无法分离；"黑白"相互渗透，"白"中有一个"黑"点，"黑"中有一个"白"点，象征二者的互相转化和统一性。

古人画图，不似现在有干净的白纸，大多在有颜色的骨甲、竹片、石壁等上面作图。为了标志太极图的二色形象，古人会在原来的底色上涂以白色，完成太极图案。所以，古人看太极图，首先是醒目的白色，然后才是外圆内曲、白黑（或近似黑）相交的全貌。

所以，太极图作为天地万物抽象"归一"的最高哲学模式，虽然显示了其相对清晰的"白"色(知其白)，但其实质的核心是"黑白"两色所表示的思想(守其黑)，是天下万物生成变化永恒不二的最高标准或模式(为天下式)；这一标准或模式反映的是万物最基本、最本真的法则和规律，是永恒正确的标准(恒德不贷)。按照这一永恒正确标准而实施的德行，正是天地万物回归于"无极"之时显现的宇宙本性。（知其白，守其黑，为天下式，恒德不貣。恒德不貣，复归于无极。）

④"一分为二"观的普遍适用性

将以上三个事例排列，得到"溪"、"谷"、"太极"三类事物，对各类事物所做的"一分为二"分析，分别达到了"婴儿"、"原木"、"无极"这三个不同的层次，既象征万事万物的本原，又象征最高规律和精神。因此，也可以说，从宇宙间最本原的初始点，到最普通的具体事物（其后有述），任何一个事物无不是由相反而又不可分离的两个方面所组成，即贯穿着"一分为二"的法则、对立统一的规律。事物内部两个方面的运动和变化，有的构成事物发展的原动力，如太极中的"黑白"；有的反映了事物内容和形式的矛盾统一关系，如"溪"的雄姿和柔细，"谷"的繁荣和辱下。

与《易．系辞》中提出的"阴阳"概念相比，显然老子的"一分为二"说具有更深入、更普遍、更高级的思维水平和哲学理念，也更接近现代哲学的方法和结论。

在古代哲学研究中，中外学者的目标是基本一样的，即将探索宇宙本原、研究万物本质及规律作为最高的学术目的。但是，由于当时条件所限，不同文化背景或空间隔离，大大阻碍了人们的交流和沟通，或延长了人们文化交往所需要的时间。但正是这一点，才有当今显示出丰富和多样化的世界文化。

印度的释迦牟尼与老子的年代基本相同，他提出佛教大乘学派的最基本哲学思想就是世间万物的形式与本质的矛盾关系。他认为，世间一切事物所表现出来的都是"虚妄"之相，不是其本来面目（真相），而要找到其"真相"需要不断地掀开其一层又一层的"非相"，而每一层"非相"的研究都是通过"一分为二"，于"形式与内容"的矛盾分析中不断接近真理的过程（"凡所有相，皆为虚妄，见诸相非相，则见如来"《金刚经》）。

释迦牟尼提出的"诸相"与老子提出的一系列实例是类似的，但他的接近真理的方法是对每一件事物进行类似的"非相"探索，而老子是直接举出最接近本原的实例（已经高度抽象的哲学原埋），然后用最普通的原则指导分析，以达到直指最高法则的结果，同时也说明"一分为二"这一基本规律的普遍性和通用性。

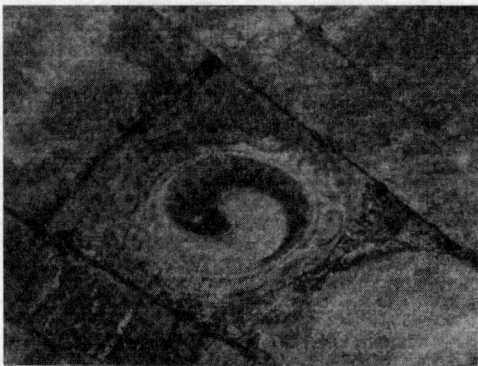

太极图

2、"真理"是相对存在的

利用"相对"法则，可以辨析各种事物的性质的"相对性"。所以，老子又列举了最为常见的一些实例，以作说明。

①"美"与"丑"的相对性

欣赏"美"和喜欢"美"是天下人的共有观念，即所谓"爱美之心人皆有之"。其实在动物界、植物界也有很多爱"美"的实例。

为人们欣赏的"美"具有以下特点，一是相对性，即一个物是不是"美"，完全是相对的概念。例如，与干枯的枝干比较，绿色的叶子很美；在郁郁葱葱的绿叶中，鲜艳的花朵很美丽；在万紫千红的花丛中，一朵大而花瓣丰满、色艳而不俗的花朵会更美。第二点，"美"还是一个具体的概念，不但与被评判的对象和参照者有关，还会受到评判者的主观性影响，即使大多数人认可的"美"，也不排除有人持不同意见。另外，由于对"美"评判的层次不同，也可能得出相反的结论，如罂粟花很美，但是罂粟的籽是毒品等等。

古人也关注到"美"、"丑"的相对性或比较的概念，如《韩非子．说林上》讲一个开店的老板评价他自己的两个老婆，"美者自美，吾不知其美也；恶者自恶，吾不知其恶也"[2]，意思是，长得漂亮的自以为美，我不觉得她美，长得丑的自以为丑，我不觉得她丑（古文中"恶"当"丑"讲）。可见，"美"、"丑"不过是相对的概念。

所以，<u>"美"是具体的、相对的概念，对于（天下）大家都认为的"美"，是与一般情况相对而言的"美"，不必用"丑"作参照（用"丑"作参照，过矣）</u>（天下皆知美之为美，恶已）。

②"善"的相对性

"善"与"美"相近而又不同。"美"以外表为主，以表现为主，以欣赏为主，言"美"多是表象的评价；"善"当"好"讲，而且有向外输出"好"、利他的效果，是以内容为主。如《论语.八佾》中有："子谓《韶》，尽美矣，又尽善也。谓《武》，尽美矣，未尽善矣。"意思是孔子称赞"韶"乐优美，内容也好；而《武》乐也优美，可是内容不太好。可见，"善"与"美"的差别。

同样地，对"善"与"不善"的断定和评判也会受到场合、参照物和评判者观念等具体条件的影响，例如，春天时节的雨，滋润土地，催生万物，是"上善"之雨；同样是下雨，如是夏天的暴雨，洪水冲垮了堤坝，淹没了庄稼，对百姓是"上恶"。可见，"善"与"不善"是有条件的、相对的。

另外，"善"体现的是向外输出"好"或利他，"不善"即是不输出、不利他，但并不是"恶"。所以，大家所说的"善"，其参照状就是"不善"（**皆知善，斯不善矣**）。

③ 其它几个相对存在的概念

《老子》中分别以"美"、"善"为例，说明其分析、评判的方式，其意义为，㈠对表示事物的性质进行评判时，要分析评判对象的特点和内容，如"美"和"善"的概念就有所差别；㈡对事物性质的评判是相对的，评判结果受各种条件影响而不同，表示事物性质的差别都是在一定场合范围才成立的；㈢评判参照物的选择要适宜，如"美"选"恶"有过及，而"善"选"不善"为宜。

根据以上总结，可以比较容易理解《老子》中对其他几对问题的说明。

"有"和"无"是《老子》中最基本的哲学概念。老子说，"有"和"无"是在讨论"道"生天地万物的时候建立起来的概念；"有"和"无"是相对成立的，"有"和"无"共同构成天地万物，没有"有"，也就没有"无"，又"无"生"有"，故没有"无"也就没有"有"。所以说"有"和"无"是相辅相成的（**有无之相生也**）。

"难"和"易"是指实施或作用于事物的时候，达到结果的容易程度，或用力的程度。所谓"难"是相对于一定的"易"而言的，没有"易"就没有"难"；反过来没有"难"也就没有"易"。另外，"难"和"易"是可以相互转化的，例如俗话说的"难者不易，易者不难"，就是指同样的事情，对不同的人其难、易程度有很大不同（**难易之相成也**）。

"长"和"短"是指事物在长度方面的性状，所谓"长"是相对"短"而言，此事此地的"长"在彼时彼地就可能是"短"，反之也然；世界上没有绝对"长"的东西，也没有绝对"短"的长度。所以，"长"、"短"不过是对照、对比的结果（**长短之相刑也**）。

"高"和"下"的说明。这里"下"可以当"低"讲。与"长短"相似，"高"与"下"也是相对的概念，此事此地的"高"在彼时彼地就可能是"下"，反之也然，没有绝对的"高"、"下"之分。所以，在讨论增长的情况下，会提出"高"与"下"的概念（**高下之相盈也**）。

古人发现，物体碰撞或震动会发出响声，"声"是构成"音"的元素。"音"指乐，古代有"宫、商、角、徵、羽"，相当现代的简谱"1、2、3、5、6"；"声"也指调，如汉字有"平、上、去、入"四个声调。任何一个发响都包含有"声"和"音"在内。所以，"声"、"音"是一个事物分为两个方面的存在，是共同（和）中既有差别而又不可分割的两种存在（**音声之相和也**）。

以上举了"善恶"、"有无"、"长短"、"高下"、"难易"、"声音"等两两对应存在事例，用现在的词汇讲，有的属于"物理"概念，又的是对事物属性的不同描述。最后，老子又举出一个特殊的事例，就是"先"与"后"的关系。

"先"与"后"是事物发展的时间序列问题，与上边所举的物理概念或者事物性质的概念不同，"先"、"后"体现于时间上的前后相随关系，反映的是时间变化的一维性，所以这种事物的"先后"关系是永远存在和不变的事实（**先后之相随，恒也**）。

上述《老子》中对构成事物性质的两个对立面的分析反应了古人对"道"生"万物"并赋予"万物"自然秉性所体现的一般规律，有的观点也非常接近现代哲学理论的分析方法和辩证理论的结论。

3、物极必反

《老子》中介绍"道"的基本概念，说"道"具有"大曰逝，逝曰远，远曰反"的特点，介绍"道"的行为特性是"反也者，道之动也"，分别从存在和性质两个方面说明"道"的循环规律。在介绍"物之道"中，老子进一步阐述天地万物"物极必反"的客观规律。

《老子》中有，"道生一，一生二、二生三，三生万物"，即"一"是产生天地万物的初始状，也是产生和确定了天地万物生成变化基本规律的源头。所以，"昔之得一者"的"得一"有自"一"获得基本生成变化法则的意思，"昔"则指初始创生天地万物的时间。

然后，《老子》中列出"天、地、神、谷、万物"，讨论其发展变化、物极必反的规律。

①"天翻地覆"

不管是在老子以前就有的"开天辟地说"，还是老子创始的"道生天地说"，"天"和"地"都是创世过程首先实现完成的物质系统。其结果是，太阳、月亮、诸多星辰按照一定的规律，周而复始地运行于天穹之上，"天"得以清明透亮，覆盖了大地与万物，以日月星辰的光辉普照一切，并在天地间不时地产生风雨雷电；大地厚德载物，得以平易、简约、宁静、宽厚地承载着丘陵平原、河川湖海和万物生灵。所以说，在"道"创世的初始期，有赖于从"一"得到生成、运行的基本规律，"天"实现了"清明"、"地"实现了安宁，"天地"按照既定的规律，周而复始地运行（昔之得一者：天得一以清；地得一以宁）。

但是，"天长地久"的周转运行是随时间而永恒的吗？不是，老子在此大胆断定了自然界客观事物发展的一个重要规律，即万事万物发展至极，必然导致相反的方向。所以，可以预言，到至极之时，"天"会失去其"清明"的状态，将可能开裂失去覆盖大地和万物的功能；"地"会失去其"安宁"的状态，将可能掀起（发）翻覆、失去承载万物的功能（其致之也，谓天毋已清，将恐裂；谓地毋已宁，将恐发；）。在此，老子按规律提出的是一个宇宙毁灭的假想，一个宇宙走向极端的"天翻地覆"的假想。

现代宇宙学研究认为，太阳是一个巨大的氢弹，氢原子核不断发生核反应，并生成氦原子，这样的反应大约已经持续了 50 亿年，100 亿年以后，太阳上的氢原子将逐渐减少，氦原子不断增多，太阳将变成一个表面温度降低的红巨星；红巨星的核心收缩并点燃氦原子，开始了氦原子转变为碳元素和氧元素的燃烧，这种燃烧将持续 100 万年；然后还会不断收缩和膨胀，最终太阳的外壳全部脱落，抛出去的气体云形成一个行星状星云，太阳结束其光辉，然后其核心残骸变成一个白矮星。对地球上的生物而言，在这一切发生较前的时候，地球早已经成为"天已裂、地已掀"的毁灭状态。

由此可见，2000 年前的古人，虽然缺乏具体的科学分析，但对总的自然规律的纯理论的理解和推论，是非常接近现今科学研究结论的。

②"物极必反"

古人在对自然界进行"阴阳"划分和运行分析时，遇到难以查究、不能划断的情况，就称之为"神"。在这里，"神"不是具有人格意志、能力超常的"天人"或"神仙"，而是指按照古人的理解和方法，在属性和性能上表现出"奇异莫测、异乎寻常"的奇妙之物，或者叫"阴阳"之外的第三类物，如"谷神"就是指兼有"阴阳"两性的属性特点和作用功能的"谷"。

在古人看来，<u>"神"虽然是异于"天地万物"的特殊类存在，但也是"道"的产物，获得"一"的基本法则，表现出奇异莫测的特性；"谷"是"神"类的代表，具有不竭的生命之水和满盈的生命之物，"谷神"对创生和维持世间万物生存，具有特殊的功能和作用。</u>（**神得一以灵；谷得一以盈；**）

老子说，在发展达到"至极"或者出现"天翻地覆"的世界末日之时，<u>"神"不再具有莫测的灵气，"谷"中之生命之源也会变得枯竭。</u>（**谓神毋已灵，将恐歇；谓谷毋已盈，将恐竭；**）

老子认为，天下亿万生命，无论其如何的生生不息、繁茂增长，其物质和生存条件都来自"天地、恒有"，其生长无不遵循"恒无名"带入的法则，所以说<u>万物的生命根源自"一"而来</u>（**万物得一以生**）。

但是，到"至极"之时或者"世界末日"，按照"一"的法则生生不息的生命万物也将面临最后的灭亡。（**谓万物毋已生，将恐灭；**）

以"候王"为代表的人类社会也是"道"生万物的持续发展产物，"候王"是指社会的领导或管理者。<u>按照"一"的法则，管理者或领导者实施社会的正常管理，社会在"正（政）"治的管理下运行</u>（**候王得一而以为天下正**）。<u>当一个社会走入到它的最高阶段时，或者面临"天地"归于毁灭的自然灾难时，人类社会的管理者或领导者也将失去高贵的地位，面临垮台，或者整个社会走入尽头。</u>（**谓候王毋已贵以高，将恐蹶**）。

老子没有现代科技的支持，也不可能提出发展人类科技、带领人类离开地球、离开太阳系的科学幻想，只是非常真诚、但也及其坦然地告诉大家，宇宙一切运行变化的尽头是"世界毁灭"。人和人类社会是大自然中的一部分，所以从产生人类到世界毁灭，人和人类社会依然是大自然的一部分。

由老子看，从"天地"到"万物"，从无生命物到有生命体，从自然界到人类社会，没有什么能逃脱"物极必反"的法则。

4、其它几点规律的讨论

除了以上的"一分为二"、"物极必反"、"真理的相对性"等事物的重要规律之外，还有如"形式和内容"、"增益与减少"等客观事物内在对立统一关系的各种规律。老子通过几个方面的例子，予以说明。

①"名实"矛盾之一——王公的谦称与地位

从字面上讲，"孤"是单独，"寡"是缺少，如果一个人单独地生活，缺少亲人的陪伴和别人的照顾，会被认为是一件很无奈和受人怜悯同情的事情；在社会工作中，如果一个人得不到别人的认同和支持，成为"孤家寡人"，纵使他有再高的权位，不是落得身败名裂，也会深受孤独痛苦的折磨；"不谷"是不食"五谷"的意思，自然也是一种痛苦的事。所以，<u>从古代时，人们就很关注这些事，谁也不愿意落到"孤"、"寡"、"不谷"的境地。</u>（天下之所恶，唯孤、寡、不谷。）

春秋时期诸侯王多自谦称"孤"、"寡"，有身居无上权力，而又高处不胜寒，或"寡德之人"的含义，但更多是故意表明自己处于"劣势"的意思。"不谷"是谦称，据说为春秋时楚王自称。后来，在中国历史上，"称孤道寡"成为皇帝或诸侯王的专称，中下层的官僚或一般的百姓如有类似称呼，则是"图谋造反"的证据。（而王公以自名也。）

而实际上，古代的诸侯王公都是位极人臣，前有文武百官陪伴，后有诸宫嫔妃伺奉，行有人马车辇，食有山珍海味，百官一呼众应，万民无不仰视，掌握生杀大权，拥有倾国财富，与真正的"孤"、"寡"、"不谷"判若黑白，根本不是一回事。如果侯王思想、行为反动，落得众叛亲离，变成了真正的"孤家寡人"时，也许就来不及自己"称孤道寡"了。

所以，老子说，候王自称"孤、寡、不谷"，不过是表面的说法或自谦而已，并不能作为其高贵身份和权力的基础和根源。由此可见其"名"与"实"不符，而且是完全矛盾。（夫是以侯王自谓孤、寡、不谷，此其贱之本与？非也。）

②"名实"矛盾之二——水至柔的概念与应用

还有一个"名实"矛盾是关于"水"至柔的"概念"与应用。

<u>普天之下，水是最柔弱的，按照"柔可以胜强"的论点，水可以用来克制坚固强硬的物质，但是，在老子的年代，不会有万吨水压机，也不会有高压水枪，实际上那时不可能用水去攻克或克服坚固强硬之物的事例，</u>

这是由于难以移动水或解决用水攻击的技术问题。所以，古人说，大家都知道弱可以胜强，水可以克刚，但是实际上不能用于实际。（**天下莫柔弱於水，而攻坚强者莫之能先也，以其无以易之也。水之胜刚也，弱之胜强也，天下莫弗知也，而莫之能行也。**）

　　还有一种概念不是如上对水至柔性质的总结，而是来自一种纯理论意义的概念，如根据"事物的有限性"、"物极必反"等基本规律，对一些事物的性质所作的完全是一种纯理论意义的判别，具体例如，"圆整中若有所缺（**大成若缺**）"、"满盈中若有所亏（**大盈中冲**）"、"绝直中若有曲屈（**大直如诎**）"、"精巧中若有笨拙（**大巧如拙**）"、"获赢中若有不足（**大赢如绌**）"、"雄辩如若口讷（**大辩如讷**）"。尽管这些判别从理论上都来自基本规律的应用，而且与事物的普遍性原理相符合，但是这些结果并不影响具体事物的应用。例如，"圆整中若有所缺（**大成若缺**）"，但是其应用不会出现弊败；"满盈中若有所亏（**大盈若冲**）"，但其应用不会出现穷竭；等等。（**大成若缺，其用不敝，大盈若冲，其用不穷。**）

　　这就是概念（名）与应用（实）不一致的问题。概念是一般的、理论的、抽象的，是存在于人的意识中的对象，而现实是个别的、具体的、存在于现实中的对象，所以，以上所指的"水"的柔弱是概念上的结论，不同于用水去实践攻强的具体现实。这个问题比一般的理解要复杂的多，也是古代"名实"研究的重点。

　　接着，《老子》中进一步举例讲到，用圣人的话来说，当遇到战败、割地、赔偿等屈辱的情况时，候王要代替祖宗、代替宗庙承受屈辱，于是称其为"社稷之主"；如果遇到战争、水旱灾难时，候王要承受带领民众，战胜灾难的重要责任，于是又称其为"天下之王"。（**故圣人之言云曰：受邦之诟**（gou）**，是谓社稷之主。受邦之不祥，是谓天下之王。**）

　　与以上讲"水柔弱"不同，这里存在具体的、现实的存在，而其"名称"不过是一个象征性的概念，并不具有一般的、抽象的和理论上的意义。所以，以上两个举例的方式和结论出现一正一反，但都说明一个问题，即"名"与"实"的矛盾是普遍存在的（**正言若反**）。

　　《老子》中虽然没有更多地对"名实"问题进行讨论，但指出有关"名实"的例子很多很多，虽然从理论上可以一直给出到没有为止（**故致数，与，无与**），但实际上不计其数，就像在山谷中寻找，不是柔绵光滑的如美玉，就是坚硬粗糙的似顽石。（**事故，不欲，禄禄若玉，硌硌若石。**）由此可以看出古人对"概念"和"实践"之间关系的认识和分析已经达到的深度。关于中国古代"名实"的研究已经成为很久之前的历史，而且也很少为现代人所了解，有兴趣的读者可以参阅专门的书籍。

③ 因果关系之一，物之增加和减少

《老子》中讲："**物或损之而益，或益之而损**。"这里，特别指物。自然界中的物，总在不断地变化，包括其数量或质量增减的变化。但是，在许多情况下，减少（损）与增加（益），或前后有相反的因果关系，或表面和实质上有矛盾的因果关系。这一方面的例子很多，以下仅举几例说明。

例如：农夫打掉了桃树上多余的桃子，数量上桃子少了，但留下的桃子长得又大又甜，不管是到市场上去卖掉，还是农户自己吃掉，获得的收益都比不打掉多余的好。所以，这就是"**损之而益**"。

又例如：君王发动战争，侵略邻国，表面上占领的土地增多了，实际上失去了德行，失去了百姓的支持和其它国家的信任，从而为以后垮台和失败埋下了祸根。这可以叫做"**益之而损**"。

总之，无论是自然界，还是人世社会，许多事物都是原因和结果的对立统一体，表面上的变化会引起一系列相反方向的改变，也是万事万物重要的生化发展规律。

④ 因果关系之二，轻重、静躁、贵贱、高下的关系分析

"重"和"轻"，本来是指份量大小不同，份量大的为重，小的为轻，"重"和"轻"也引申为指事物的重要性或对待事物的态度，如重视和轻视，庄重和轻浮等等。古人认为凡事要以"**重**"考虑，以重对待，以重处理，然后才能根据情况，适当以轻看待和处理。也就是说"举轻若重"，遇事不轻举妄动，就可以少犯错误，多制造成功的机会（**重为轻根**）。

"静"和"躁"，是指人的情绪或者对待事物的不同思考和处理问题的方式，"静"指安静、冷静，"躁"指急躁，不安静。《淮南子.主述训》[3]中说："人主静漠而不躁。"古人认为君子应该经常以沉着冷静的态度自我反省，要静心思考问题。古人是极其重视人的情绪对做事的影响，特别提出主静而毋躁。所以老子也说安静应该主宰急躁（**静为躁君**）。

在古代"贵"与"贱"、"高"与"下"经常被用于指人的社会地位，如"高贵"、"下贱"等等，但是在"贵贱"、"高下"的相对关系方面，存在不同观点。一般认为，是"高贵"的统治者或富有者具有社会发展和社会生活方面的主导作用，而"低贱"的民众或劳动者是从属的，被动的。当然，如果从个人的角度讲，当时社会已经有很多位置显耀的"高

贵"者是从"贫贱"的下层民众中走出来的杰出人物。所以，在"贵贱"、"高下"的因果辩证关系中，《老子》中提出相反的观点，认为"贵"以"贱"为根本，"高"以"下"为基础，没有"下贱"，也就没有"高贵"（**故必贵而以贱为本，必高矣而以下为基**）。

对事物"轻重"、"静躁"的理解和应对实际上将人的思想、行为与客观事物的规律紧密结合在一起，为了进一步强调其重要意义，《老子》中还举例予以说明。

第一个例子讲，君子冬天出门，不离开随身携带的各种用物辎重（**是以君子冬日行，不离其辎重**）。为什么？首先，主角是君子，是有条件准备辎重的人，而且也能够在出行前策划周全；其次是冬天，因为天寒地冻，当然出行前要准备好保暖取暖和饮食等用品。这个例子表明做事从重考虑，从重准备，就可以防患于未然，减轻遇到问题的压力和困难。

第二个例子讲，负责巡查内外之事的军官（环官），总是非常谨慎、郑重地执行安全保卫的巡查工作，不管是夜深物静之时，还是休闲清雅之处（燕处），无不按照规范，昭然隆重（昭若）地执行循环检查。这个例子表明，凡事均要有严格规范的制度，无事要当有事一样对待，平时要像战时一样认真，由此才能确保万无一失。（**唯有环官，燕处则昭若。**）

第三个例子，讲侯王对"自身和天下"孰轻孰重的理解和认识。古代有观点认为，侯王为政的根本点之一，是侯王以身为本、为重、为静、为君，而视"天下"于"轻、躁"之位；换言之，侯王是社稷之主，万乘之王，不可以轻身，轻身则失众。用现代的话讲，侯王"重自身"，一是要注重自身的意识修养和知识提高，二是要以自身的工作精神为民众作表率，三是要关注自身的健康，为管理天下事有良好的自身"物质"基础。所以，老子说：为什么提出君王要重"自身"，轻"天下"？这是由于君王提高"自身"素质，达到"静心沉思、慎虑勿躁"的基础，是取得"天下"和管理好"天下"的根本。（**若何万乘之王而以身轻天下？轻则失本，躁则失君。**）

⑤ 人自然寿命的基本规律

如果不考虑人的精神活动和社会活动，仅仅涉及人的自然生命特征，那么也可以将人的身体和生命的自然过程与其它物归于一类，并讨论其发展和变化的规律。

自然寿命是古人最为关心的问题之一，《礼记·曲礼上》中有："四十曰强"，指人四十岁左右进入生命的壮年时期，表现出思想不惑、身体强壮。按照古人的一些描述，那时的人大约在 60 岁左右就被认为进入了老年，而能享寿超过 70 岁的就是高寿。

《老子》中没有过多地描述人的自然生命过程，但是指出了人于壮年时期的特点，即处于四十岁左右的强壮年、而且生命特征良好的人，一般是不应该、也不会死的（**故强良者不得死**）。

虽然对人自然寿命基本规律的描述很简单，但是在古代，针对人们不了解生死的本质和对死亡的恐惧，这一描述的意义在于告诉人们生命的本质和寿命的关系是一种客观自然存在。

⑥ 关于"物之道"讨论——《老子》研究的方法论之一

该部分讲述了以上几个自然界存在的基本规律以外，还涉及到研究的方法论问题，即"故人之所教，亦议而教人，我将以为学父"所表述的含义。为了尽可能减少对原有章节的拆拼，在此一并解释和说明。

老子研究"道"学，几乎涉及当时自然学和社会学的所有学科内容，特别是以上的内容繁杂和宽泛，所以老子采取了一种"开放"和"互动"的研究方式，即广泛与其他学者讨论，听取他人的看法和观点，吸收别人已有的研究成果，同时也将讨论和研究的结果再告诉别人。（**故人之所教，亦议而教人。**）

在现代社会，这一"开放"、"互动"的交流和研究方式已经成为几乎所有学科不可或缺的科学方法之一，甚至是产生先进科学思想和创新成果的最佳途径，而对此最早有所体会的人大概非老子莫属，因为在 2000 年以前，他已经将此方法作为学术研究和获得成果的重要源头（**我将以为学父**）。

5、掺入的"无之以为用"

在帛书《老子》第十一章讲到，车轮和轮毂是用若干根辐条连接，其结构好像看作空若无物，但没有辐条车轮就不能用，所以车轮用的是"空若无物"。又用泥土做成的陶器，中间是空腔，起了盛东西的作用；盖房子时掏空墙壁留出窗户，空的地方是为了房子取光。这些例子说明，"有"的作用是具备条件，"无"的作用是达到使用的目的。（**卅辐同一毂，当其无有，车之用也。然埏而为器，当其无有，埏器之用也。凿户牖，当其无有，室之用也。故有之以有利，无之以为用。**）

这里的"有"、"无"是常规经验的有"实物"和没有"实物"的概念，与《老子》中的"无"和"有"在本质上不是一个概念。所以，就其内容看，这一段有可能是其他人"掺入"的。

第三节 人的生命与精神

概 要

（1）人对外部事物的感觉

① 颜色、味道、声音通过人的眼睛、口、耳朵给人以感觉，过分感觉刺激有损感觉器官。

② 兴奋和诱惑的事物刺激人的精神，极度兴奋和极端诱惑有害人的精神健康。

③ 外部事物变化使人的感觉器官、神志和心欲产生反映，将颜色、声音与人的五脏直接联系缺乏依据。

（2）生死自然观。"生死"如出、入门，有生必有死。人的生死在总量上符合概率统计规律。

（3）"名利欲"与"宠辱心"

①"名利"为身外之欲望，应持"知足"和"知止"的态度。

②"宠辱"来自身性，是"自尊"和"责任"的根源，可以委重任于有"责任感"的人。

（4）养生学。了解生命本质，实现身心健康，保障营养充足，实现延年益寿。

（5）"人之道"。"损不足而奉有余"，人类生存竞争。

（6）讨论几个问题

①"营气"、"魂魄"是构成生命的物质和精神，"魄"只能附着于"营气"之上。

② 婴儿形"柔"实"强"，为"道"学"至柔"的真谛，非至柔"榑气"所比。

③"镜"中是虚像。

④ 致力治国安民，离不开知识和智慧，反对占卜；"天门"无雄雌，故坤之"翕辟"没有意义；哲学概念需要各种知识基础的支持。

【原文】

（第十二章）五色使人能目盲，驰骋田猎使人心发狂，难得之货使人之行方，五味使人之口爽，五音使人之耳聋。是以圣人之治也，为腹而不为目。故去彼而取此。

（第五十章）出生，入死。生之徒十有三，死之徒十有三，而民生生。动皆之死地之十有三。夫何故也？以其生生也。盖闻善执生者，陵行不避兕虎，入军不被甲兵，兕无所揣其角，虎无所措其措蚤，兵无所容其刃。夫何故也？以其无死地焉。

（第七十五章）勇于敢者则杀。勇于不敢者则活，此两者或利或害。

（第四十四章）名与身孰亲？身与货孰多？得与亡孰病？甚爱必大费，多藏必厚亡。故知足不辱，知止不殆，可以长久。

（第十三章）宠辱若惊，贵大患若身。何谓宠辱若惊？宠之为下也，得之若惊，失之若惊，是谓宠辱若惊。何谓贵大患若身？吾所以有大患者，为吾有身也，及吾无身，吾有何患。故贵为身于为天下，若可以托天下矣；爱以身为天下，女若以寄天下？

（第七十九章）人之道则不然，损不足而奉有余。孰能有余而有以取奉于天者乎？唯又道者乎？是以圣人为而弗又，成功而弗居也。若此，其不欲见贤也。

（第五十五章）精和曰常。知常曰明。益生曰祥。心使气曰强。物壮则老，谓之不道，不道早已。

（第五十二章）见常曰明，守柔曰强。用其光，复归其明，毋遗身殃。是谓袭常。

（第十章）戴营魄报一，能毋离乎？槫气至柔，能婴儿乎？脩除玄监，能毋有庇乎？爱民活国，能毋以知乎？天门启阖，能为雌乎？明白四达，能毋以知乎？

"道"生天地万物，生命是万物的主导和体现，人是生命的最高级代表。所以，对生命的研究也是"道"学系统中的精致之处。从"道"的自然系统来看，生命之"道"也是"物之道"的一个部分。

1、生命是自然的产物

① 古人对生命的认识

《黄帝内经》[4]的生命本原说认为，精气是构成人体的本原，人体之精分为与生俱来的先天之精，以及来源于人体吸收自空气、水和食物的后天之精。"精"是"气"的精华部分，"气"是构成宇宙万物的基本物质，是一种极其细微的物质。"气"的概念类似现代科学的"元素"。

人的身体可以划分为五脏六腑、十二经脉、形体官窍等各个部分。五脏是心、肝、脾、肺、肾，其功能是藏蓄精气；六腑是胆、胃、大肠、小肠、三焦、膀胱，六腑的功能是传化水谷津液。

父母阴阳精气结合而形成新的生命力叫"神"，随神而动的叫"魂"，与精一起出入形体内外的叫"魄"，能够承受外界事物刺激的叫"心"，心中有追忆的叫"意"，心中保存久了的叫"志"，反复思考叫"思"，估计将来叫"虑"，由虑而正确处理事物叫"智"。魂为阳神，是神活动中的不定飘渺的行为，如梦话、幻觉等；魄为阴神，是神活动中的固定行为，如听觉、视觉等；心藏神、肝藏魂、肺藏魄，喜乐过而伤魄。人的意志能驾驭精神，收摄魂魄。

由此可见，中国古代很早就建立了唯物主义的生命观，并将生命过程，包括人的意识神志，与自然的存在紧密结合。

②古人的生命运行观

古人认为，人的生命是一个运动的、新陈代谢的过程，"气"是构成人体和维持人的生命活动的基本物质，"气"在活动时激发和推动着体内的生理活动，生命是"气"的运动和变化过程。

五脏六腑、十二经脉与四时阴阳的调控，维持着人机体的正常生理活动与健康。人体生命活动按照"阴阳五行"的平衡统一法则进行。肝与目相通，通青色，在五味中为酸，五音中为角，主筋；心开窍于舌，通赤色，五味中为苦，五音中为徵，主血脉；脾开于口，通黄色，五味中为甘，五音中为宫，主肌肉；肺开于鼻，通白色，五味中为辛，五音中为商，主皮毛；肾开窍于二阴，通黑色，五味中为咸，五音中为羽，主骨。无论是养生还是医病，都需要与五脏的色、味、音等相通、相应，才能达到体内的阴阳平衡，获得好的效果，反之则有害无益。

食物经过胃消化，产生的精微之气又从胃中发出，到达中、上两焦，通过肺的作用灌注并营养五脏。精微之气经过两条途径输送到全身，清纯部分称为营气，进入脉中；浓浊部分称为卫气，布散脉外；营气、卫气分别从脉内和脉外两条通道运行全身。卫气夜行体内、昼行体表，营卫二气于夜半时汇聚于阴经，日夜循环不止。卫气充实和调，能使分肉舒展、皮肤柔和，意志调和正常，使精神集中，魂魄安定。

由肺吸入的清气与水谷精气是维持人体生命的物质基础。

③古人的生死观

　　人有生，必有死。一般情况下，去除特殊的偶然原因，人的寿命与养生有很大关系，不良的生活习惯、不能顺应天时的变化调摄、失度的情绪或精神状态都会影响人的生命长短。养生就是告诉人们如何依法自然、调理锻炼、饮食有节、正常起居劳作。养生好的人能延缓衰老、提高年寿；养生不好，未老先衰。先天不足，五脏不健全，导致人的命短。先后天失调，则中途夭折。

　　另外，一些特殊的事故，如战争、猛兽袭击等，也是导致古人死亡的主要原因之一。

2、老子对人和环境关系的认识

　　人的生命每时每刻都在同外界的环境条件或各种作用发生紧密的关系，这些关系有的体现在人的感官，有的体现于人的精神，还有的会改变人的行为。老子对此有如下的说明。

　　① 外部因素对人感官的作用

　　眼睛、口、耳朵是人接受外界信息，摄入空气、水和食物的器官。每个人从出生就开始应用这些器官，满足生长需求，了解周围的世界，交换信息和感情。

　　眼睛是视觉器官，可以直接感知客观世界的性状和颜色，匀称柔和的形状和五彩缤纷的颜色可以给人以视觉享受，达到"赏心悦目"的美好效果。

　　口的作用很多，但最基本的功能是摄入空气、食物和水。口可以感知食物的味道，五味俱全的美食佳肴可以给人以口味享受，达到"尽享美餐"的极致效果。

　　耳朵是听觉和平衡器官，可以直接感知周围发出的各种声响，用五音可以奏出具有节奏和连续声调变换的美妙音乐，给人以听觉享受，达到"心旷神怡"的享用。

　　从上古时代，人们就开始关注"视、听、食"的享用，后来发展到为帝王和贵族专门设置、并具有一定规格和级别的"舞、乐、美食"共享。至此，人类对"五色、五音、五味"的享用已经开始超越了人类自身生存、繁衍对天之物的需求，有的甚至达到了糟蹋、浪费天物，极尽奢侈过度的状态。

　　老子认为，当人的感官接受的信息超过人的正常需求时，当人对自然之物的耗用超越大自然的承载能力时，其结果会向相反的方向发展，带给人的一切美好会变为灾难。美丽的五色将不再是"赏心悦目",反而会使人"目盲";美妙的音乐也不再使人"心旷神怡",反而会使人"耳聋";美食佳肴不再使人尽享五味美餐,反而会使人口味变坏(爽)。(**五色使人目盲,五味使人之口爽,五音使人之耳聋。**)

时至现今,老子的这些话依然有很现实的意义。

② 外部因素对人精神和行为的作用

除了五色、五味、五音对人的影响以外,外部环境也会对人的情绪、神志,甚至行为形成影响。

古代人将骑马驰骋于田野之上、追逐鹿麝于弓箭之下作为最具有快感刺激的事,其激动兴奋之情一点也不亚于现代人观看 F1 汽车比赛或追星族参加明星演唱会。但是,老子说,使人激动的事情会影响人的情绪,过度追求一种超级兴奋的刺激会伤害人的神志,例如在田野纵马狂奔,还要追杀各种猎物,会使人的精神处于一种极度兴奋、近乎癫狂的状态(**驰骋田猎使人心发狂**)。

在古代,有许多东西都是不容易得到的,如生活在内陆地区的人会将坚硬、光滑的贝壳视为珍品,当货币使用。一般的人会高兴地欣赏一件没有见过的珍宝或奇物,当然也会产生喜欢或希望自己也能拥有的愿望。但是,在极端诱惑的情况下,也会有人由于对珍宝奇物的执迷,为此而产生宁愿遍行天下,甚至以达海外(行方),不获宝物不归的偏执情绪或狂妄之心(**难得之货使人之行方**)。(《书.立政》有"方行天下,至于海表"的句子,意思是"遍及天下,到达海外",所以将"使人之行方"解释为"遍行天下,以达海外"。)

③ 外部因素对人的影响分析

总结以上老子对"五色"、"五味"、"五音"、"难得之物"、"驰骋田猎"对人的影响说明,其意义不仅是要劝说人们不要追求过度的声、色享受和情、物的刺激,更主要的是希望就外部事物对人的各种影响做出分析和说明,以达到解决人的意识来源的唯物观点。

第一,老子论证了外部事物对人产生刺激和影响,主要作用的是感觉器官(眼、耳、口)以及神志和心欲;

其二,古代中医对人的五脏(心、肝、脾、肾、肺)与"五色"、"五味"、"五音"进行关联,但这种关联存在某种牵强和不准确。例如,天然食物或药物等的"味"可能与其含有的物质种类或结构有关,因此人食用后会引起身体变化,从这一方面看,"五味"或许与五脏有一些关联;但是，将颜色、声音与人的五脏本性或健康直接联系起来，似乎缺乏充分的根据。

其三，古代的圣人研究（治）人的生命构成以及如何养生和治病，将外界的"五色"、"五味"、"五音"、"五品（金、木、水、火、土）"与人的五脏联系起来，其缘由是将"腹内"的五脏作为人的核心组成部分，片面认为五脏同外界的各种条件变化有直接关系，而且影响到人的健康，同时将此理论用于治疗五脏六腑的病症，从而忽视了这些外部因素大多是通过人的感觉器官、或者通过影响人的神志、心欲等所产生作用的（**是以圣人之治也，为腹而不为目**），这一问题也直接导致了古人在认识生命本质和治疗疾病等方面出现偏颇或错误。

所以，在"道"学研究中，要注意去除古之圣人不准确、不正确的观点，建立起符合自然生命的正确观点（**故去彼而取此**）。

其四，老子阐明了人的情绪、欲望等心理意识不是产生于人自身，而是由外界事物变化所引起；这些心理意识所引发的行为结果也受到主观和客观两个方面的互动影响。这一结论已经非常接近现代哲学"存在决定意识"的唯物辩证史观。

3、生死必然观

生命的存在和死亡一直是人类认识客观世界和自身本质的一个关键问题，老子从"道"的自然观念出发，解释了"生死"的必然性和完全唯物的内在关系。

老子认为，生命是"道"生万物的结果，"生"是自然的一种过程或现象，一个生命的诞生就如同人从门的里边出来；"死"是"生"的伴随过程，就如同从门里边出来的人又返回到门里边（**出生，入死**）。所以，"生"与"死"就是这样简单的过程。

对单个的生命体来说，"死"是一个偶然性很强的问题；但是，由于"生死"是自然界发生的必然事件，所以从总体的统计结果看，又会符合一定的几率分布。《老子》中就是采用了古人很少使用的数学统计的概念和方法，进一步说明"生死"间的必然关系。

老子讲，基于人们繁衍后代、产生生命的观察和统计，十个生命中平均有三个可以达到其天寿之年；另外有三个将死于其产生或生长过程；另外完成生长后在生存和社会活动中，有落于"生命"之"死地"而失去生命的还会有三人。（**生之徒十有三，死之徒十有三，……动皆之死地之十**

有三。）

从数量上看，假如在古代的情况下，每对夫妇平均可以生出5个孩子，则十人中生命达至天寿的三人可以按照平均数量生出7~8个孩子（**而民生生**）；又在生存和社会活动中，落于"生命"之"死地"而失去生命的还会有三人，而这三个人可能会有机会生出孩子（**以其生生也**），如果按上述假设的一半计算，则可能会生出3~4个孩子。这样，十个人的生死变动中可以使第二代的人口达到10~12人，即基本保障人口的增加。这里有两个假设，一是每对正常状态的夫妇平均生产5个孩子，另外，是陷落于"死地"的只生产平均数的一半。这些数据从数量级上考虑是符合常规而且非常可能的。

那么，那些活到天寿之年的人为什么没有陷落于"死地"呢？老子是这样说明的。所有能够拥有生命、而没有陷入"死地"的人，即使是行于山岭之上，或是入于战阵之中，并非其有回避猛兽、刀枪不入的本领，而是猛兽没有袭击他，敌兵没有杀他，这是由于行于山岭、入于战阵的人不一定都会失去生命，生存的原因就是没有"死地"（**盖闻善执生者，陵行不避兕虎，入军不被甲兵，兕无所揣其角，虎无所措其措蚤，兵无所容其刃。夫何故也？以其无死地焉**），这也是符合客观事物所具有的概率规律的。

虽然生死相伴是必然的自然过程，但老子并不就此认为人可以不关注自己的生命。例如，一个勇者由于不惧怕死亡就要丢掉生命，如果他珍惜自己的生命而不去冒险，他就可以活下来。一个人是否勇敢与他是否珍惜生命是两个问题，当这两个问题发生矛盾并且只能选择一个结果时，需要认真慎重地做利害分析，既不冒险盲动，也不苟且偷生。（**勇于敢者则杀。勇于不敢者则活，此两者或利或害。**）

4、"身外"之"名利"

由"道"学原理，人的生命是自然的产物，那么人的身体就是生命存在的物质和精神本体，人的身体存在，才可能有生命，身体不存在，则一定不会有生命。

"名"是指人的"名声"、"名誉"，是一个人在社会上或别人心目中的概念或形象。中国古代的人很重视名声或名节，甚至把"名"看得比生命还重。例如《管子. 大匡》中记载了与管仲在一起的召忽，宁愿作已经被杀的公子纠的死臣，也不愿意和管仲一起辅助齐桓公完成霸业，结果管仲成就春秋大业，召忽却自刎于城下。<u>是负载生命的身体重要，还是"名声"、"名节"重要，不同的人有不同的看法。</u>（**名与身孰亲?**）

古人称金玉布帛等财物商品为"货"，"货"的多少虽然表明一个人的财富多寡，但是，自古人们就将财物看作身外之物，都是生不带来、死不带走的身外之财。但是，在实际生活中，却又有很多人爱财胜命，例如"抱着元宝跳井"就是指要财不要命。<u>人的身体只有一个，而财物可以有很多，也可以什么都没有。所以，在身体与财物之间，哪个多哪个少，是保有财物、还是保全身体性命，不同的人有不同的看法和做法。</u>（**身与货孰多?**）

"名"和"货"实际上也就是现在人们说的"名和利"，世上的人很难逃出"名利"的诱惑，而且还经常为得到或失去（**亡**）"名利"而担忧（**病**）焦虑，为"名利"而奔波战斗，为"名利"而鞠躬尽瘁、死而后已。所以，老子提出问题让人们考虑，<u>为"名利"值得人们去思考焦虑、患得患失吗?</u>（**得与亡孰病?**）

《老子》中没有回答这些问题，也许是提醒大家思考，也许觉得显而易见，无须回答。其实，答案就在"道"学之中。对人来说，因为生命只有一次，身体只有一个，所以，人首先应该珍惜生命，珍惜承载生命的身体。

古人很实际，认为应该适度对待"名利"，就是说，<u>凡身外之物，不可喜欢太甚，因为太过喜欢就会导致花费或损耗太多的心力和身力（**其爱必大费**），对喜欢的东西也不可过多的收藏，因为由此会在其他方面形成过度的损失（**多藏必厚亡**）。</u>

<u>所以，对身外之物的态度应该是"知足"和"知止"，知足的人不会为身外之物而委屈（**辱**）自身，知止的人不会因为"甚爱"和"多藏"而遭受损失（**不殆**），这样可以保持良好的心态和生活，人就可以保持健康和延长寿命（**长久**）。</u>（**其爱必大费，多藏必厚亡。故知足不辱，知止不殆，可以长久。**）

5、丢不掉的"宠辱"之心

"宠"是荣誉、荣耀，一般人希望得到上级、同事、同学的肯定和称赞，因为这是一种荣耀；政治家希望得到民众和社会的肯定和称赞，同样也是为了荣耀。所以，<u>"宠"是一种将自己放在谦下位置的精神需求和愿望（**宠之为下也**）</u>。"辱"是屈辱、耻辱，是"宠"的反义词。每一个人都不愿意受到别人和社会的否定或唾弃。所以，"宠辱"观就是现在人们所说的"荣耻"观、"自尊心"，且看《老子》中对这一问题的观点。

什么是"宠辱若惊"？如果对自己得到或者失去"宠"和（或）"辱"，在精神上产生震动和吃惊，就叫做"宠辱若惊"。（**何谓宠辱若惊？……得之若惊，失之若惊，是谓宠辱若惊。**）如果不但是"宠辱若惊"，而且还将"宠辱"这个问题看得很重（**贵**），看得就像自己的身心得了大病或受到大的伤害一样，这就是"贵大患在身"。

为什么会贵大患若身？这是因为人的"自尊心"来自每个人自己的天生的本性，是人自然精神的表现，也是人社会意识中的重要构成。根据"道"学原理，人的精神是身体的一部分，人的意识是精神的功能。所以，因为人有身体，就会有精神，就会有意识或思想，就会有天然生就的"自尊心"，也就会将"宠辱"看得像自己的身体健康或大患一样的感觉。人不可能没有身，所以也就不会没有自尊心（如果人没有了身体，当然也就无此感受）。（**何谓贵大患若身？吾所以有大患者，为吾有身也，及吾无身，吾有何患。**）

由此可见，古人其实是非常看重人的"自尊心"，认为"自尊心"与"名利"是完全不同的；也说明只要是人，就一定有"自尊心"。由此推论，每个人，包括全社会都应该尊重"个人"，尊重和体谅每个人的自尊心。换句话说，"即使一个最不为别人关注的人，他都非常关注他自己在别人心中的位置。"所以，全社会都要提倡关心和尊重别人。

在很多情况下，人们最容易将"身外的名利"和"宠辱"混淆，一提起不为"二斗米折腰"就好像连起码的自尊都不要了，其实这完全是两码事。《老子》中将"自尊心"的社会意义和作用做了以下明确的说明和分析。

根据以上分析，如果一个人在精神上非常看重（贵）自己的存在，具有强烈的自尊心，那么他就会将全天下民众或全社会对他的评价和肯定视为自己的身家性命，他所处的地位越高，他的"责任感"也越强，他就会尽其所能完成他所承担的事业，所以，可以将治理"天下"的大事托付于这样的人（**故贵为身于为天下，若可以托天下矣**）。

这里，古人将"自尊心"看作了产生"责任感"的精神动力和根源，认为只有具有"责任感"和"事业心"的人才能委以重任。古人是正确的。

但是，如果一个人仅仅是出于一种对民众的爱惜之心、同情之心，并愿意献身于全社会，那么是不是把"天下"寄托于他，那就另当别论了（爱以身为天下，女若以寄天下？）。

6、"人之道"的"生存竞争"

在"天之道"中，曾讲到"天"的自然行为之"损有余而益不足"，反映了自然界不断调整变化的微调和平衡作用，维持了自然界的稳定和持续，同时也讲到"**人之道则不然，损不足而奉有余。孰能有余而有以取奉于天者乎？唯又道者乎？是以圣人为而弗又，成功而弗居也。若此，其不欲见贤也。**"

为什么"人之道"与"天之道"会截然相反，会出现"损不足而奉有余"呢？《老子》中没有解释。以下，假设一种情况予以解读说明。

①"天之道"是指按照"道"的法则而运行的自然行为，那么"人之道"就是按照"道"的法则而表现出来的人的思想和行为。

②"天之道"的作为对象是天地万物，"人之道"的作为对象或范围比"天之道"要狭窄的多，主要应该是指人类与自然界以及人和人之间的关系。

③ 虽然人也是大自然的产物，但<u>人是有思想和自主行为意识的主体，人本身具有获取物质或利益的趋向，也即人对自身利益具有追求和肯定的天性，人在一定范围内的自私是一种自然属性，具有一定的合理性。</u>（**人之道则不然**）

④ 所以，在人类社会普遍地表现出一种这样的"生存竞争"，其结果是<u>不占有优势的人或竞争力不足的人群在物质占有上会遭受一定程度上的减损，而占有优势的人或者人群却会呈现反方向的增加。</u>（**损不足而奉有余**）

⑤ <u>在这种情况下会出现将有余的物质或财产归返回大自然吗？当然不会，即使有，不也只能是奉"道"者的行为吗？</u>（**孰能有余而有以取奉于天者乎？唯又道者乎？**）

⑥ <u>所以，即使是圣人这样做了，也只能是偶尔而已，不会反复去做，也不会停留在这样的状态。如果这样做了，不管其思想中是否有所考虑，都表现了一种"贤者"的无私风格。</u>（**是以圣人为而弗又，成功而弗居也。若此，其不欲，见贤也。**）

⑦ 如果将"人"的概念扩展到整个生物界，"人之道"就是生物界的生存和变化法则，其最主要的是生物体的生存竞争，也往往表现出"损不

足而奉有余"。

7、养生学

古人研究人或者生命的本质，关注到"性"和"命"的区别和属性，例如印度起源的佛教讲求通过修行以探寻人的"真性"，中国的儒学也讲"人之初，性本善"，而老子则注重从构成生命的物质方面探索生命的本质。人的生命初始的"常"状态就是这一本质的重要表现和展示。

在第二篇第二章中曾分析基础物质在"生命物"和无生命之间循环作用，当基础物质经历和完成了"复命"后，就形成了生命的初级状态。《老子》中将这一初级生命状态叫做"常"。

进一步分析"赤子"的特点，认为刚出生的婴儿从生理上具备了先天精气充足、阴阳和顺的状态，古人将这种状态叫做"**精和曰常**"。

由此可见，"常"表现在婴儿身上，体现出一种"精和"状态，即一个尚处于初级纯物质态的、具有天然最优的生命态。

在所有的各种有生命物中，人是唯一具有自我意识的生命体，于是产生了一个难以解决的问题。如果没有思想和意识，人不会提出"我是谁？"的问题；但是一旦当提出这个问题，这个提问题的人就已经是一个物质和精神的共同体，人的意识和思维本身阻碍了对自身物质本身的认识，而且极其容易地将人的认识导入一个非物质的创造过程。所以，对大多数人来说，能够认识到自身和别人都曾经历过一个"纯物质"的生命阶段，也即没有生命的基础物质完成"复命"，聚集创生的一个新生命的开始阶段。如果认识到这个阶段的过去和未来，也就是了解了人的物质构成的循环过程的本质，掌握了生命的本质。在古人看来，这个认识应该是人类最高智慧的所在。所以，老子说，了解了"常"这个生命状态的由来和本质，就是掌握了人的生命本质（**知常曰明**）。

但是，了解了生命的由来和本质，仅仅是理解了"道"学的知识，提高了对自然之物的理性认识，如果将这一知识应用到人的养生，使人身心健康，达到延年益寿的目的，才是吉祥善好的结果（**益生曰祥**）。

按照中医的理论，五脏是藏蓄精气的处所，心是五脏的首府，所以养生的首要指标就是要五脏发挥良好的功能。《老子》中指出，要有健康的心，要有充足的营养，让营养（气）通过心的支配和控制（使），供给全身就能达到身体强壮，人到四十岁的壮年时期就是这样的健康状态。《老子》中讲，"**心使气曰强**"，也许，古人将一切"养生之法"都寄予这一过程和结果。当然，即使从现代医学来看，心脏确是人生命的关键器官，营养也确实是保障身体健康的重要条件。也许，婴儿所表现的"精和曰常"就是古人所认为的最佳养生态吧。

从另外一个角度，《老子》中又指出，如果能够看到初始的生命状态（常），则可以称其为掌握了生命的本质；如果能够持守生命初始的外表柔弱、内里生命力旺盛的状态，就达到了真正的"强势"；如果能够依照对生命本质掌握的知识，通过养生的方法，将身体调养到回归其生命初始的状态，同时也可以做到没有任何对身体的不良影响。这时生命体所达到并不是一般的初始的生命状态（常），而是一种更高层次、更具有生命能力的强盛生命状态(袭常)。（**见常曰明，守柔曰强。用其光，复归其明，毋遗身殃，是谓袭常。**）

当然，《老子》中还是强调了遵照"道"学法则，实现养生和延年益寿，即能够让人尽享天年的意义。在前已经说明，人到四十岁是强壮的年龄，身体良好的情况下这个年龄下的人是不会死的，还应该生活很多年。如果人的身体到了壮年就很快衰老，那一定是没有按照"道"的自然规律养好身体，没有按照"道"的方法起居生活。所以，不遵照"道"的法则和规律生活的人会过早地结束生命。（**物壮则老，谓之不道，不道早已。**）

8、关于另外几个问题的思考

有几个问题，有的与生命学直接有关，有的仅是间接关系，集中在原《老子》书中"第十章"论述，所以在此一并解读。

① 精神依附于生命物

按照古人对人的生命系统的理解，可以将人分为物质的和精神的两个部分。物质部分的本原是极其微小的精气，类似现在化学上的元素或生物化学中的蛋白质；精神部分是从物质部分派生出来的（父母阴阳精气结合而形成新的生命力叫"神"），有神、魂、魄等等。如《楚辞.远游》中有，"载营魄而登霞兮，掩浮云而上征。"，描写了作者想象能够身心一体、扶摇登云霞而升天的神仙愿境。其中，"营"是行走于人体脉管内的营养成分，也叫做"营气"，可以认为是供养人生命的物质部分；"魄"是人的精神部分中能够"并精（气）而出入者"，如"体魄"、"气魄"等等，"载营魄"的意思是"载托起全部心身"。

古人又认为，人如果受到极度的恐吓、或生命死灭，都会"魂飞魄散"。这时，"魂"和"魄"好像又变成了另外与人的肉体无关、能够独立游荡或聚散的存在。《易经》是古人极具辩证唯物观点的经典，但是在《易·系辞》中讲到，"精气为物，游魂为变，是故知鬼神之情状。"可见依然认为有"游魂"和"鬼神"的存在。

根据"道"学观点，人与其他万物一样都是"道"的产物，无论是人的肉体，还是精神部分，都是出自一个本原。由此，构成人生命的物质和精神是一个存在之两个侧面的表现，"物"在则"神"在，"物"灭则"神"也灭；也即，精神附着于生命物之上，二者是不可分割的。

老子极其关注生命中的物质和精神的关系，以"道"学基本方法为基础，针对当时在此问题上普遍存在的一些自相矛盾的说法，提出了精神和物质的"归一性"观点。《老子》中明确指出，<u>在认同（戴）"营气、卫气"和"魂、魄"等是构成人生命的基本物质和精神存在（营魄）的基础上，如果用天地万物均源于"一"的观点（抱一）来分析，非物质的"魂魄"怎么能够不附着（离，音丽，依附的意思[5]）在物质的"营气"上呢（戴，营魄，报一，能毋离乎？）</u>？

老子在人类认识最棘手的问题上表现了其唯物、缜密的方法和观点。

② 婴儿的"柔"与"强"

《淮南子·览冥》中有"朝发榑榑（fu），日落海棠。"其中"榑"指一种传说中的神树，又叫"榑桑"或"扶桑"，生于太阳出来的地方。在《山海经》的"海外东经"和"大荒东经"二段中也反复描写了这种神树生长于有温泉的山谷中，是"十个太阳"沐浴的场所，那里"一日方至，一日方出"。

可以想见，谷底有温泉，谷上有神树，那里一定是四季云气缭绕，将此云气称为"榑气"；"榑气"升腾，是由于泉中有沐浴的太阳，是太阳的光热加热了谷中的泉水，自热水中升腾起"榑气"，所以称其为"盛阳之气"。

但是，"榑气"与其它云气一样，随风飘上，上天成云，柔然而飞，有影无形，落地变水，一样地滋养万物，一样地无争利他，竭尽柔的精神，为"道"学中的至柔。

婴儿是柔弱的，只能用号哭表达生命的基本需求和不安情绪，没有母亲或别人的关照，基本没有独自生存的能力；婴儿是纯真的，除了最基本的生存要求，没有任何思想和心欲，用最简单的天性与外界作最简单的交往。但是，婴儿是生命的初始，是"精和曰常"、人类最充满生命力的阶段；婴儿是人类一切未来和成功的基础，是成长为亿万成功生命的开始。

所以，婴儿是"柔弱"的，但又是最具有"强悍"潜力的；赞美婴儿的"柔弱"，是赞美其"强悍"之外的"柔弱"，赞美其生命力的蓬勃和纯正。

由此，婴儿的"柔弱"是形式、"强悍"是实质，"柔弱"是暂时和外表，"强悍"是未来和本质，也许正是这一点成为"道"学中提倡"至柔"观的最好实例。

可见，作为"盛阳之气"的"榑气"达到的至柔，永远是一种形式上的表现，与婴儿的"柔弱"毫无相似，这不仅是无生命与生命的差别，也是人类认识的飞跃。

所以，老子又提出，"榑气"达到极至的柔，能达到婴儿"柔弱"的意义吗？（**榑气至柔，能婴儿乎？**）

这时，老子似乎点透了"道"学中提倡"至柔"的真正含义。

③ "镜像"不真

古人用青铜作镜子，第一要将镜面打磨的很平、很光，第二要经常擦拭。如果镜子质量不好，或者日久没有擦拭，镜面上就会有很多缺陷或斑迹，铜镜就不好用。

人们从镜子里看到的是自己的镜像，物理学家断定镜像是不能成像的虚像；哲学家们则一直辛苦到 20 世纪后期，将"镜像"理论和精神分析学结合成长篇晦涩的"精神分析哲学"，一般人读起来会有找不到了"北"的感觉。

老子是讲"道"学的，"道"创造了天地万物，可是当有人从铜镜中看到了"自己"时，也许会去找老子说，铜镜中的"我"是谁创造的，铜镜中会有另外一个"道"吗？

"道"创造的是真实存在的万物，有质有形、有体有状，而镜子中的"镜像"只能是真实之物（包括人）的"映象"，是一个没有任何主动性和真实性的"像"。而且，"镜像"永远不会同真实的物完全相同，任何一点瑕疵都会使"镜像"只能是与原来真实物相似的"映象"。所以，没有完美无暇的铜镜，也没有与实物完全一样的"镜像"。

古人将铜镜叫做"监（鉴）"，古人看到"监"内外实物和镜像难以区分，所以又叫做"玄监"。于是，老子说，**脩除玄监，能毋有庛乎？**意思是无论如何打磨和清洗铜镜，铜镜能够变得一点瑕疵都没有吗？当然不能，因为"镜"永远是"镜"，在镜中，永远不会再生出一个"道"来。

④ 又关于《易经》中的三点讨论

其一：反对占卜

中国古代有很健全的社会管理，作为热爱民众、具有富强国家志向的人，一旦身居要位，就会竭尽努力，启用自己的知识和智慧，致力于"无为"，为富民强国而献身。

在《易.系辞》中有这样一段话描述社会的高级管理者，"是故圣人以（《易》）通天下之志，以定天下之业，以断天下之疑。……圣人以此洗心，退藏于密，吉凶与民同患。……是以明于天之道，而察于民之故，是兴神物，以前民用。"用现在的话说，圣人用《易经》的理论作指导，统一、贯通国人的心志和目标，确立并实现安定天下和国家（或天下）发展的大业，决断和解决国家、天下和民众的疑难大事。……圣人以《易》的精神为准则，达到净化自己的心灵，不张扬、不强言霸事，退藏于隐秘的地方，与百姓同享祸福、共担忧患。……圣人以《易》的法则为依据，通过了解和掌握天地自然的规律，调查和体验百姓生活的情况，并使用占卜这种神物，以引导百姓的行为。

另外，在《尚书》、《诗经》中都记载有上古发生的许多历史事件，其中不乏帝王领导百姓，致力于生产、建设和发展。但是在许多历史的关键时刻，如发动战争、平定天下、抗拒巨大的自然灾害等，都要通过占卜来决断或预测一些事情，而且将国家和政治上的大事都与"上天"的旨意联系在一起。

由这些记载，似乎可以得出如下的结论：凡是致力于对百姓、对社稷有所贡献的人，不管是帝王、还是帝王以下的臣子，只要依靠《易经》或占卜的方法，就能在政治管理、思想教育、指导生产、治国御敌等方面找到正确的方法和路线，完全不用领导者和他的领导集团去动用知识和智慧，制定他们的计划，实现他们的目的。

当然，上面的情况是不可能的。而且在《老子》中几乎没有提到占卜的方法，也可以说，老子是反对用占卜的。所以，老子对此提出了疑问，说，<u>仅有体恤热爱百姓、致力发展国家的良好愿望，而不用知识和智慧，就能实现目标吗？</u>（**爱民活国，能毋以知乎？**）

其二，"天门"无雄雌

《庄子》中说，"入出而无见其形，是谓天门。天门者，无有也，万物出乎无有。[6]"；《庄子》中又说，"故曰：正者，正也，其心以为不然者，天门弗开矣。[6]"。可见，庄子说的"天门"有两种，其大的"天门"是指产生万物的"无有之门"，其小的是指人的"心之门"。

160

又《淮南子．原道训》中有"昔者冯夷、大丙之御也，乘云车，入云霓，……，经纪山川，蹈腾昆仑，排阊阖，沦天门（推开外天门，进入玉皇宫殿）。"此处"天门"直指南天门。

以上是关于"天门"的说法。

《易．系辞》中讲到，"阴阳"、"乾坤"是不断运动和相互作用变化的，乾的变化特点是，"安静"时专一而没有纷杂，"运动"时通直而没有弯曲，所以运动的空间很大；坤如两扇门，其"安静"时，敛缩而翕（xi）合，其运动时，张扩而辟开，所以运动的范围很宽。（原文：夫乾，其静也专，其动也直，是以大生焉。夫坤，其静也翕，其动也辟，是以广生焉。）

《易经》将"乾坤"比为"天地"，尽管讲其运动形式是一种比拟，但是比拟应符合"象"的功能，即应该形象。如上，用"专"、"直"比拟"乾"，讲其有直和纯一，或可理解；但是讲"坤"的静动是如"翕"、"辟"，即将其形定为有两扇（或两边），使人从形象上不容易与"地"统一协调。老子对此可能持批判的意见，他认为，这样对"乾坤"的"动静"描述，也不排除是一种文字形式上的对称或对仗，并没有切实的意义。

老子讲"道"治学很严格，从《老子》一书即可看出，他写文章要求的是从义上要表达清楚不误，而不追求文辞的华丽。所以他认为，欲追求对称于乾的"专直"，而选择坤的"翕辟"，造成的比拟是不妥的。

对此，老子找了一座最大的门，即"天门"为例，用反证的方法，对以上的比拟提出异议。他说，<u>"天门"有开有关，能将其比拟为"坤"、比拟为"地"吗？小一点，恐怕比拟为"雌"也未必合适吧？</u>（**天门启阖，能为雌乎？**）

其三，知识基础

在《易．系辞》中，这样描写《易》的内涵广大，"《易》的思想与天地齐准，包括了天地间日月星辰、山川原隰（xi）、万物生灭的一切。（原文：易与天地准，故能弥纶天地之道。仰以观于天文，俯以察于地理，是故知幽明之故。）"；"掌握了《易》的智慧，就可以知道和应用万物的生变规律，通晓一切曲成和昼夜的道理，以知天而乐，以仁事而行。（原文：知周乎万物而道济天下，故不过。旁行而不流，乐之天命，故不忧。安土敦乎仁，故能爱。）"；"《易》的广大远至无所抵制，近及至静至微，万事万物无所不备。（原文：夫易广矣大矣，以言乎远则不御，以言乎迩则静而正，以言乎天地之间则备矣。）"。

《易经》始于上古时期人们的占卜，其最了不起的是对天地万物的高度抽象，即以"阴阳"代表了一切存在，用"一阴一阳"说明了一切变化，是上古万千年间人类智慧进步的极至体现。同时，也正是这一最高级的抽象，使《易经》表现出最宽广的应用。

《易经》是无数代千古人们知识和经验的积累，但是《易经》讲的是最一般的规律和法则，这个"一般"已经远远超越任何一门学术和技术本身的具体规律和特点，从对客观事物的知识层面讲，正因为《易经》包含了一切的抽象，所以，《易经》什么也替代不了。

所以，研究《易经》，需要有天文地理、生物自然、历史人文、社会政治等等方面的知识作为支持，既要研究古代的各种情况，也要掌握现代的各类政治科技知识。可以想象，如果一个人不做任何的认真学习，掌握大量的知识，无论钻研多长时间、使用多少精力，即使耗其毕生，也难以真正将《易经》说明白。

可是，《系辞》中忽略了这个原则性的问题，而将《易经》的作用和意义说过了头。

所以，尽管以极其温和的口气，老子还是说了，<u>要想真正对万事万物搞明白，恐怕还是要学习很多的知识吧？</u>（**明白四达，能毋以知乎？**）。

参考文献：

[1] 陈晓清、陈淑玲 译注，《诗经》，广州出版社，2006.1.，P146

[2] 马玉婷 译注，《韩非子》，广州出版社，2006.1，P51

[3] 王洁红 译注，《淮南子》，广州出版社，2006.1，P77

[4] 杨殿兴 等，《黄帝内经读本》，化学工业出版社、医学图书出版中心，2006.6，P10

[5] 辞海编委会，《辞海》，上海辞书出版社，1986.4，P354

[6] 马恒君，《庄子正宗》，华夏出版社，北京，2007.5，P275，167

第三章 "人之道"——以道治国

中国是人文历史很悠久的国家，自古以来，无论是国泰民安的和平时期，还是乱世兵马的诸子年代，在朝的、跑野的、随军的、居乡的，研究治国政治、钻研人文社会的人很多，而专门探讨自然科学、工艺技术的很少，即使有也被称为机巧，列入下等。所以久而久之，从拜师受教开始，到朝堂为相而止，不管逢乱世、还是遇盛世，无不把研究政治为正、从事治国为事。

老子生在乱世之时，而且不是一般的乱，一乱就是几百年，所以不管受传统文化影响，还是出自对社会民众的关心，他都不会不关心政治问题。而且非但要关心，还要认真研究社会，研究历史，研究如何管理好国家、管理好天下。

当然，也许《老子》中关于社会和政治的章节不都是老子的原创，其中有掺入其他人的手笔，但作为2000多年前的原版，如果在逻辑和观点方面没有大的悖论和矛盾，也算是古人的思想和观点，所以将其归于一并解读之列。

老子自己讲到论"道"的目标是"御今之有"，其中既有了解和掌握"今之天地及自然之物"的意思，更有在于指导人们生存活动与社会实践的目的。所以，《老子》中有很多对于社会、政治、思想、军事等方面的论述和分析。

在老子看来，人和人类社会都是"道"的产物，人的行为和社会的发展都应该遵循"道"的法则，一切社会动乱和文明堕落都是偏离"道"的恶果。所以，他提出了一系列修养身心、治国安民、尊重自然的方式和观点，这些观点有的挑战于当时社会的传统认识，有的极具超前，竟然与后世、甚至现代社会思想和意识极其相似和靠近，不能不让人读后叹为观止。

由于涉及《老子》中原来较多的章节和段落，内容也极为丰富多彩，考虑方便于拆读时归类，解读具有针对性，所以将与"以道治国"相关的章节字句集纳于这一章，然后分为四节分别解读，其中第一节着重于治国的思想，第二节着重于治国的大政方针，第三节专门解读军事外交，第四节则是关于"天下归属"的论述观点。由对这些内容的解读可以了解古人的政治思想和社会观点，也不乏对现代人的启发价值。

本来"治国安民"是不能分离的，但为了章节之间的篇幅均匀和便于拆读，本书将"安民之道"另作一章解读。

第一节 以"道"治国是社会发展的出路

概 要

（1）老子认为社会动乱的根源是失"道"。全社会失去"道"的理念和法则，就希望以"德"为准；"德"得不到守持，又提出"仁"；"仁"不能真正实施，又补以"义"；"义"软弱、狭窄，而强制以"礼"；由"礼"而失忠信，导致社会混乱。引导社会走向稳定，要提倡"忠恕"；应忠实于"道"，彻底回到"道"的路线上来。

（2）治国的基础是推行"道"的法则。在社会上层要提倡遵循"道"的法则；对民众要宣传"道"的法则和"上德"的意义；在思想和政治标准方面要提倡"仁义"，这样可引起社会各个阶层的亲近和赞誉。

圣人谋划和推行"道"的法则，如民众认为制定的规范符合自然法则，就达到了目的。

（3）推行"道"的法则是思想和社会的出路。有"道"学法则，无须尊"仁义"；弃除"慧智"，没有假伪；六亲和顺，国和家都平安和谐，自然实现"慈孝"和"忠信"。所以"道"学是解决思想意识、社会家庭等所有问题的唯一出路。

（4）"道"是治国的思想基础。以"道"立天下，不再需要编造"鬼魂"或"天神"的旨意；以"一统天下，为民造福"为宗旨，符合民众的愿望，社会和谐一致。

【原文】

（第三十八章）上仁为之，而无以为也。上义为之，而有以为也。上礼为之，而莫之应也，则攘（rang）臂而扔之。故失道而后德，失德而后仁，失仁而后义，失义而后礼。夫礼者，忠信之泊也，而乱之首也。前识者，道之华也，而愚之首也。是以大丈夫居其厚，不居其泊。居其实，而不居其华。故去彼而取此。

（第十七章）大上，下知，有之，其次亲誉之，其次畏之，其下侮之。信不足，案有不信。猷呵！其贵言也。功成事遂，而百姓谓我自然。

（第十八章）故大道废，案有仁义。慧智出，案有大伪。六亲不

164

和，案有孝慈。邦家昏乱，案有贞臣。

（第六十章）．治大国若烹小鲜。以道立天下，其鬼不神。非其鬼不神也，其神不伤人也。非其神不伤人也，圣人亦弗伤也。夫两不相伤，故德交归焉。

以"道"治国，就是以"道"学的理念为治国思想的基础，以"道"学的法则为治国行为的指导，制定符合人类发展、符合自然规律的治国纲领和治国方略，实现人类社会与天地自然的和谐共存和平稳发展。《老子》中对此做了较为详细的说明。

1、"道学"社会思想基础

在本书第二章第二节中讨论到"德"有不同的层次，划分为"上德"和"下德"。"上德"与自然界的"无为"对应，融合于自然界的行为过程，已有规定的方式和程序，不需要任何人为施加作用；而"下德"没有确定的行为方式和标准，所以在人类活动、特别是社会活动中，需要建立"德"的理念，认定"德"的内容，提出"德"的标准，推动"德"的实施。也就是说，针对"下德"有很多事需要做（上德不德，是以有德。下德不失德，是以无德。上德无为，而无以为也；下德为之，而有以为）。

中国古代，"仁、义、礼"很早就被作为思想和行为的要求和标准，并体现在社会政治和生活之中，到大约老子的年代，这些观念得到进一步推崇，并上升成为一个人文伦理和社会政治的理论和学术体系。《老子》中提出"道"学的体系和概念，也就必然会讨论和说明"道"、"德"与"仁、义、礼"等概念的关系及作用。

①"仁"的概念

有专家在论述古代"仁"的来源时说[1]，"春秋以前，宗法制的等级关系严得很，……但现在（春秋时）乱了，孔子就提出"仁"来，要搞好两个人之间、即人与人之间的关系。""仁本来是一个很朴实的概念，也是一个伦理学的观念。中国从儒家孔子开始，伦理学和政治学不分，和本体论不分。"所以，孔子提出"仁"并将其称为儒家最高的政治和道德标准。

在《论语．颜渊》中，孔子答樊迟问"仁"，说"仁"的含义是"爱人"；答仲弓问"仁"，说："出门办事，要像接待尊贵的客人一样正规谨慎，与百姓打交道，要像祭祀天地一样重视小心；自己不愿意做或不愿意接受的事，也不要让别人做或接受；无论是出门工作、还是在家做事，都要积极认真，不可有太多的埋怨和责备。（原文：出门如见大宾，使民如承大祭。己所不欲，勿施于人。在邦无怨，在家无怨。）"；答颜渊问"仁"，说"克己复礼为仁。"；答司马牛问"仁"，说"仁者，其言（说话要谨慎）。"

可见，在儒家，"仁"不仅是"爱人"，而是做人、做事的道理和规范，所以说"孔子的'仁'，是统摄诸德，完成人格"。由此可见，到老子的时代，"仁"已经从一个原始的伦理概念，转变成为集伦理、政治、教育为一体，具有统摄人的思想、观念、言谈和行为作用的核心标准。

②"义"的概念

古人讲"义"，是"事之宜"的意思，即一件事应有的样子。"义"也是思想行为的一种要求。在《论语．里仁》中，孔子讲，"君子喻于义，小人喻于利。"可见，"义"和"利"是紧密相关的。

冯友兰先生对"义"的定义有一段说明[2]，"它是一种绝对的道德律。社会的每个成员必须作某些事情，这些事情本身就是目的，而不是达到其它目的的手段。如果一个人遵循某些道德，是为了不属于道德的其它考虑，即便他所作的客观上符合道德的要求，也仍然是不义的。是图利。儒家认为"义"和"利"是截然相反的，义是一种观念形式的规范，一个人在社会里做事为人有他应尽的义务，是应该做的，其基础是'仁'。"

可见，"义"是一种观念形式的规范，又是一种体现于行为和行为结果的完全的"道德"规范。"义"可以看作是"仁"的一部分实践，是具体观念和行为的体现。

③"礼"的概念

"礼"是上古时期贵族等级制的社会和行为规范，从幼小儿童的起居立坐、言谈举止应该如何做，到帝王的祭天、王公大臣在朝办事的规章制度等等都有非常相尽的说法。如《曲礼上》中有，"夫礼者，所以定亲疏、决嫌疑、别同异、明是非也。"说的是从青少年就要有相应的教育。另外《礼记．王制》中有，"王者之田方千里，公侯田方百里，伯七十里，子男五十里。不能五十里者，不合于天子，附于诸侯，曰附庸。"可见那时严格的等级和管理制度。

《论语》中讲了很多"礼"的意义和作用，如《论语．八佾》中谈到夏代和商代已经有"礼"（子曰：夏礼吾能言之，……殷礼吾能言之，……）；《论语．里仁》中谈到要以"礼"治国的重要性（子曰：能以礼让为国乎，何有？不能以礼让为国，如礼何？）；《论语．为政》中说要用

"礼"教化百姓（子曰：道之以德，齐之以礼，有耻且格。），国君要以"礼"对待臣子（君使臣以礼）；《论语.雍也》中谈到君子要以礼修身（子曰：君子博学于文，约之以礼）；《论语.学而》、《论语.泰伯》中都提到"礼"在日常行为中的重要作用（有子曰：礼之用，和为贵，先王之道，斯为美，小大由之。有所不行，知和而和，不以礼节之，亦不可行也）、（子曰："恭而无礼则劳，慎而无礼则葸（xi 害怕），勇而无礼则乱，直而无礼则绞（尖刻）；特别是孔子认为，一旦人人都能做到克制自己，回归周礼，普天之下就可以实现"仁"的制度和社会了（《论语.颜渊》，"克己复礼为仁。一日克己复礼，天下归仁焉"）。

　　几千年过去了，"礼"的内容有了很大变化，但"礼"的作用丝毫不减。所以，如何对"礼"进行认识和评价，尚需研究探讨。

　　2、"规范"和"标准"分类

　　分析"仁、义、礼"的概念和作用，与"德"的概念和作用相似，都是作为人的思想、行为的规范和标准。《老子》中对比这些规范和标准的含义和内容，作了以下说明。

　　①"上德"

　　是"道"以"无为"的方式参与天地万物生成变化的最高法则和标准，在"今之道"中，"上德"对应的行为是"无为"，是不需要通过人的行为而实现的，在一般情况下其作用自然而行，不会有所显示，所以是"无以为"的。（**上德，为之，而无以为也。**）

　　②"下德"

　　主要指以人为作用的主体，遵照"道"的基本法则和规律，对自然界和社会上的各种事物，包括大量社会上的物和过程中的事，所进行的作用方式和行为标准。因为人是有思维和主观能动性的，所以人对事物所施加的作用和行为也是多样化的，有的可能符合"道"的原理和法则。有的则可能偏离很远，还有的会部分符合、部分偏离甚至违反。所以"下德"是"有以为"的。（**下德，为之，而有以为。**）

　　"下德"也是老子研究"道"学，实现"以御今之有"要讨论的重点。

　　③"上仁"

　　"上仁"是指与"道"的系统理论和基本法则具有相容和一致，并且体现在许多自然界与人类相关的行为或作用过程中，如"天道利人、恒善人"等等。"上仁"不需要通过人的"礼"、"义"等具体行为方式实施，但"上仁"的理念和方式对人的思想、观念有一定影响。所以，"上仁"是"无以为"的。（上仁为之，而无以为也。）

④"上义"

是人思想观念和行为的标准和规范，是实施"仁"的一类行为的总称，与"图利"是相反的。"义"的观念是需要实际的行为做支持的，直接体现于人的言行之中，实际中有"义举"，没有行为的"义"是不能界定的。所以，"上义"是一定针对"有以为"而言的。（上义为之，而有以为也。）

⑤"上礼"

被认为是实施"仁"的最重要行为类型，基本上是完全的行为类规范和标准。与"道"的自然法则违背，完全突出人的社会性，并将人分成若干"贵贱"、"上下"不同的等级，并为之制定了严格的制度和规定。由于这些制度和规定往往是不公平的，不代表大多数人的利益和需求，所以，也往往得不到民众的响应，是通过强制的办法推行实施的。（上礼为之，而莫之应也，则攘（rang）臂俄而扔之。）

老子没有提"下仁"、"下义"、"下礼"，可能他认为这样的分析就足够了。

3、思想和社会"规范"的制定

不同的行为规范具有不同的内容，那么，这些具有特定概念的规范或标准都有哪些不同的意义呢？

首先，要在社会上层（侯王或最高管理者）提倡遵循"道"的自然法则，按照"上德"、（大、上）的要求办事；其次，要向百姓宣传和教化，使民众通过学习都能了解"道"的本质和特点，建立"德"的概念（下、知），并在生活和生产中，依照"上德"的要求和标准做事（有之）。（大、上，下、知，有之。）

另外，如果在社会上将"道"学作为思想和政治基础，其实践包含了为人着想，尽己为人的忠恕精神，与"上仁"所具有的利他思想和严格自我约束相一致，非常容易引起社会各个阶层或广大民众的亲近和赞誉（其次亲誉之）。

再其次是"礼"对社会各阶层和百姓的作用，人们会对各种强制、不公平的礼仪和规范产生畏惧感（畏之），特别是，最低等的"礼制"带有对下层百姓的严重歧视和侮辱（**侮之**），（**其次畏之，其下侮之**），这种"礼制"会引发社会动乱。

在社会生活中，诚信是非常重要的，如果办事、说话失去诚信，那么在人与人之间就会有不信任感（**信不足，案有不信**）。当人们之间没有可信任时，社会将进入悲哀的时代。老子认为，用"礼制"规范的社会，就是人们失去诚信的社会。

《诗．小雅．巧言》讲道，"秩秩大猷，圣人莫（谋）之"，意思是圣人在谋划一条条重要的社会管理法律条款。可见，古人非常重视制订规范人们行为的**法律文件**（**猷**），而且指明是由圣人来谋划和制订的。

所以，老子说，作为规范人们行为的条款或法律文件，其中所说的话是极其重要的，制订一套完整的法律文件，是一件难度很大的工程。如果完成了制订的工作，而百姓说其中制订的内容是符合自然法则的，符合"道"的精神和原则，那就算是大功告成，大事遂愿了。（**猷呵！其贵言也。功成事遂，而百姓谓我自然。**）

4、社会动乱的根源是失去了"道"

老子是这样分析各种社会规范的作用的：最初，在"道"的自然状态下，天地万物按照自然"德行"而生成变化。后来，天地已成，"道"以"无为"化成万物，"德"在"物之道"中规范和约束万物的生成变化。"道"的作用以及在万物的视野中越来越淡化，而"德"自然化成法则的作用也在恒定的状态中逐渐被人忽视。在这种情况下，人类的意识和精神得到了超越任何一种生命物的非常规发展，随着自主意识和行为效果的不断实现，人类逐渐进入无视"道"的自然法则、无视"德"之规范作用的状态。于是，在人们的心目中，"道"被丢失了，而后"德"也被丢失了。

老子认为，人类的文明提高了，但"道"和"德"被遗忘了，人和人之间的不信任超出了互相合作和帮助，社会出现了前所未有的动乱和不安，于是有人提出了"仁"的概念，希望以此帮助每个人从精神和意识方面提高个人的自觉约束。但是，实践说明"仁"并不能完全解决每个人在意识中的自我观念的膨胀问题，有时停留在口头、有时被追逐享受和获取名利所压倒。实践证明，仅仅从观念中突出"仁"的作用是没有实际意义的。于是，人们又提出"义"的概念补充或实践"仁"。"义"的作用是极其软弱和狭窄的，而人类反自然的社会意识却不断膨胀，值此之际，有人希望用"礼"的规定和制度规范人的行为，即使你完全不同意这种

"礼"的规定，也要按制度执行。这时，"礼"的建立和实行，使人与人之间的忠诚、真实和信义越来越少，越来越薄（**忠信之泊**），从而导致人类社会处于尔虞我诈、自相残杀、阴谋诡计、无视自然的反复长期的恶性循环之中。（**故失道而后德，失德而后仁，失仁而后义，失义而后礼。夫礼者，忠信之泊也，而乱之首也。**）

总结以上人类社会行为准则和标准的变化，可以看出在万物之中，人是最具有灵性的生命物，人类依靠自身的思维进步和智慧发展，极大地提高了在自然界中从事各种活动的主动性和创造性。但是，正是这种主动性和创造性造成人类对自然规律、对"道"的法则的无视和破坏。所以，创生天地万物的"大道"被人类忘掉了，"道"以"无为"的方式作用于人类和人类社会的法则被摒弃了，但是，悖于自然的人类行为所造成的矛盾和破坏并没有得到应有的重视，于是又有人向大家提出"仁义"的行为规范和标准，提出施行"仁政"的呼吁和建议，希望以此解决已经存在的严重的社会问题。（**故大道废，案有仁义。**）

但是，在不能从根本上认识和寻求解决上述问题的前提下，推行"仁义"和"仁政"不过是权益之计，当然不能从根本上解决已经存在的人类社会危机。这时，出现了一系列偏离"道"学法则的人类"智慧"，这些"智慧"会直接转变为负面的谋划或谋略能力，其结果是产生巨大的假伪（**慧智出，案有大伪**）。

另外，与此同时提出的"在家父慈子孝"、"在朝忠贞不二"等做人做事的要求，也不过是为了应付"在家六亲不和"、"在朝国家昏乱"等行为的无奈之举，是自欺欺人的口号而已。（**六亲不和，案有孝慈。邦家昏乱，案有贞臣。**）

5、恢复"道"的法则和行为

老子所在的年代很乱，周王朝失去了一统天下的权威，诸侯王各自割据，相互征战，百姓流离失所，饱受战乱之苦。

这种情况下，有预言者提出，应该在全社会提倡"复礼"，而且认为"复礼"可以"归仁"，"归仁"可以给社会带来安定。老子认为，这些预言者所提出的"仁"的途径，表面上类似"道"的"无为"的作为和作用，而实际上是华而不实的表面文章，因为从理论和实践上看，"仁"根本就无法与"道"相比。所以，希望通过"复礼"、"归仁"来挽救社会的想法是愚蠢的开始，而且会导致社会不断地混乱下去。（**前识者，道之**

华也，而愚之首也。）

对于如何挽救社会的颓势，如何导引国家走向光明和稳定，老子是很慷慨激昂的，认为每个人都应"匹夫有责"，为之努力。所以他说，<u>大丈夫要讲求"忠恕"，厚其"忠恕"，而不是薄淡"忠恕"，远离"忠恕"。</u>（是以大丈夫居其厚，不居其泊。）

对"道"的态度，要讲求其实，<u>学习"道"、按照"道"的法则办事，而不是仅仅追求华而不实的表面的东西。要用"道"的法则和精神教化百姓，用"道"的法则和规律治理国家，由此才能实现社会的变革，回归天下太平。</u>（居其实，而不居其华。）

所以，老子呼吁，<u>要回到"以道治国"的路线上来。</u>（故去彼而取此。）

6、以"道"治国的基本要点

① 以"道"治国的要点

《老子》中有一句有名的话，是**"治大国若烹小鲜。"** 解释和理解这句话，先从"烹小鲜"开始。"小鲜"虽然小，比不上满汉全席那样的大筵席，但是要想将"小鲜"做好，必须做好以下几件事。

其一，物料要齐全，除了主料以外，其他各种辅料条件要样样俱备，如油、盐、酱、醋、糖、香料、辣椒、葱、姜、蒜等等。

其二，程序要正确，主料、辅料哪个在先入锅，哪个后进入，一样不能差错。如有名的"土豆熟了，再放牛肉"的诗句，就是对程序错误的讽刺。

其三，火候要适宜，这一点最难。会做菜的人都明白，火候不对，肯定做不好。

以上区区三条，其中已包含治国的重要原则。第一，所谓物料齐全，就是要为治国准备好各个方面的条件，拥有各个方面的人才，制定好各个方面的治理策略和实施方案。老子在这里专门提出的是"大国"，可见大国的治理是需要多方面的综合治理，其中涉及的有农商等经济发展、水利交通等基础建设、军事外交等国力大事、文化思想等意识形态、制度人事等行政管理、青年教育等人才培养，面面俱到，不可缺一。

第二，程序要正确。例如先要发展农耕，就要同时做好水利建设；百姓丰衣足食，国力增强，才能增加军事投入，壮大军事力量；军队强大，就能在国际交往中独立自主，维护自己国家的主权；国家经济军事强大了，还要做好精神文明建设，让国民有良好的文化氛围，树立起大国的整体文明形象；还要做好人才培养，为不断发展输送合格的后续人才等等。如果程序或者次序不对，也会出现问题，例如经济发展不够，国力储备不足，如果这时片面扩大军事力量，必然伤及百姓和国家的经济基础，反而会造成发展停滞，严重的还会导致民情不稳、政治混乱、危及国家政权。

第三，发展力度要适宜。太急太快了，准备不足，容易伤及内部；太慢了，可能失去机会。特别是处理各种政治关系，力度选取非常重要。很多事目标虽然很好，但是力度掌握不好，往往结果适得其反。在"执今之道"一章，曾讲到"**天之道，犹张弓者也。高者印之，下者举之**"，其隐喻一个"损有余而补不足"的方法，即"微调"，就像现代射击，枪口的高下调整，不过在毫厘之间。治理国家，牵一发而动全身，更要慎重微调，力度适宜，才可以有效矫枉，避免过正。

从深度上讲，"小鲜"的精髓是五味俱全、形成一鲜，治大国的理念是"和实生新，同则不继"。

②"以道立天下"

"以道立天下"包括了以"道"取得天下和治理天下。自古以来，不管是取天下的过程还是取得天下以后治理天下，最主要的问题是解决理论上和意识形态上的合法性、合理性问题。谁解决了这个问题，谁就可能占据战争和政治上的主动性，谁就有可能赢得民众的支持，谁就有可能在征服了土地和敌方军队的同时，也征服了民心，从而为真正"立天下"打下良好的基础。

在理论上和意识形态上的合法性方面，古人较多地采用了"奉天旨意"的说法，即借助人们对"上天"的迷信和不敢违背的心理，在战争、改朝换代的关键时刻，假托"天意"使所作的事情在心理上能够"合法化"。例如，周公在东征诰文中讲，"是上天要灭掉殷商（天惟丧殷），我们东征与商战争是继承先王遗志，奉守上天指示（《尚书·大诰》）"；召公在营建洛邑的诰辞中有，"上天已经永远地终止了大国殷商的命运（天既遐终大邦殷之命，）……夏朝、商朝的后代君王都没有顺从天命，所以他们都丧失了大命。"等等。

除了借助"上天"的意旨，古人另外的宣传是借用"祖先"、"鬼神"的意志和力量。"鬼"是指死去祖先的灵魂，周人宣称，商朝的开国上祖都是英明的君王，他们的在天之灵对商纣王的各种劣行已经不能忍受，所以抛弃了他们这个大逆不道的不孝子孙。再后来，周朝天子颁布一些条令或处理一些重大事件，还多将他们的祖先周文王和周公等搬出来。古代人与"鬼、神"的沟通，主要是借助占卜，就是希望祖先的灵魂或上天的神通过龟壳的裂纹给出指示性的暗示或告知，以便采取行动。从而可以看到，"鬼"、"神"是古代进行社会政治和意识形态宣传的主要承载者，特别是当最高统治者的政策、法规和重大行动决策与民众发生矛盾或分歧时，统治者总是借以"鬼"、"神"的名义或意旨来说服民众，或者压制住反对的观点。

老子创立的"道"学是一套从天地万物起源，到天地万物运行变化的学术系统，根据这一系统，可以知道天地万物人类社会等一切存在都是由"道"而生，也可以探讨出天地万物人类社会各种"无为"、"有为"的运行模式和基本规律。以"道"立天下，可以用"道"的自然法则和客观规律说明"立天下"的原因和发展的规律，使人们的思想和理论建立在"道"学基础之上，用"道"的学术理论和基本观点武装人们的头脑，指导人们的行动。所以，"道"就是取得天下和治理天下的精神武器和意识依托。有了"道"的理论和法则，统治者或圣人就不用再去利用"鬼"、"神"的名义，编造"祖先"和"天神"的指示或意旨。从而，过去被人们借用的祖先的"鬼魂"变得不那么不测（神）了，当然不是"鬼魂"本身变得不像原来那样不测(**其鬼不神。非其鬼不神也**)，而是人们不再需要编造"鬼魂"的旨意；"天神"也不再伤害人了，当然不是"天神"本身变得不再伤人，或连制定政策的圣人都不伤害了(**其神不伤人也。非其神不伤人也，圣人亦弗伤也**)，是人们不再需要编造"天神"的旨意。

为什么不再需要圣人编造"鬼神"的旨意呢？这是由于，在"道"学的指导下，圣人将"一统稳定天下，为万民造福"作为"以道立天下"的宗旨，这个宗旨符合民众的愿望和思想，与民众的愿望和要求一致了，也就不需要再用"鬼神"的意旨去做广大民众的思想工作。

统治者（或叫管理者）与民众的想法一致了，就意味着双方将不再面临相互不信任或者相反观点的矛盾，而且对于治理天下的工作目的和标准（德）都获得了一致。(**夫两不相伤，故德交归焉。**)

老子的"以道立天下"充满了一个哲学家和政治家的智慧，是一个比后来许多哲学家和社会学家超前几千年的伟大预言。现在的人类，虽然没有全部、至少大部分已经基本解决了不用"鬼神"作为意识形态工具的问题。当然有的国家或人们，还没有完全从对"鬼神"、对"人"的盲目崇拜中摆脱，表明从老子开始到现在，人类向科学和理性发展的路途还没有结束。也可以说，老子的预言还在被证实的过程中。

第二节　以"正"行政

概　要

（1）以"道"治国目标。总目标：为百姓谋利益；精神文明目标：建设全民博爱精神；发展生产力目标：物质丰富；思想作风目标：返朴求真，为民众服务，理论联系实际。

绝顶的"圣人"视"心智"为多余，以为民谋利为目标；极致的"仁"提倡博爱，视"义"为多余，自然恢复慈孝亲情；绝顶的"技艺"将带来（奇巧）物质丰富，视逐利为多余，实现路不拾遗、夜不闭户。

见素抱朴—实事求是，少私寡欲—为百姓服务，绝学无忧—理论联系实际。

（2）以正治国方略。

总方略：以"正"行政、保障国家安全、管理天下。

（3）以"正"行政

①社会管理：制定发展政策；治理盗贼、收缴利器、维护社会治安；提高民众的创造力。

②治理方针："无为"而治，民众自行得到教育，万物自行进步，百姓自正、劳动自富、养成纯朴民风。

③领导作风：雄才大略，励精图治。

④国家统一：反对诸侯王占据一方，割据分裂。

⑤人事路线：举贤用能，不计前嫌，不杀大夫。

⑥民主作风：鼓励"诤谏"、"直言"，尊重、保护"直言者"。

⑦国家外事：礼遇外交；树立大国形象，尊重，正视或帮助其它国家。

⑧小国之治：勤俭建国，自力更生，减少行政开支，爱国爱家，维护人口；

⑨节约自然资源："道"学最高行为标准，永久立国之本。

【原文】

　　（第十九）绝圣弃智，而民利百倍。绝仁弃义，而民复孝慈。绝巧弃利，盗贼无有。此三言也，以为文不足，故令之有所属：见素抱朴，少私寡欲，绝学无忧。

（第五十七章）．以正治邦，以奇用兵，以无事取天下。吾何以知其然哉？夫天下多忌讳，而民弥贫；民多利器，而邦家滋昏；民多智能，而奇物滋起；法物滋彰，而盗贼多有。是以圣人之言曰：我无为也，而民自化；我好静，而民自正；我无事，而民自富；我欲不欲，而民自朴。

（第四十五章）躁胜寒，靓胜炅（re）。请靓（jing）可以为天下正。

（第三十七章）道，恒无名。侯王若能守之，万物将自化。

（第五十八章）．其政闵闵，其民屯屯。其正察察，其邦缺缺。祸，福之所倚。福，祸之所伏。孰知其极？其无正也。正复为奇，善复为妖。人之悉也，其日固久矣。是以方而不割，兼而不刺，直而不绁，光而不眺。

（第六十七章）小邦，寡民。使什伯人之器毋用，使民重死而远徙。有车舟无所乘之，有甲兵无所陈之。使民复结绳而用之。甘其食、美其服、乐其俗，安其居。邻邦相望，鸡犬之声相闻。民至老死，不相往来。

（第五十九章）治人事天，莫若啬。夫唯啬，是以蚤服。蚤服是谓重积德。重积德则无不克。无不克则莫知其极。莫知其极，可以有国。有国之母，可以长久。是谓深根固氐，长生久视之道也。

（第二十八章）朴散则为器，圣人用则为官长。夫大制无割。

关于如何治理国家，上古时期就已经引起最高统治者的关注。中国古代的"国"，一般是指诸侯国，由于诸侯是天子或者君王授予的爵位和世袭的权利，所以国家管理的法则和制度是在天子或君王的"天下大法"之下订立的，而诸侯王具有管理和统治一方的权力。

至于天子或君王为管理"全天下"而制定的大法则是当时具有完全独立的法规法律。同时天子或君王在刚完成"天下一统"的大业后，往往都面临全面管理"天下"，即相当现在全面管理国家的重要局面，不但要制定许多法律法规，而且还要致力于许多具体的管理事务。

周武王击败殷商的纣王，建立了周王朝，曾向殷商的遗臣箕子请教治理国家的大法，箕子谈到：一要遵守"五行"的次序，顺应自然规律；二要做到"五事"，端正君主的思想和行为；三要从事"农业、工商、祭祀、民众安居及交通、民众教育、社会治安、外交、军事"等八种国家政务管理；四是做好历法记事；五是制定施政的基本原则；六是树立正直、刚强立事、和柔治事等三种品德；七是做好疑难事宜的决断；八是治世与事天结合；就是关注民众的"五种幸福"和"六类不幸"等等。

在《老子》中，老子提出的治国方略与历史上的一些记载不同，其中首先强调了"道"学治国的基本思想和理念，其次突出了"以正治国"、为民众谋取利益的重要性，再次还说明了对许多重要的内政、外交的总方针和总策略。

老子反对"复礼"、"归仁"的治国方略，认为所谓的"礼"是引起社会混乱和大伪的根源。那么，老子理想中的"国"应该是什么样子？如何实现以"道"治国的方略呢？《老子》中首先就指导思想作如下说明。

1、治国纲领

《老子》中提出以下三条治国的理念，作为"以道治国"的基本纲领。

① 为百姓谋利益是最高社会目标

圣人是指通达天下万事万物，有最高智慧和能力，具有服务于民众等优良品质的人；圣人的思想应该是社会先进思想的代表，是符合天地自然规律的思想；天下人们都应该学习圣人的思想，以圣人的思想为治国的根本依据。所以，老子以此为基点，提出对社会最高基本指导思想的标准和要求。

"绝"字有很多词义，有极尽、最高级的意思，如绝活、绝顶等。老子将最高级的圣人思想叫做"绝圣"。掌握了最高级的圣人思想，就掌握了天上地下万事万物的规律，并与"道"和"道"的法则融为了一体，其思想和行为就能够自觉地按照大自然的规律思考和操作，所办理的一切事物都能达到完全的随心所欲，既不用竭力去思考，也不用费尽心机去对付，智慧对"绝圣"来说，已经变成了多余。"圣"和"智"是两个问题，"智"是完成"圣"的基础，但实现后的"圣"并不以"智"为方式，而是老老实实地按照大"道"的自然法则去做事。"绝圣"的思想和行为目标是非常清晰的，就是服务于民。凡是符合"道"的法则和"德"的标准，于民有利的事，于民有利的物，都会为民去做，为民去争取。为民谋利是"绝圣"的唯一目标。

所以，《老子》中讲到，绝顶的"圣"心不存在任何机巧心智，"绝圣"之人视"心智"为多余。做到这一点，就会实现"以道治国"的目标，给民众谋得百倍的利益和幸福(**绝圣弃智，而民利百倍**)。

② 建设全民博爱的思想是最高精神标准

"仁"是标准，"义"是行为要求，"仁义"被认为是具有思想和行为指导意义的社会标准。《孟子. 离娄上》解释说，"仁之实，事亲是也；义之者，从兄是也；"意思是，"仁"的实质是用心关爱自己的父母双亲；"义"是用适宜的方法对待自己的兄弟。但是，老子对"仁"、"义"的解释就不是如此狭义，老子认为，"仁"的思想虽然没有"道"那样博大，取自产生天地万物的无限自然，但是"仁"的理念对拥有心智和精神的人类社会，在思想和社会规约方面具有积极的意义。如果将"仁"的思想扩大，并赋予"道"的精神和理念，就可以形成最高级别的"仁"，即"绝仁"。"绝仁"是"仁"思想的成熟和扩大，使其发挥的作用变得自然而完整，例如将"父母"的亲情扩展为对兄弟的手足之情，扩展为对所有"人"的尊重和友爱，扩展为对天地万物的尊重和爱护，扩展为对一切自然事物的关怀和义务。这时，万民百姓自然就恢复了父慈子孝的亲情；社会上人与人之间，人与万物之间，人与天地之间，都恢复了自然的和谐；每个人无论作什么，都把自己看作自然的一员，尽自己的能力，为社会和自然服务，不对自然和社会提出额外的欲望和要求。这时，作为对"仁"补充的"义"失去了存在的意义，就像"绝圣"不需要心智一样，"绝仁"也不再需要"义"的支持。(**绝仁弃义，而民复孝慈。**)

③ 发展生产、提高百姓生活水平是最高物质指标

在古代，人们将彩贝、玉器、漆器、精美的刀具等作为珍贵的物品，而且有专门从事制造工艺器物的工匠，其技艺精湛、巧夺天工，生产出许多精美绝伦的用品、装饰品或祭品，如《尚书. 顾命》中记载周朝的玉制祭品就有"华玉、大玉、夷玉、天球、雕玉、越玉五重"等等。这些物品受到当时社会上层阶级的推崇和锺爱，使其变得价格高昂，拥有这些珍物也成为很多人的追逐和梦想。在老子梦想的以"道"而治的社会中，不仅人们的思想、精神和行为取得进步，社会生产也会取得进步。当时，老子自然不可能想到2000年后科技以及科技带动下商品的发达和丰富程度，但是他想到了进步，这种进步是以人们的技艺和精巧为代表，并达到最高级别的"绝巧"水平，可以生产出很多精美的物品。生产发达了，以逐取利益为目标的技艺变成了大众的技艺；物品增多了，以获得精美物品的欲望变成了人们日常的享用；一切希图通过盗取等不良手段获取宝物的意图失

177

去了意义。《老子》中将这一发展构想成一种人类物质和精神相互结合进步的图景，说<u>不以追求利益为目标的"绝巧"技艺的进步（获得其它物品自不用说）</u>，将给人们带来物质的丰富和满足，到那时，<u>就连品行低劣的偷盗之徒都会改邪归正，实现了真正的路不拾遗、夜不闭户</u>。（**绝巧弃利，盗贼无有。**）

老子提出上述以"道"治国的基本社会目标，突出了"绝圣"、"绝仁"、"绝巧"这三个方面的"最高社会"目标，"最高伦理"目标，"最高生产力"目标。但是，作为一个社会奉行的指导思想和发展理念这样一个重要的、具有路线方向性的大事，<u>仅仅由此三段文字（**此三言也**）</u>，是<u>很难全面、准确、清楚地说明的（**以为文未足**）</u>。<u>所以，老子认为要进一步从"道"学的本真思想出发，以"道"学的自然纯朴法则为指导，作专门的撰著文辞（**令之有所属**）和进一步说明</u>。（**此三言也，以为文未足，故令之有所属**）

以下是对建立"道"学思想作风的说明。

2、"道"学思想作风

这一段是老子关于"以道治国"的思想建设和作风建设的基本要求，如今读起来依然非常有现实意义。

①"见素抱朴"

古文中"见"作"看见"讲，也作"表现"、"出现"讲，此处做思想规范，应取"现"，是主动表现的含义；"素"是未染色的绢，本色、本质的意思；"抱"是"怀抱"、"怀有"，此处取"心怀"、"怀有"义；"朴"是未用刀斧加工的木材，含有"本真"、"淳朴"的意义。所以，<u>对"见素抱朴"解释是，行为上要表现本色，思想中要持守本真。用现代的话说，就是要尊重事物的本来面目，返朴归真，求真务实</u>。

②"少私寡欲"

老子很客观，他知道作为一个自然人，每个人都有生存的基本需求，因此对人类的私心和私欲，没有提出要"无私无欲"，只是提出<u>在私心和个人私欲方面要少、要寡，努力做到一心一意的为公、为民、为国、为天下服务</u>。这里，老子的思想与前述对"名利"的追求要"知足"、"知止"相似，提出对"私欲"的追求要"少"、"寡"。

<u>所以，**少私寡欲**就是要建立公心，树立为民众服务的崇高目标</u>。

③"绝学无忧"

　　"绝学"就是要达到知识的最高水平；因为学无止境，人永远没有学习的尽头，所以就要活到老、学到老，永远的学下去。人有解决不了或难于解决的问题，就会产生"忧虑"；只有通过努力设法解决了难题，人自然就没有了忧虑。所以，**"绝学无忧"将"不断学习"和"解决实际难题"**结合在一起，也就是"理论联系实际"，就是要树立联系实际、不断学习的好作风。

　　孔子的"学而时习之"是指要将学到的知识经常用于见习或应用，并称这样做会带来"不亦乐乎"。可是与《老子》中的"无忧"相比，其应用的结果标准就低了一个层次。毛泽东曾经说过："读书是学习，使用也是学习，而且是更重要的学习。"并且在早年的著作中明确倡导"理论联系实际"的学习作风。看来，先进思想是经得住时间考验的。

　　现在已经很难考证《老子》中提出的**"返朴求真"**、**"为百姓服务"**、**"理论联系实际"**这三条思想标准和作风规范究竟是古代哪位大家的杰作，但从其存在了 2000 年以上，就足以让现代人有非常深刻的体会和感想。

　　3、治国方略——以正治国

　　治国就是管理、治理国家。在基本治国思想的指导下，老子提出了三条治国方略，即治国要在政治上实施"正"的方针；要在军事上实现保障国家的安全，用兵打仗要采取灵活万变的战略战术；在"取天下"这样的历史大事上，要遵循"道"的自然法则，以"无为"的方式，专门处理和解决天下之"事"（而不是处理或解决"物"的问题）。（**以正治邦，以奇用兵，以无事取天下。**）

　　以上三条治国方略，既给出了国家治理所包括的三类不同的大事，同时也对操作这三类大事提出了标准化的要求。对于治国方略，首先是"以正治国"，那么，都有哪些治国内容？如何实现"以正治国"？《老子》中作了如下详细的说明。（**吾何以知其然哉？**）

　　① 以正治国——社会管理的内容

　　儒家讲"中庸"，说"喜怒哀乐之未发谓之中，发而皆中节谓之和。"，"君子中庸，小人反中庸。……中庸其至矣乎！"。儒家的"中庸"是指包括了人的精神和行为两个方面的最高道德标准，实践"中庸"就是实践"君子之道"，达到"至诚""至圣"的目标。

　　与儒家讲求的"个人修养"，达到"至诚""至圣"不同，老子提出的"正"是关于治理国家的目标和方法，是对国家政府和最高管理者的基本准则和要求，也是从"道"的理论出发，对执政者的思想认识和行为提出的最高为政要旨。

老子认为，一个国家治理的优劣，可以用这个国家百姓的贫富来衡量。开明的政策，有效的行政管理，会带来安定的社会环境，也会推动发展生产、取得社会进步，老百姓就会安居乐业，生活富足。反之，<u>如果一个国家在政治管理上制定了许许多多限定和禁忌（多忌讳），就会伤害百姓的积极精神，损坏社会生产力的发展，造成天下百姓普遍和持续的陷于贫困之中</u>**（夫天下多忌讳，而民弥贫）**。

其次，是国家的武装问题。老子的时代，是完全的冷兵器时代，生产和使用武器与生产和使用工具很难截然分开。一个管理良好的国家，应拥有正规的国家武装，这个武装不但是保卫国家免受外部武力侵扰的力量，同时也是对内维护统一、安定的依托。但是，<u>如果一个国家不是正规军队拥有最好的武器，而是在民间散落有很多可用作战的武器或近似武器的利器，那么就会产生惑乱和不稳定，造成国家昏乱的状态</u>**（民多利器，而邦家滋昏）**。

再次是百姓的教化问题。老子的时代或更早的时期，在民间没有专业的学校，教育和学习是贵族阶级的事，劳动人民基本是没有机会学习的。所以，如果<u>百姓得到了学习的机会，或者具有相对较高的文化熏陶，能够显著提高民众的智力和劳动能力，提高民众的创造力，发挥民众的积极性，就会在民间生产出许多奇巧罕见的物品</u>**（民多智能，而奇物滋起）**。

最后是国家的治安和法规问题。从《老子》的说明中可以看到，当时，盗贼是最主要的社会治安问题，而解决这个问题自然是国家管理的公共责任，<u>如果社会上不能有效控制盗贼的不法行为，而且还有可能为盗贼提供方便，如将许多公共祭祀的物品放于彰显之处，那就会造成盗贼多起，引发很大的社会治安问题。</u>**（法物滋彰，而盗贼多有）**

通过分析以上四个方面的问题可以看出，治国的社会管理就是对百姓和公共事务的管理，是一个集思想理念、政策法规、措施和管理行为的综合问题。治理好国家的实质就是正确解决社会管理和普通民众的对应关系，使百姓安居乐业，国家安定富强。所以，老子借圣人之言，说出他的"道"学的治国主张。

② 以正治国二——对管理者的要求或管理方法

有了管理的内容，以下提出对政府和管理者的操作要求。

首先，政府或管理者要实施"无为"的引导方式。什么是"无为"的引导方式，就是要<u>遵循自然规律，制定大政方针，重在对百姓进行"道"</u><u>学法则的教化和导向性管理，重在精神上和方向上的引导，告诉大家做事</u><u>的原则和规律，而不是细琐、繁杂地限制百姓，或直接干预百姓的物质生</u><u>产和精神生活。</u>如此管理，不但使百姓能够学习和理解"道"的法则和"德"的标准，而且给了百姓足够的自由空间，使民众在生活和劳动实践中进一步得到精神上和物质上的收获，自行得到教育和感化（**我，无为也，而民自化**）。

对于候王等国家管理者，要学习"道"的基本原理和知识，了解"道"以"恒无名"的形式、"无为"的方式作用于天地万物，规范了天地万物的运行变化，认识到这是自然界的无以匹敌的力量，任何人，包括位居国内最高的候王，都要遵循自然的规律和法则。任何违反自然规范的行为都不能进行，任何违背自然法则的思想都不能实现。<u>如果候王能够遵守</u><u>"道"的自然规律，按照"道"的法则和"德"的标准办事，那么，包括</u><u>人和社会的一切天下万物将都会自行地发展和进步。</u>（**道，恒无名。侯王若能守之，万物将自化。**）

其次，国家管理者要以"静"的思想和精神状态实施管理工作。政府或管理者要持守于"静"态，政令的出发点要关注百姓最自然、最基本需求，要关注社会发展最根本、最符合"道"的法则和规律；另外，管理者任何情况下都要戒骄戒躁，保持一种谦虚谨慎的态度，保持一种冷静平和的心态，关注任何政令的颁布和实施可能给社会带来的动荡和影响。这样，<u>管理者"好静"，那么，百姓就会在稳定，平和的生活和生产中逐步</u><u>建立起符合自然法则的正确、中和的思想，养成符合社会公共规范的利己</u><u>利人的行为习惯。</u>（**我，好静，而民自正**）。

在调整社会状态时，要采取微调或者间接的手段，以实现在稳定中调整。一般，"燥"对应"湿"，"湿"则可能致寒；"靓"对应"动"，"动"则可能致"热"；《老子》中**"燥胜寒，靓胜热"**<u>的实质是以较温和</u><u>的方式实施调整，防止政策和行为过激，并认为"清明宁静"的管理是实</u><u>现"以正治国"的基础。</u>（**躁胜寒，靓胜炅（re）。请靓（jing）可以为天下正。**）

第三，百姓安居致富是治国的最主要目标，也是治国优劣的标志。政府和管理者要突出以"无为"的方式，在农耕规律、货币制度、商贸市场规定、国家税收等方面（**无事**）对民众进行管理、指导和帮助，<u>避免政策</u><u>和人为因素对民众的干扰，应该积极创造条件解放生产力，调动百姓的生</u>

产积极性，那么百姓自然会通过辛勤的劳动，自行地实现富裕（**我，无事，而民自富**）。

第四，是百姓风俗文化和精神的问题。从"道"学自然观出发，人是自然的产物，人的精神和心欲也要符合自然的法则和规律，凡是不符合自然法则的欲望都是不应该有的。所以，政府要在民俗文化和精神文明领域有所倡导，政府管理人员要率先建立起对富裕和幸福的适度需求和欲望，率先做到人和人之间互爱，率先做热爱和保护自然的事（**欲**）；管理人员还要摈弃不能实现、或不应该实现的欲望和需求，摈弃不利于人和人之间、人和自然之间和谐共处的欲望和需求（**不欲**）。政府和政府的管理人员做到了这些事，起到了模范带头的作用，就自然会带动建立起纯朴的民风，使百姓拥有良好的精神面貌和文明水平。（**我，欲，不欲，而民自朴。**）

③ 以正治国三——关注"正"与"不正"的分析

以上提出的一系列治国主张和方略，是"以正治国"中最基本和通用的治理理念和方式，但实际情况比这些理念和方式要复杂的多，最主要的是要关注矛盾的互相转化，关注事物性质的互相转化。因为这是一个非常复杂的问题，也是"道"学系统最为复杂的问题。

《老子》中有两句话这样描述治国的方法和结果，是"**其政闷闷，其民屯屯。其政察察，其邦缺缺。**"

"闷闷"表现忧愁惧怕的样子。春秋时期，周王朝没落无力，诸侯王相互攻伐，天下昏乱争斗。《左传.昭公三十二年》中有周天子谈到"天降祸于周"的一段话说，"天降祸于周，俾我兄弟并有乱心，以为伯父忧。我一二亲昵甥舅，不遑启处，于今十年，勤戍五年。余一人无日忘之，闷闷乎如农夫之望岁，惧以待时。"周天子"闷闷乎"象种地的农夫企盼上天降下好的收成，完全一种无可奈何，忧愁、哀怜的样子。"屯屯"是艰难、困苦的样子，生活于衰乱之世的民众必然是饱受战争和动乱之苦，生活于水深火热之中。

这个例子说明，国家的最高领导者软弱无能，表面上不会采用强硬的手段施行管理，不会形成"苛政猛于虎"的残酷统治，但是一个软弱无能的政权也不会给人民带来安宁和幸福，只能是政治衰落、行政混乱、群雄争霸、百姓遭殃（**其政闷闷，其民屯屯**）。这样的为政，不是"无为"而治，更不是"道"学所说的"以正治国"。

"察察"是明显、细辨的样子。西汉的桓宽著《盐铁论》中有，"春秋曰：'其政察察，察察可以为匹夫。'"意思是做事偏重于细小微末之事（察察）的人难以做成大事。《史记．卷四 周本纪第四》中载有，西周末年，自懿王时周王室衰败，到历王时，历王贪财好利、行为暴虐，到幽王时荒诞昏庸，演出烽火戏诸侯的闹剧，到平王东迁，西周建立的稳定封建共同体失去了重心，周室衰微，诸侯再无约束，篡弑不绝，相互间兼并战争不休，国都附近的王畿地也被势力强的秦、晋、楚等诸侯国强占。所以，总结周末的历史，几代君王不是为政重于财利小事，就是贪图享乐胡作非为，对天下不能励精图治，对诸侯不能约束管理，这样自然是国运衰微，最后连国都附近的直属于天子的千里王畿地都被诸侯瓜分，落个国土残缺不保（缺缺）。（其正察察，其邦缺缺。）

　　这个例子说明，天下的最高领导者没有雄才大略，不能从天地自然的大"道"规律出发，没有励精图治的精神和干劲，不是软弱无能，就是胡作非为，不但不能治理好天下，还会造成土地被侵占，天下一片混乱。这样的治国治天下，既不是"无为"治国治天下，也不能实现"道"学治国的目标，也不能让民众实现"自化、自正、自富、自朴"，偏离"以正治国"甚远。

　　在老子的"道"学系统中，虽然天地万物均出于"道"，而且在一般的"物之道"中就已经充满了矛盾和变数。但是，就人的思想、行为和社会活动来说，其复杂程度要远远大于"物之道"，事物发展的趋势和结果也往往充满了矛盾和变数。老子说，世间事物变化多端，表面上的祸事，往往是福事、好事的凭恃和倚仗；开始的好事，又往往会带来祸事。（祸，福之所倚。福，祸之所伏。）

　　为什么世事会发生许多"祸、福相倚、相伏"的情况呢？怎样就知道会出现这样的变化呢？老子严厉地提出，其原因是由于为政者没有"以正为政"、"以正治国"。特别是在春秋时期世事混乱的状态下，各种矛盾相互纵横交错，国国之间、君臣之间，相互缺乏信任和公正，无论对内为政，还是对外交往，即使开始是"以正"、"以善"的事情，也往往在过程中出现意外（正复为奇），甚或出现相反的"不正"行为或"怪异、反常"的处理方式（善复为妖），其结果是根本不能"以正治国"、"以正为政"。老了感叹地说，类似这样的事情，大家的所见、所闻都太多了，所说的也很多了，就不再多举例说明了。（孰知其极？其无正也。正复为奇，善复为妖。人之悉也，其曰固久矣。）

　　④ 以正治国四——坚持统一，反对分裂

老子认为，东周王朝的衰退和诸侯王称霸的另外一个主要原因，是有些诸侯国的执政者为政"不正"，他们各占一方，拥兵自重，野心勃勃，存霸主之心，相互攻伐杀戮，不顾天下生灵涂炭、百姓疾苦。他们的思想和观点已经远远偏离"道"的法则和"德"的标准，他们的所作所为是天下混乱的最主要原因。如春秋初期秦、晋、楚等国瓜分周王族在国都附近的王畿地，并形成大国争霸，破坏了西周的大统一。

老子认为，解决社会混乱的办法不是"复礼"，因为正是"礼"的原因才导致混乱，只有以"道"的法则和规律指导和约束诸侯王，使他们归"正"，认识到坚持统一、反对分裂才符合"道"的自然法则，才能取得成功。例如，春秋第一霸主齐桓公提倡"尊王攘夷"，在管仲的帮助下，"九合诸侯，一匡天下"，在一段时间维持了当时形式上的统一局面。

所以，老子说，"以正治国"就是要以"道"的法则为指导，制定统一的规章制度，严格要求和规范（方）占据一方土地或权力的诸侯王，要他们以天下苍生为重，以国家的统一和百姓为重，不要拥兵割据造成分裂（而不割），不要企图为霸一方。（是以，方，而不割）。

⑤ 以正治国五——以能举贤，培养人才

用人对实现"以正治国"是一件非常重要的事。

在春秋历史上，齐桓公使用管仲是历史上一件具有代表意义的事。齐桓公没有即位前，受鲍叔牙辅佐，当时管仲辅佐公子纠。齐桓公和公子纠是同父异母的兄弟，为了争夺王位而发生战争。打仗的时候，管仲帮助公子纠，用箭射中了齐桓公。战争的结果是齐桓公胜利并登上了王位，而管仲随公子纠逃到鲁国。后来齐桓公听了鲍叔牙的话，找回管仲不但没有诛杀他，而是拜为国相，成就了一番大业。历史上人们都认为没有管仲就没有齐桓公的霸业。

诸侯国之间打仗，或国内争夺王位，内政外交缠绕在一起，战争不断。战争的结果，往往是一方胜利，于是就占领了对方的土地，俘获了对方的俘虏，对被占领地实施统治。一个国家占领另外一个国家，也叫做"兼并"、"吞并"。这也是"兼"字最早的含义。

古代，大夫任官辨事，是政府的高级官员。国家战败被"兼并"，战败国（方）大夫的命运很危险。新的国君如果能象齐桓公那样，辨识贤能，不计前嫌，这些官员还可以为国家、为百姓办许多事。如果新君王从泄私愤出发，这些高级官员将被"刺"死。《说文解字》中载，古代有"内讳杀大夫，谓之刺之也"，即"君杀大夫曰刺"[3]，所以不说"杀"

死，而是"刺"死。

从"道"学原理出发，无论是哪个国家的大夫，都是在一定的环境下出现的杰出人物，他们为自己的国家服务，都是天经地义的事。贤明的国君如果是为天下统一着想，为百姓着想，就不应该计较自己的恩怨，加害于旧朝或对立面的大夫。所以，老子说，在战争或政治斗争中，即使"兼并"了别的国家或战胜了异己，对于大夫等高级官员，应该择贤使用他们，而不是将他们"刺"死（兼，而不刺）。如果能容纳或使用这些高级别的官员，那么其他百姓就更没有迫害的必要了。老子应该是这样想的，因为这也是"道"学的思想。

以能举贤，还在于大胆从下层民众中发现人才，发掘人才，培养人才和使用人才。

"朴"是带皮的原木，不经加工是不能使用的。将原木按计划破解，然后经过加工，就可以得到有用的器具。人才也是这样，藏于民间，像没有加工的原木，但是在圣人眼中，这些人才经过专门的教育和培养，就可以成为各级领导者或管理者。（朴散则为器，圣人用则为官长。）

那么会有人问，这样培养人才，能够服从统一的管理和领导吗？如果这样的人拥有了大的权力和位置，还能够勤政为民、保障国家和政权的统一吗？

老子说，这要依靠制定有效的规章和制度，要用严格的规章制度要求和制约这些选拔培养出来的人才，规范他们的行为，检查他们的政绩，纠正他们的错误，防止他们触犯法规、法律。这样，这些人就能够在完善严格制度管理下，认真执行自己的职务，不但保持了国家和政权的统一，还能够为国家和民众做出突出的成绩。（夫大制，无割。）

⑥ 以正治国六——鼓励"诤谏"、"直言"

春秋是诸侯割据，天下昏乱，形成各个诸侯国之间的激烈竞争，竞争的结果从另外的方面推动了社会政治和思想的进步。这大概也算作"福，祸之所伏"吧。那时，有的君王设立专事提意见的官职就是其进步的表现之一。

齐桓公时，除了有管仲帮助主持朝政外，还"使鲍叔牙为大谏"，专门给侯王和当时的朝政提意见。《吕氏春秋·贵直论》[4]专门讲到，"贤主所贵莫如士。所以贵士，为其直言也。言直则枉者见矣。"意思是贤明之主重直言之士，因为直言可以显现出邪枉。可见，那是古人非常清楚兼听则明的意义。

老子认为，为政者"以正治国"，就应该主动"贵直"，因为敢于"直言"的人都是既有独立的认识、又有为国家不怕丢脑袋的忠正之士，其所作为是"道"之自然产生的人类智慧和行为，而同时又不顾及个人的生死和利益，是符合"道"的发展和"德"的要求的，"直言"的人应该得到保护，"直言"的话对国家和百姓有好处，应该得到采纳。

所以，为政者"以正治国"，就应该"贵直"，要听取各种意见，特别是反对为政者自己的意见，而不是用绳子把"直言"者绑起来（绁），也不应该采用其它的惩罚措施。（直，而不绁）

当然，古人对"诋毁"别人的小人也提出告诫，如《管子.形势》中讲："訾讆（ziwei）之人，勿于任大。"意思是"诋毁贤者、吹捧坏人的人，不要给予重任。"即不能给这种人把持权力的机会。

⑦ 以正治国七——礼遇外交，"德"行天下

虽然在管仲等人的辅佐下，齐国得到了治理和发展，但是，天下并不太平。后来，宋国占领了杞国，狄国攻克了刑国和卫国。齐桓公听从管仲的策略，派人帮助宋、刑、卫三个失败的小国重建新都，使那里的百姓重新安居乐业。又其后，宋、郑等国又遭受楚国的进攻，国家和百姓都遭到很大灾难，齐桓公又听从管仲的意见，出兵援助和保存宋、郑两国，并与楚王会谈，请其仁慈对待宋、郑的百姓。楚国没有答应齐桓公的条件，于是齐桓公发兵亲征楚国，并至使南方的吴、越也表示臣服。同时又向西、向北征讨或帮助受攻击或破坏的国家，九次与诸侯会合谈判，取得了安定天下的成果和霸王之位。

总结齐桓公的一统事业过程，正如管仲所说的外交策略，"先代圣王为了统一天下，对远方的国家相待以礼，对相邻的国家则采取友好的亲近方式（原文：《管子.枢言》'先王取天下，远者以礼，近者以体'）。"由于帮助了弱小，礼待了大国，出兵征讨是不得已而为之，举正义之师，所以可制胜于天下。

所以，老子认为，治国的最高宗旨是为了造福于天下百姓。大国首先要治理好自己的国家，树立大国光荣明耀的形象（光）；其次，大国要与其它小国互相尊重，正视或帮助（不眺，眺，斜视义）小国，即使距离较远的国家，也要尽量以礼相待（光，而不眺）。这样，以大国的能力，可以实现"道"于天下的"德"行。

2000 多年过去了，天下好像还在春秋之际，只不过范围扩大到了全球。

⑧ 以正治国八——小国之治

与大国相比，古代的小国是人数少、国土面积很小的所谓国家。由于国家人少国小，治理的方式自然与大国不同。

小国，最大的问题是人少，所以第一重要的事是维护国内人口的数量。（小邦，寡民。）

由于国内人少，物质来源有限，所以无论是百姓，还是侯王，都需要过节俭的日子。如果侯王不能节俭，就会加重百姓的税负，最终会导致民贫国弱，甚至亡国。所以，首先要从侯王每天吃饭做起，不铺张浪费，少用很多盘碗杯盏盛（**使什伯人之器毋用**），也省了很多人做饭伺候，与百姓一样吃简朴的饭，过俭朴的日子。侯王做到生活俭朴，其他官员也会效仿，全国都是俭朴作风，国家自然安宁，百姓也会与侯王同心同德。

百姓生活过得好，还要告诉大家珍惜生命，无论是大人、孩子，还是老人，都不要轻易丢失生命，有条件的还要尽量增加人口；要关注生活环境，远离不适宜人们生存的地方，需要的话，应该向较远的地方迁徙。（**使民重死而远徙。**）

小国的侯王和官员外出，形式要从简，能不乘车乘船的尽量不乘，能不用兵甲仪仗的尽量不用。由此，也可以减少政府的开支，减少百姓的负担。（**有车舟无所乘之，有甲兵无所陈之。**）

政府要教化老百姓过自力更生、艰苦奋斗的日子，能种粮的种粮，该织布的织布，过自己动手，丰衣足食的生活。即使像生活、生产中要使用的绳子这样简单的东西，也要号召大家像过去那样，自己搓绳结网，满足自己使用。（**使民复结绳而用之。**）

小国的君王、官员和百姓，要觉得自己国内的饭食最好吃，自己穿惯的衣服最美丽，自己国家或民族的风俗最欢乐，自己住的地方最安居。如此这样，小国上下臣民都热爱自己的家乡，热爱自己的祖先，热爱自己的国家，就不会投奔到其他国家。即使与邻国相离很近，用眼睛可以望见，能听见鸡鸣、狗叫的声音，但是百姓也会高兴地住在自己的国家里，即使终其一生，也不会在自己的国家和邻国之间跑来跑去。（**甘其食、美其服、乐其俗，安其居。邻邦相望，鸡犬之声相闻。民至老死，不相往来。**）

这样，小国保住了百姓，也就保住了国家。

⑨ 以正治国九——珍惜自然资源

古人极其远见地提出"节俭治国"的问题，现在，其意义显得更为深刻。

　　首先，明确节俭的关系。以"道"的理论，人和人类社会都是自然的产物，人类所消耗的一切物品都是来自自然界。所以，将节俭的内容分为"治人"和"事天"。"治人"是指对所有国民，包括君王、政府工作人员、普通民众等，都要进行节俭的指导和管理，养成勤俭的生活风俗和习惯；"事天"是指在同自然界打交道的时候，特别是人类从自然界索取资源时，一定要有节俭的意识和要求，杜绝任何暴殄天物、不珍惜自然之物的恶劣行为。（治人事天）

　　其次，是节俭的重要性。古人认为在人类社会和同自然界的交往中，没有比"节俭"更重要的事。（莫若啬）

　　再次，是节俭的意义。古人认为养成节俭的习惯，提倡节俭的风气，就是爱惜自然、珍惜自然界的一草一木，就是遵循"道"的基本理论和法则，就是最高的"德"行。所以在一切以"道"为事、以"道"治国的行为中，与"道"的精神最为契合的莫过于"节俭"。这种契合，就如同古代木质车轮的内圈与轮辐的结合处的榫头（畚）一样契合严密，就如同古代驷马之车中间的两匹马（服）一样步调契合一致（是以畚服）[5]。这种与"道"的法则和精神严密一致的契合也叫做最重要的"德行"，是最为符合"上德"的标准和要求的行为。（夫唯啬，是以畚服。畚服是谓重积德。）

　　然后，是"节俭"的作用或结果。由于"节俭"与"道"学最为契合，毫无一丝违背的行为，符合最高级别的行为标准，所以执行这一最高级别标准的行为，在遇到任何问题时都能够克其制胜，直至永久的历史未来，从而成为建立和维护国家的重要策略。（重积德则无不克，无不克则莫知其极。莫知其极，可以有国。）

　　由此可见，爱护和珍惜自然之物是"以道治国"中的长久立国之本，所以也被称为加深国家根基，实现国家长治久安的重要途径。（有国之母，可以长久。是谓深根固氐，长生久视之道也。）

　　不管这一段是否老子的原作，但就其于2000多年前就能建立起这样超前的思想和理念，并与现代社会的"环境和资源问题"如此吻合一致，就已经达到"世界奇语"的水平了。

188

第三节　外交及军事

概　要

（1）大国放低自己的地位。大国低姿态容易有小国呼应，小国联盟大国获得安全保障和物质支援；大国不要提出过分要求，小国用人保持独立，双方礼相往来，友好交往。

（2）不以兵强天下。要提示君王，不以兵力强大逞强；外交军事适可而止，得饶人处且饶人；行军不扰民；胜利不骄傲，取得胜利而不逞强。

（3）避免战争。战争不祥，非君子主动所为；战争杀人不值得赞美和称道；对战争中死亡者，不论敌我，都应该为之而哀悼，给予安葬。

（4）贪婪是战争的根源。战争对人类、对一切自然之物造成伤害和犯罪，引发战争的最大原因是"贪欲"；人类应该去除"贪婪"。

（5）哀军必胜。遭受了"打击"和"挫折"的"哀兵"，同时也使"骄敌"麻痹，只要"哀兵"举正义师，同仇敌忾、拼死迎敌，两军相当，则哀兵必胜。

（6）防人之心不可有，被动战争与取胜的战术。

【原文】

（第六十一章）．大邦者，下流也，天下之牝也。天下之交也，牝恒以静胜牡。为其静也，故宜为下。故大邦以下小邦，则取小邦。小邦以下大邦，则取于大邦。故或下以取，或下而取。故大邦者，不过欲兼畜人。小邦者，不过欲入事人。夫皆得其欲，则大者宜为下。

（第三十章）以道佐人主，不以兵强天下。其事好还。师之所居，楚棘生之。善者果而已矣，毋以取强焉。果而毋骄，果而勿矜，果而勿伐，果而勿得已。居是，谓果而不强。

（第三十一章）夫兵者，不祥之器也。物或恶之。故有欲者弗居。君子居则贵左，用兵者贵右。故兵者，非君子之器也。兵者，不祥之器也，不得已而用之。铦袭为上，勿美也。若美之，是乐杀人也。夫乐杀人，不可以得志于天下矣。是以吉事上左，丧事上右。是以偏将军居左，上将军居右，言以丧礼居之也。杀人众，以悲哀立之，战胜，以丧礼处之。

（第四十六章）天下有道，却走马以粪。天下无道，戎马生于郊。罪莫大于可欲。祸莫大于不知足。咎莫憯（can）于欲得。故知足之足。恒足矣。

（第七十一章）．用兵有言曰：吾不敢为主而为客，吾不进寸而退尺。是谓行无行，襄无臂，执无兵，乃无敌矣。祸莫大于无敌，无敌近亡吾葆矣。故称兵相若，则哀者胜矣。

（第三十六章）．将欲拾之，必古张之。将欲弱之，必古强之。将欲去之，必古与之。将欲夺之，必古予之。是谓微明。友弱胜强。鱼不脱于渊，邦利器不可以示人。

外交、军事是国家管理的重要内容，在说明以"道"治国思想、"以正治国"方略、"以正行政"的基本内容以外，《老子》中也略谈及从事国家外交与进行军事管理的具体问题，并作为"以正治国"的重要补充。

1、大国外交，礼尚往来

国家与国家之间，有政治的交往，也有经济的交往，但不管是何种交往，其目的是得到国家利益，或为本国百姓谋取利益。

所谓大国，包含了国家的人口、土地面积、经济实力、军事力量等方面相对数量大，能力强的意思。由于是大国，所以自然就会产生在心理上和能力上优于其它国家的状态。

但是，在外交中，作为大国，要主动把自己放在低下的地位，就像水流到最低的地方那样，屈尊自己低到不能再低；同时在交往态度和状态上，不要趾高气昂，也不要盛气凌人，要把自己视为普天之下最具有雌柔和顺达的代表。（大邦者，下流也，天下之牝也。）

凡天下之交往，一般的规律是，雌性以柔静的方式取胜于雄性的坚动，所以要想达到柔静，以取得低下的地位为好。即使是与比自己小的国家交往，大国也要把自己放在低下的位置，这样就能获得小邦的支持，增加和保护自身的利益。（天下之交也，牝恒以静胜牡。为其静也，故宜为下。故，大邦以下小邦，则取小邦。）这也是符合"柔能胜刚"的规律的。

作为小国，与大国相反，其人口、面积、经济、军事等都不及大国，如小国能把自己置于大国之下，附属于大国或者与大国结成联盟，则可以求得大国的帮助和庇护，从而获得自身的安全或者利益。（小邦以下大邦，则取于大邦。）

这样，或者是大国有意放低自己的地位，让小国愿意、而且也容易和大国交往，从而得到小国的呼应和帮助，提高和巩固大国的地位；或者是小国以本来就低下的位置，获得自己国家在安全保障、物质经济、军事国防等方面的利益或需求。（**故或下以取，或下而取。**）

同时，在交往和获取利益方面，作为大国，一定不能有恃无恐地提出太过分的要求，特别是不要有吞并小国人、畜的打算；而小国也不能有过分的要求，特别是请大国的人来为本国做事。这些事看起来没有大的关系，但都是于国家不利、甚至会带来国家危险的事。看来，请外人为本国任职工作在古代是一件较普遍的事，《韩非子．亡征》中[6]就讲到"境内之杰不事，而求封外之士"是不利于国家安全和国家利益的，有亡国的危险。（**故大邦者，不过欲，兼畜人。小邦者，不过欲，入事人。**）

总体上看，大国和小国之间能够礼相往来，双方都能够从交往中获得自己的利益。所以，大国主动将自己的位置放低下是明智之举。（**夫皆得其欲，则大者宜为下。**）

2、不以兵强天下

对于辅佐人主或君王的人，要懂得"道"的法则和"德"的要求，以"道"的精神和原则办事，要提示人主或君王，立于天下众国之林，不要以兵力强大逞强，也不要通过战争的方式居于各国之上。（**以道佐人主，不以兵强天下。**）

无论是外交或是军事，都是一个国家的大事。处理这些事情有一个基本原则，那就是适可而止，见好就收。（**其事好，还。**）

出动军队打仗，无论在国内还是在国外，都要减少对百姓的打扰，不要认为战争高于一切，造成对社会和百姓的伤害。军队出征驻扎的地方，要远离百姓生活和生产的地方，可以选择荆棘丛生的野外驻军。（**师之所居，楚棘生之。**）

一个优秀的外交家或者军事家，当对外交往、谈判或者战争取得预期结果时，就会适时地结束谈判或者结束战争。这时，如果取得谈判或战争的胜利，也不要逞强或逼人太甚，要给对方留有余地，真正做到得饶人处且饶人。（**善者果而已矣，毋以取强焉。**）

取得外交或战争胜利的国家、军队和指挥者，都要谦虚谨慎，不要因为一时的成果和胜利而骄傲，而夸耀，或者去讨伐别的国家。特别是胜利者，不要去说"这种结果也是不得已"等等。（**果而毋骄，果而勿矜，果**

而勿伐，果而勿得已。）

如果能做到这些，可叫做"取得胜利而不逞强"。（居是，谓果而不强。）

3、避免战争

无论对国家、对百姓、对君王，战争都是不祥的手段，不吉的事情；战争不但会给人类造成灾难，也会造成自然界万物的损坏，如果万物有情，也会表示对战争的厌恶；所以对于有思想、有心欲、有理智的人来说，是不会执著于战争这种事的。（**夫兵者，不祥之器也，物或恶之，故有欲者弗居。**）

古代，朝廷议事，文武官员于朝堂之上，文官在则立于左边，武官在则立于右边。文武左右区分，说明战争不是文官（君子）所提倡的方式。战争作为解决问题不祥、不利的方法，是在不得已的情况下才不得不做的事。（**君子居则贵左，用兵者贵右。故兵者，非君子之器也。兵者，不祥之器也，不得已而用之。**）

"銛（xian）"是古代的一种武器，"袭"是趁敌人不备而进攻，"銛袭"就是掩袭、偷袭的意思。如果崇尚以偷袭的办法进攻敌人，即使胜利了，也不值得赞美和称道。若称道或赞美偷袭的战术，就是爱好杀人。凡以杀人为乐事的人，是不能让其在天下得志的，（**銛袭为上，勿美也。若美之，是乐杀人也。夫乐杀人，不可以得志于天下矣。**）否则将给天下造成灾难和祸殃。

中国古代，以左为上，右次之，以吉事为左，丧事为右。所以，在为死亡将士举行的葬礼上，偏将军在左，上将军在右，以示上将军对死亡将士的愧疚和不安，将自己的位置放在偏将军之下。如果战争中杀死了很多人，不管是己方还是敌方的人，大家都应该为之而哀悼；胜利方对战败方的死亡将士也应以丧葬的礼节给予安葬。（**是以吉事上左，丧事上右。是以偏将军居左，上将军居右，言以丧礼居之也。杀人众，以悲哀立之，战胜，以丧礼处之。**）

4、贪婪是战争的根源

自远古起，马就是人类最亲密的助手和伙伴，所以，在《老子》中通过马的状态反映天下大事。

如果"天下"处于太平时期，政府或管理者以"道"的自然法则和"德"的要求治理国家，那么马的用途是帮助人们进行生产活动，或拉车运输，或从事耕种等等。如果"天下"不太平，马匹则大量用于战争，奔跑于郊野山地。所以，《老子》中用马匹驮运粪肥代表和平有道的社会境况，用随军的骒（母）马于郊外山野生驹说明战争的凶丧。俗话说：骒马不上阵，因为战争的缘故，骒马不但从了军，竟然连生产这样痛苦的事都只能在山野郊外完成，可见战争的残酷，以及对自然之物的伤害。（**天下有道，却走马以粪。天下无道，戎马生于郊。**）

战争对人类，对一切自然之物的伤害就是犯罪，战争给天下造成的结果就如同大的灾祸。而引发这种犯罪的最大原因是"贪婪之欲"，造成这种灾祸的最大根源是人的"不知足之心"，一切过失的原因就是作为国家管理者或领导人的这种"贪婪之欲"，所以如果抱有了随遇而安、随时知足之心，就能永远处于满足。（**罪莫大于可欲。祸莫大于不知足。咎莫憯（can）于欲得。故知足之足。恒足矣。**）

这一段是原《老子》第四十六章的内容，其中"天下有道"、"天下无道"的表达方式与《老子》一书的整体概念有较大的差别。另外，仅仅将战争的根源归咎于"贪婪"、"不足"似显得偏颇。其他文辞使用也存在与全书的差别。所以，此篇有后来人加入的嫌疑。但因为从逻辑上和意义上尚可作为讨论内容，故权留放于此。专此备忘。

5、哀军必胜

以上内容讲到大国外交也应该"以礼相待"、不用军事强力威胁别国、尽可能避免战争等。但是，有时战争不可避免，还须"以奇用兵"，以获取胜利。

这里，老子以一位军事指挥者的话，以说明所谓"以奇用兵"的事。（**用兵有言曰**）

自古用兵，都十分重视在战争中的主动性。如《三十六计》中"第三十计"就是"反客为主"的计谋，讲到要"乘隙插足，扼其主机，渐之进也"，是说先由客人做起，然后乘机设法反客为主，掌握机要重权。一般说"客随主便"，就是讲主人有主动权，客人是被动的。"反客为主"就是客人夺取了权力，掌握了主动权。可见，争夺主动权是战争中取胜的关键。

但是，《老子》中的这个军事指挥者说，我不敢为主，而是为客；我不向前进寸，而是向后退尺。（**吾不敢为主而为客，吾不进寸而退尺。**）表面看，这一战略思想与"反客为主"正好相反。其实，作为一种战略思想，其"不敢为主"是讲在军事行为上不做主动的进攻或挑衅，而是"被动"地观察敌方或者采取适当的应对措施，特别是当对方有进攻的趋势或行动时，采取主动的退却，而且是较大的主动退却。无疑，主动而较大幅度的退却可以有效的保存军队的力量。

除了在战略行为上有"被动"、"退却"的表现以外，在军事战术能力上还要有一种战斗力很弱的状态，如军队行军操练队形不整、举力不见臂伸、手持没有像样的兵器(兵)（**是谓行无行，襄无臂，执无兵**）。这样的军队，给人看起来没有战斗力，所以使对方认为"敌人"是不存在的（**乃无敌矣**）。

战略上的"退却"和战术上的"柔弱"相配合，使战争的对方确认我方是没有战斗力的。所以，敌人在战争的初期，进入一种不可一世、不可阻挡的状态，他们骄横跋扈，目中无人、无物，他们认为"天下无敌"，任何人都不是他们的对手。

自古战争的经验说明，"轻敌"、"目中无敌"是战争中遭受失败的最大根源，凡是"轻敌"的军队，基本上都会被打败，甚至遭受灭顶之灾。所以，认为我方"不堪一击"的敌人注定要失败，而我方则保卫了国家，也保护了军队（**祸莫大于无敌，无敌近亡，吾葆矣**）。

"哀兵"是指在能力上遭受"打击"、心理上遭受"挫折"、充满战败风险、但有正义和献身精神、甚至树立了拼死决心一战的军队；"哀兵"有同仇敌忾、勇往直前、以一当十的无畏气概。当敌人自以为其势不可阻挡的时候，他将最终遇到我方的"哀兵"，如果两军兵力相当（若），则我军必胜（**故称兵相若，则哀者胜矣**）。

将这一段总结，可以看到以下老子表达的军事战略思想。

①战略上的"被动"、"退却"向世人表现了"道"学热爱和平，"不战"和"不武"的自然原则，同时也体现了"道"学法则中"柔可胜强"的理念。

②战术上表现的"虚弱"、"退却"是应用了兵法中"强而避之"、"善守者，藏于九地之下"、"故能而示之不能，用而示之不用，近而示之远，远而示之近"、"后发制人"等谋略思想，既避开了敌人的锐气和锋芒，保护了自己，又迷惑了敌人。

③最后的胜利是"攻其不备，出其不意"、"以正合，以奇胜"等战略战术思想和"柔弱胜强"理念的应用和验证。

战争是人世间最为复杂多变的斗争，也是充满风险和生死悬念的过程，准确地讲战争是没有固定格式或者规律可循的，战争也最能体会"祸""福"的相倚、相伏。所以，《老子》中借用了一个军事指挥家的语言，讲了一个战略和战术思想相互配合的故事，看来，他并不希望非常准确地说明什么，只是从最原则方面给大家以启示。

其实，非常有趣的是，如果了解一下发生在上个世纪前半叶中国的对日抗战史，就会发现，尽管背景是特殊的，但整个战争的发展过程，以及领导战争的战略家们的论述和预测，几乎完全符合老子这一段的描述。

6、以奇用兵

尽管老子以十分厌恶的口吻述及战争，认为贪婪是战争的根源，杀戮是不祥不利的暴行，呼吁大国要实施和平外交，但是，老子依然非常清楚，当外敌侵入或挑起的战争不得已发生时，必须通过战争应对侵略、保卫国家安全和民众利益。所以作为治国方略的内容，"以奇用兵"和"以正治国"具有同等重要的意义。

在如何"以奇用兵"的策略上，《老子》中仅非常简练地说明了以下的一些基本战略战术。

①"欲擒故纵"类

"欲擒故纵"是一个战略和战术意识，在中国古代政治和战争中的事例很多，例如表现在战略上，是通过一段时期的麻痹或顺从敌（国）人，或是为自己国家和军队赢得战胜敌人的时间，或是让敌人放松警惕，然后乘其不备战胜之，如周文王为了麻痹商纣，就采取了很多牺牲自己或本国利益，为最后终于消灭商纣赢得时间，打下基础。在具体战术行为上，"欲擒故纵"更是以暂时的放纵达到永久的擒拿，在很多情况下可以实现"以少胜多"、"以弱胜强"、"以柔克刚"的战术效果。所以，老子认为这是"以奇用兵"的重要一条，并举例说明几个应用的方面。

第一个方面是说，如要希望制约或压缩对方，就要设法使对方在现有条件下发展或扩张，这样敌方会将注意力集中于扩张或张扬，而忽视了隐蔽实力或有节奏地扩张，造成敌方的能力暴露，或引起周围众多邻国的警惕，其结果是使其暴露于世的能力受到各个方面的抵制或削弱，实现了制约和压缩对方的目的。(．将欲拾之，必古张之。)

第二个方面是如要削弱敌方的军力，可以先通过竞争或忍让，使其在膨胀自大中有较大的增强，而军力增强必定要消耗其国力，增加其国内民众的负担，破坏其生产和消费的平衡，引起国内反对力量的攻击，造成周围国家的警惕和联盟，最终的结果会对敌方增大内部危机和外部压力，从而使其或是不攻自破，或是陷入四面楚歌的必败境地。（**将欲弱之，必古强之。**）

第三是如果要希望与哪一方面方疏远或离去，就先要与那一方面相交，在交往中可以了解对方的需求和好恶，了解对方的政策和宗旨，然后在适当的时候向对方表明己方的立场和观点，让对方觉得双方的差距和分歧，或者通过暗示或说明，让对方感到交往并不能实现其愿望。这样，双方可以在相对平稳的条件下分离或疏远，不致造成误解和矛盾，或产生敌对的结果。（**将欲去之，必古与之。**）

第四个方面是要想夺取对方的是什么东西，就先要给其什么。例如，希望对方丢失土地，就先赠送土地给他，让其收了土地，还得收取耕种土地的人，派兵把守新收土地，对社会做工作以说明是别人赠送的土地，对新土地的前朝民众，要做很多的说服和宣传工作。最后的结果是新收土地上的人与原有土地拥有者难以沟通或一致，各种难度汇总在一起，不得不将收受的土地再还回到原处，还会由于各种问题，丢掉一些原有的土地，于是被《老子》称为"**将欲夺之，必古予之。**"

以上这些"以奇用兵"的"奇"法，归结起来就是做事用兵从战略上要有远虑，要从与目标相反的方式和思路上思考，充分认识到"物极必反"、"祸福相倚"等事物变化的规律，主动掌握事物变化规律和发展趋势，达到以小的代价或几乎没有代价的前提下实现己方的目标。老子说，这些看起来很奇巧、深谋，但其实都是用兵或军事战略方面的一般常识（**是谓微明**）。

② 联合弱小，战胜强敌

《老子》中提到的另一个"以奇用兵"是指通过外交手段，联络一些表面看似弱小的国家，就能达到战胜强敌的目的。这样的例子在古今中外的历史上不胜枚举，不但可以用于军事，也当然可以用于政治和外交。在此不多赘述。（**友弱胜强。**）

③ "鱼与渊"的关系

人们常说鱼与水的关系，比喻甲方依赖乙方的重要性，同时也暗喻"水有鱼则清"，甲方的存在对乙方也有重要的意义。

在《老子》中，有"**鱼不脱于渊**"的观点，解读如下。

"渊"从"水"，所以鱼在"渊"中可以生存于水中。"渊"中的水也可能来自下雨流入积留的水，也可能是溪水，渊深水多，是"鱼"生存的保障。

不管"渊"中的水是否与外界流通,"鱼不脱于渊",就是鱼始终留在渊中,并不游到外界去,意思是军队主要是保卫自己的国家免受外敌侵扰,不要轻易离开本国到外国去打仗,当然更不要主动去侵略其他国家。

由此可以更进一步理解老子的军事战略思想和基本观点。

④ 军事机密

每个国家可能都有本国用以保卫国家的军事准备,如武器、要塞、情报、军力及其部署、后勤、交通等,无论古今,这些都是保障国家安全的机密。机密泄露,一旦有战争,敌方就有可能有效发挥军力,对本国极为不利,严重时导致军队失利和国家危亡。所以,《老子》中有"邦利器不可以示人"的警告。

以上是对所谓"以奇用兵"的解读,但是总有不尽其义的感觉,分析原因,第一"用兵"之事太重要,老子不是军事家,所以难以详细说明;第二是老子本来没有写,是别人假托补充进去的段落;第三因为《老子》全书本来是一部哲学、自然科学、社会科学综合一体的著作,很多观点对军事活动都有指导意义,都可以是"以奇用兵"的基础。

第四节　"天下"之"道"

概　要

(1) 人类社会是客观的存在。社会发展是人力所不能掌握和控制的。

(2) 社会发展的基点规律有:

① 天下事物运动变化呈极其复杂的网络状"因"、"果"关联;

② 天下事物变化有极其显著的放大效应;

③ 天下事物的结果"差之毫厘,谬之千里";

④ 天下事物或相互辅助、或相互诋毁,复杂而不测。

(3) "天下"之道是不以人的意志为转移的。历史表明主观上想取得天下的人都不能成功;"取天下"的大业是在客观发展规律运行到位,时机成熟时实现的。

【原文】

(第二十九章)将欲取天下而为之,吾见其弗得已。夫天下,神

器也，非可为者也。为者败之，执者失之。物或行或随，或嘘或吹，
或强或砫（cao），或陪或堕。是以圣人去甚、去大、去奢。

（第四十八章）将欲取天下也，恒无事。及其有事也，又不足以
取天下矣

在古代，天子是"天下"的最高领导者，诸侯王是诸侯国的最高管理
者，一般诸侯王应该听从天子的指令，臣服于天子。

老子的年代，有记载的是夏、商、周三代，其中关于夏的记载多模糊
不清；商有很好的文化，留下的殷墟成为后来人许多考古文物的来源；后
来周文王治国、武王伐纣、成王一统天下，都已有记载。所以，老子说
"取天下"，大概就是指类似成汤讨伐夏桀、以商代夏，武王讨伐商纣、灭
商立周这两段一统天下的历史事件。

周末春秋，天下大乱，而且乱的时间也很长，一直持续了 200 多年。
在此期间，不断出现有大国称霸，有名的是齐桓公、宋襄公、晋文公、秦
穆公、楚庄公等五霸。而小国间的战斗，更是不计其数。但是，不管多少
人费尽心智，多少人征战一生，但始终没有人能够真正的一统天下。

当时，有人认为天下大乱首先是乱了规矩，也乱了心智，所以从心智
上讲要克服个人的欲望和野心，从规矩上讲要恢复过去已经有的"礼"，
实现了"克己复礼"，就能"天下归仁"，恢复太平盛世的情景。

面对天下纷乱，老子一定不会不思考天下统一的大事。首先，从
"道"的自然原则出发，"天下"是一个自然存在，既然是自然存在，则其
必然依照"道"的自然规律发展变化。所以，老子将"天下"当作一个客
观存在来看待，而且这个存在是不以人的意志为转移的。

但是，"天下"的存在不同于自然界中任何一个物的存在，也不能用
一般的"物之道"来解释。"天下"是"道"系统中最为复杂的部分，特
别是"天下"事物尚处于新发生或新发展的过程，既不象"天和地"那样
遵循着既有规律周行不止，也不象天下万物那样依"无名"的作用而生生
不息。所以，对"天下"的研究和认识是人类认识自然的一个新课题。

用现代词汇讲，"天下"就是社会，从老子到现代，古今中外有无数
有识之士致力于研究社会发展的规律和特点，但是直至当前，没有谁能大
言自己掌握了天下社会的变化和发展规律，人们经常要用惊诧的眼光审视
着地球上新发生的每一件事。可见，天下之事的千变万化和难以预料。

但是，老子还是非常冷静地分析"天下"这样的大事，并希望尽可能

得总结出一些发展特点和规律，且看以下说明。

1、社会是客观的存在

按照"道"生一、一生二、二生三、三生万物的规则，天下万物（包括人和社会）的本原是"道"，与其它万物一样，社会发展也应该符合"道"的法则和"德"的要求。

《易．系辞》中有，"符合阴阳变化规律的过程叫做事，难以用阴阳的法则预测和解释的事物称作神（原文：通变之谓事，阴阳不测之谓神）"，"阴阳变化显现出来叫做象，阴阳变化所表现的形状或形态叫做"器"，能够掌握和使用器的规则叫做法。（原文：见乃谓之象，形乃谓之器；制而用之谓之法）"。所以，用常规的阴阳变化规律不能预测和解释的、有形有态的事物叫做"神器"。

老子说，人类社会（天下）就是不可掌握的"神器"。也就是说，社会是具有形态的存在，这个存在及其运动变化的规律是人力所不能掌握和预测的。人希望从主管上操作或改变"天下"的想法和做法是注定要失败的，从主观上想去掌控"天下"的变化也是不能成功的。（夫天下，神器也，非可为者也。为者败之，执者失之）

这里，老子强调了人的社会及其存在变化的客观性，其中似乎对社会存在的理解有"不测"的成份，这在 2000 年前当然是很自然的。其实，就今天看来，也没有人敢说已经完全认识和掌握了人类社会发展的规律，可以实现对社会发展的控制。全世界每天发生的社会性问题几乎影响到每一个人，世界仍然处于"非可为"的状态，而企图通过人的努力去影响和改变社会发展已经反复被证明是难以奏效的。至少现在看来老子的话是对的，也许现在还处于验证过程。

社会存在是"客观"的，社会发展是"自然"的，这已经足够让老子的学术在历史上占有重要地位。

2、社会运行的若干规律

虽然社会的存在和变化是人难以掌握和预测的，但是，老子并不反对了解社会存在的一些特点。如果将社会存在看作是"物"，那么社会的表现和过程就是一系列存在的事。归纳万事万物，究其运行、变化的规律可以总结如下几条。

① 事物变化，"因"、"果"关联

社会上的事物不是孤立存在的，事物与事物之间依一定的因果关系而联系。天下万千之事，互相依托，交叉关联，构成难以言状的复杂体系。

用现代哲学语言说，万物无时不在变化运动之中，事物之间以及事物内部各要素之间是相互联系、相互制约的关系。社会上没有任何一个事物孤立地存在，整个社会就是一个普遍联系的统一整体。社会各个方面事物的联系具有客观性和多样性。

原因是引起某种事物产生的前提存在，结果是被某种事物引起的后续事物的出现和存在。一件事因另外一件事引发而形成（随），那么这件事就是另外一件事的"果"，同时后一件事的发展和运行（行）又是形成新的第三件事的"因"。另外，今天进行（行）的事，沿顺（随）昨天的事，是昨天的事的"果"；同时，又是明天发生和进行的事的"因"，明天的事是今天事的"果"，等等。原因和结果在一定条件下相互转化。<u>因此，每一事物既是"因"，又是"果"，由此环环紧扣，从纵向上构成因果不断的事物发展关系。</u>（物，或行或随）

上述事物的因果关联不是简单线形的，而是网络状的，如此才使事物的关联呈现出相互交联的复杂状态。例如，人事的问题可以影响经济发展，也可以变成战争的导火线，而经济影响导致政治混乱，战争也造成政治危机，政治问题使社会管理疲软，加之战争的破坏，叠加在一起导致瘟疫，瘟疫造成环境的破坏，环境又可能导致整体生态的变化……等等。

所以，社会内容是复杂的，社会变化是难以预料的，学习和了解社会本质，解释和预测社会变化，一直是古今中外圣贤之人为之而不倦奋斗的最高目标，从而也对管理"天下"之大事提出极高的要求，非绝圣之人不能担当此重任。

②　事物变化的放大效应

"嘘"是缓慢呼气，"吹"是急促地呼气，都是呼气，而且状态等基本相同，但效果有很大差别。呼气中的"嘘"是态度的从容，"呼"则有生命的紧张；天子的"嘘"给百姓以宽松，"呼"则让举国震动；秋风"嘘"让万物凉爽，而"呼"则草木枯黄，等等。"天下"没有完全相同的两个事物，<u>这"嘘"、"呼"之差别就是亿万事物相互之间大、小之别的比喻，而即使这样微小的差别都会构成事物发展的万千差别。</u>（或嘘或吹）

总结各种事物的变化，可以看出，从总体上是非常类似的事物，由于各种原因而引起微小的变化和差别，其结果一种情况是"量变引起质变"，甚至出现完全不同的结果；另外一种情况是"小变"引起"大变"，导致非常大的结果。如人们所说的一只蝴蝶的翅膀扇动，都有可能导致一场飓风；而一个饥民小孩的夭亡则有可能引起全社会的动乱或一个王朝的覆灭。

所以，在了解事物的"因果"关联后，还需要了解微小差别引发不同结果的巨大作用。

如果结合"天之道，犹张弓者也"的说明，可以认为针对全社会事物中的"或嘘或呼"，在了解社会问题时更需要谨慎地注意微小变化可能引发的"变故"，在处理社会问题时注意采取"微调"的方式，将避免发生大的社会变动、引发大的社会灾难作为重要问题考虑。

事实上，不论是治理一个国家，还是管理一个单位，都应该注意"犹张弓者"的提示，对任何一个政策或制度的改变都需要谨慎地实施，如果动作过大，就有可能引发很多问题，这样的例子在古今中外、大大小小的事件中比比皆是。反之，如果注意到这一规律，就可以采取微小的调整，通过"四两拨千斤"的放大效应，以最小的代价，获得最大的效果。

③ 事物结果的辩证关系

上述两点分别是事物引发（因果关系）、进行（放大效应）的特点，以下第三点是介绍事物发展结果的辩证关系。

人们从事社会工作或推动天下大事，都希望能取得成功，实现预定的目标。所以，了解事物发展的结果状态，也是非常重要的。从"道"学法则，凡是符合自然规律的事物，就都应该实现目标或者完成结果。但是，同样完成结果，但结果状态的差别却可能差之千里。

这里，《老子》中用了"或强或矬（cao）"，"强"有坚硬、强大的意思，"矬"是坚硬而碎裂的石头，同样都是"坚硬"的，但一个完整而强大，另外一个破碎支离，由于破碎支离而失去其应有的价值。所以，这一描述反映了社会事物发展结果的极不确定性。

结果是"强"是"矬"，可能在于操作事物对"硬度"的把握，结合上面的"放大效应"，就更能了解这一结果差别有可能来自过程中"硬度"把握的非常微小的差别。这样就进一步提醒在操作全社会或者"天下"的事物时，常常出现"差之毫厘，谬之千里"的结果，是非常值得关注的。

当然，如果在操作中减少事物发展的"刚度"，就可以尽可能的避免在结果中出现"碎石"的状态。这当然根本上取决于事物的本质和客观的规律，《老子》中好像对此也没有详细论述。

④ 事物之间的相互关联

社会上的事物除了关联变化和差别变化以外，不同类型事物之间还相互作用，有相辅或相毁的作用。

例如：上一世纪80年代末，世界两大阵营出现戏剧性力量对比变化的原因，就是一个国家政局变化，直接作用于相邻的国家，导致类似事件相继在不同国家接踵而发。这是一个相互推动的影响过程。

当然，也有发生相反影响的事例。例如西方周王朝的兴盛，对商王朝形成威胁，最终导致王朝更迭，"天下"易主。

另外，事物之间是相辅还是相毁是相对的，一种事物对另外一种事物的作用还会发生变化，此时、此地相辅，彼时、彼地就可能相毁，正的作用会转变成副的，副的也会转变成正的，今天是同盟国，明天就会宣战变成敌人，由此而引起的事物间的矛盾的转化和重整是古今中外最为常见的。正如一位历史上的知名人物用哲学的语言道出的世界政治规律，"没有永远的敌人，也没有永远的朋友。"

所以，老子说，<u>社会上的事，或是相互辅助的、或是相互诋毁的</u>（**或陪或堕**）。从而，也是"天下"复杂和不测的重要原因。

3、"天下"之道是不以人的意志为转移的

"天下"万物的存在和变化规律是客观的，是不以人的意志为转移的，人不能创造社会发展变化的规律，也不能消灭规律。所以，人类只有尊重客观规律，认识客观规律，在客观规律的框架下发挥主观能动性，才能顺应客观规律，推动社会的发展，达成预定的目标。

在当时的年代，老子已经见惯了无数王子公侯、仁人志士为一统天下所付出的努力和遭受的失败。他认为，一定有一种力量主掌着"天下"历史的变迁，这一力量不是来自绝圣之贤人，也不是来自胸怀大志的候王，而是来自"天下"自然的法则。如果将这一自然法则叫做"天时"，那么可以说，"天时"不到，无论是文王再世，还是周公重生，谁也不能够创造出奇迹。

所以，老子叙述了一个事实，那就是，<u>凡（吾）可见到的，主观上希望取得天下，并为之而努力的人，都没有获得成功</u>（**将欲取天下而为之，吾见其弗得已**）。

这一句话的关键词是"欲"，《老子》中许多地方用到"欲"，结合上下文，可以认为这个字的意思是指人的"主观愿望或主观要求"，或在此更关键的是"主观"二字。

真正的圣人是指知世事、明天地，具有大智慧的人。圣人懂得一切事物都在遵循自然的规律运行变化，人的行为只有在此法则和规范内才有作用，一切无视自然规律的想法和做法都不能获得成功。所以，圣人早已丢掉不符合客观规律的思想和行为，不想、也不做那些过分的、过大的、过格的事，奉守中正而合乎规律的态度。（**是以圣人去甚、去大、去奢。**）

所以，"天下"是"天下"的"天下"，不是某些人的天下。对于可能并希望一统"天下"的人，他永远不应该视"天下"为己有，也不应该为了获取"天下"而一统"天下"。（**将欲取天下也，恒无事**）。

如果以权力、土地、财富、百姓等具体存在的物（有）为获取的目标，将"一统天下"作为实现此目标的途径，是绝不能够成就一统天下的。（**及其有事也，又不足以取天下矣。**）

参考文献：

［1］吕振羽 等著，《大师讲史（上）》，中共中央党校出版社，2007.1，P172

［2］冯友兰，《中国哲学简史》（赵复三译），新世界出版社，2004.1，P37

［3］许慎（东汉）著，李翰文 译注，《说文解字》，九州出版社，2006.3，P367

［4］黄碧燕 译注，《吕氏春秋》，广州出版社，2006.1，p202

［5］赵又春，《我读老子》，岳麓书店出版社，2006.6，P284

［6］马玉婷 译注，《韩非子》，广州出版社，2006.1，P30

第四章　"人之道"——安民之道

"民"是一个很简单的概念，就是指民众、百姓，用现代的词汇叫"人民"。但是，"民"又是一个复杂的问题，有的人将"民"比作水，可以载舟也可以覆舟；有的人将"民"比作火，说"民"造反时如火如荼，还有的将"民"比作散沙，难成器、易于控制；……等等。

从老子"道"学观点来看，"民"是自然界"道生万物"的主要生命群体，享有自然界一切生命平等的权利，所以他反对按照"礼"的制度将人划分为拥有不同权利的等级，这在当时森严等级制度的社会背景下，是一种革命性很强的观点。

老子认为，只要让"民"过上安定的生活，就容易维持管理或统治。他很推崇周代初期采用的"安抚"政策，认为那是一种"德政"和"善政"。大概是由于当时历史样本少的缘故，老子不可能有"民创造历史"、

"民当家作主"的观点，但是他提出社会发展实现"大顺"的理想。老子没有详细描述"大顺"的社会是什么样子，也许就像太阳升起、落下，春天过后就是夏天那样的自然"大顺"吧。

与老子的时代相比，现在的世界变得小多了，那时要用几年才能传递的消息现在只需要几秒钟就能传到地球的另一边。但有一点变化不大，那就是现代社会几乎没有一个国家的管理者或统治者主动故意地把自己放在"民"的对立面，而同时又极少不得不站在"民"的对立面，或者由不对立演变到对立。

这是一个社会深层次的理论问题，还是让我们到字里行间看一下《老子》中如何说的，或许老子是有预见的。

第一节　"安民"总则

概　要

（1）防"民不安"于未然。对民众中间发生的不安定的事，要"防不安于未然"。

（2）永远把民众放在首位。完成统一大业，也要把民众发放在第一位，才不会出现失败。

（3）依"道"安民的历史意义。管理者以自己的"理论和礼法"有害于国家管理，"安民"必须遵循"道"学自然规律，这两条原则将在未来相当长的时期内影响社会发展和进步。

（4）乃至大顺。大顺是老子社会发展模型中未来社会进步的最高等级模式。上述原则作用将持续到社会实现"大顺"。

【原文】

（第六十四章）．其安也，易持也。其未兆也，易谋也。其脆易判，其微易散。为之乎其未有，治之乎其未乱。合抱之木，作于毫末。九成之台，作于蔂（lei）土。百仞之高，始于足下。民之从事也，恒于其成事而败之。故慎终如始，则无败事矣。为者败之，执者失之。是以圣人无为也，故无败也；无执也，故无失也。

（第六十五章）故曰：为道者非以明民也，将以愚之也。民之难治也，以其知也。故以知知邦，邦之贼也。以不知知邦，邦之德也。

恒知：此两者亦稽式也。恒知稽式，此谓玄德。玄德深矣，远矣，与物反矣，乃至大顺。

《老子》中对"安民"的基本规律分析如下。

1、防"不安"于未然

民众如果处于安逸和稳定的状况，则易于维持正常的社会管理和控制工作（<u>其安也，易持也</u>）。所以，"安民"的首要条件是要保持民众能够过上安逸和稳定平静的生活。

如果在民众中间发生了不稳定的情绪或者有动乱的征兆，那么在事件尚未形成，或处于萌芽状态时，是比较容易通过策划并设法解决的（<u>其未兆也，易谋也</u>）；即使有的事件已经出现端倪，也是脆弱易折，容易将其分离开来进行解决（<u>其脆易判，其微易散</u>）。所以，对民众中间发生的不安定的事，要"防不安于未然"。管理者要充分关注民众间的任何不稳定情绪或不安定的事端，将不安定的因素消灭在尚未酿成大事之前。（<u>为之乎其未有，治之乎其未乱。</u>）

民众发生不安定的事件一般都是由小的、甚至是非常小的问题引发的，小的问题不解决，就会逐渐积累起来，酿成大的动乱。就如同合抱的大树，开始从微小的绿芽长起；九层的高台，由一筐筐土堆起；登上百仞的高度，也是从足下第一步开始。（<u>合抱之木，作于毫末。九层之台，作于蔂（lei）土。百仞之高，始于足下。</u>）

《老子》中的这段话是站在中性的立场上说的，当然说得也是最大的实话。如果考虑古人并没有把一般民众的"不安"之举从政治上划分成截然的"正"、"反"两个方面，那么，"防不安于未然"这段话也不失其正面的意义。

2、永远把民众放在首位

上古时期，人们的劳动工具以石器为主，后来有了青铜器，但还不能普遍用于一般的生产劳动。春秋后期，有了铁制工具，于是推动了生产发展，当然也改变了民众在激烈社会发展中的地位。在此之前，可以认为，无论是朝代更替，还是国家间、派系间的战争，其起缘和过程基本都发生和掌握在贵族或者高级领导中。

所以，可以认为，到老子的时代为止，民众于社会发展和统一天下的过程中，其作用是跟随或者是非主流的。但是，当实现了天下一统大业，社会已经处于稳定发展或守成期间，民众的作用则变得非常重要。历史证明，<u>民众于社会历史发展中的主动破坏作用，以往都发生在一统天下后的守成期间，并且容易形成对统一格局的毁败和破坏</u>（**民之从事也，恒于其成事而败之**）。所以，对执政者而言，自古就有"创业难，守成更难"的说法。

一般，在没有取得一统天下的成功以前，领导者都非常关注取得民众的支持。但是，当天下大定，一统成功后，领导者则往往可能脱离民众，有的还会和民众对立，造成新的危机。这在历史上也是屡见不鲜的。所以，古代圣人提出，<u>坐天下办大事要终始一致，即使统一大业完成，谨慎之心也不能放松，要永远把民众发放在第一位，只有这样，才不会出现失败</u>（**故慎终如始，则无败事矣**）。

如果在天下一统、大业已成的前提下，有人主动煽动或从事民众与政府的对立，形成对社会稳定的危害，一般情况下是不能成功的（**为者败之，执者失之**）。所以，<u>作为圣人，最大的智慧是审时度势、深刻理解社会发展的方向和需求，并以"道"的法则为指导，顺应历史发展规律，行"无为"之为，执"无为"之事，从而不会去做违反民众利益、不利社会发展的事，当然在这些方面也不会遭遇失败或损失</u>（**是以圣人无为也，故无败也；无执也，故无失也**）。

3、依"道""安民"的历史意义

根据"道"学原理，"治国安民"有两个要点，第一点，最终目标是为民众谋取福利，第二点，过程方法要遵循"道"的法则，贯彻"德"的要求。按照这两点管理国家事务，就能够国泰民安。

但是，为什么历史上总是有许多"民之难治"的事呢？这是因为有的管理者不懂"道"的自然法则，不遵循客观规律，不尊重民众的存在和需求；还有的管理者的执政理念和执政目标本身就与"道"的精神和法则相悖。管理者不按照"道"的法则和"德"的要求去做，反而大多管理者还要提出他自己的一套所谓"道理或理论"，并作为执政的"依据"（**以其知**），向民众宣传和灌输，要人们按照其主张去思考和行为，这是不可能成功的。因此，<u>凡是历史上执政者或管理者以其所谓"理论"作为管理民众的"依据"，而不遵循"道"学原理的，就会有民众"难治"的事发生。</u>（**民之难治也，以其知也。**）

所以，<u>以管理者或领导者自己的各种"理论和礼法"作为管理国家的</u>

观念和制度依据，是有害于国家的（**故以知知邦，邦之贼也**）。反之不这样做的，而是永远遵循"道"学自然规律实施"治国安民"，于国家的发展和民众是有利的，符合"治国安民"的基本原则和要求（**以不知知邦，邦之德也**）。

老子说，很久以来，人们就知道以上两条屡经历史证实的原则或基本规律。了解和掌握了这两条原则或规律，就是了解和掌握了最重要的"道"学治国标准和要求（**恒知：此两者亦稽式也。恒知稽式，此谓玄德。**）。站在历史发展的角度看，这两条原则或基本规律将具有非常深远的意义，将在未来相当长的时期内，影响社会的发展和进步（**玄德深矣，远矣**）。

中国 2000 多年的历史，一次又一次证明了上述原则或基本规律的正确，直到 20 世纪末，中国人又一次用深刻的亲身体会证实了这一规律的作用。

紧接着，《老子》中又一次出现更加骇人惊世之语——"**与物反矣，乃至大顺**"。以下，逐字分析。

① "安民"是社会管理事务，具体工作内容是对"事"。与其对应，人们在社会以外的工作，也即在自然科学方面，其工作内容是对"物"。

② 人们开展自然科学方面的研究和技术发展，重要的是不断提出新的理论和新的方法。这一点已经被全世界的科学技术发展所证明，而且现在还在不断的发展。

③ 社会管理事务中"永远遵循'道'学法则和自然规律"与自然科学方面"不断提出新的理论和新的方法"是完全相反的两种形式（**与物反矣**），前面要求继承，后者要求创新。

④ 老子预测：社会事务中的这一原则或规律的有效作用将一直持续到社会实现"大顺"（**乃至大顺**）。什么是"大顺"，《老子》中没有解释，也许是老子社会发展模型中未来社会进步的最高等级模式，意思是人类社会的发展与"道"的自然法则完全"和谐平顺"的意思吧。

⑤ 从而可以看出，老子从"道"生天地万物的起源开始，一直研究到社会的未来发展。这一点与"归仁"和"复礼"比较，显然要进步的多。

由上分析可见，老子是站在历史的高度，提出依"道"安民的基本原则，并预测这一原则或基本规律将一直发挥作用，直到人类进入不需要"绝圣"管理，不需要"天子"降临的理想社会。

古代的许多君王或圣人，在执政期间，或假托上天祖先，或引用历史前朝，总是要有一套治国平天下的理论和观点，作为教化民众、实施思想统治的工具；另有一些在野的圣人贤士也于社会上提出教育青年、告示百姓的伦理规范和行为要求。听到老子"道"法自然，"无为"而治的学术理论，特别是"治国安民"依顺自然法则的观点，<u>有些人就会发表评价说：宣传"道"学的人采取蒙蔽民众、欺骗民众的办法，实施"治国安民"</u>。（故曰：为道者非以明民也，将以愚之也。）

其实，老子自己最明白，而且他相信读了《老子》的人也会明白，所以他对别人的评价没有评价，只是顺其自然而已。

第二节　圣人"安民"

概　要

（1）以"德"安民

① 圣人（领袖）安民，"无为"而治。

② 心系民众，想百姓之想。

③ 实施"德善"与"德信"，对殷商的遗民采取安抚和怀柔政策。

④ 圣人（领袖）安民，管理和保护百姓。

（2）精神文明和思想教育

① 谨慎对待给百姓奖赏，养成百姓的自然不争。

② 提倡简朴自然，养成纯朴民风，发挥活跃思考，保证有序意识和秩序。

③ 做好知识分子的思想工作，强化"士"的社会责任感，严格要求为官者。

（3）圣人（领袖）的作用

① 取得民众的信任，才能成为民众的领袖。

② 圣人（领袖）的意志和愿望就是最广大民众的意志和愿望。

② 圣人（领袖）的学问融于天地自然，圣人的事业是天下兴盛。

【原文】

（第四十九章）圣人，恒无，心，以百姓之心为心。善者善之，不善者亦善之，德善也。信者信之，不信者亦信之，德信也。圣人之在天下，欲欲（he）焉，为天下浑心。百姓皆属耳目焉，圣人皆孩之。

（第三章）不上贤，使民不争；不贵难得之货，使民不为，盗不见；可欲，使民不乱。是以圣人之治也，虚其心，实其腹，弱其志，强其骨，恒使民无知、无欲也。使夫知不敢，弗为而已。则无不治矣。

（第六十六章）.江海之所以能为百谷王者，以其善下之也，是以能为百谷王。是以圣人之欲上民也，必以其言下之。其欲先民也，必以其身后之。故居前而民弗害也，居上而天弗重也，天下乐推而弗猒（ya）也。非以其无诤与？故天下莫能与诤。

（第六十四章）是以圣人，欲，不欲，而不贵难得之货；学，不学，而复众人之所过；能辅万物之自然，而弗敢为。

老子的时代，讨论"安民"与讨论"治国"相似，有详细文字记录的实例应该是以建立周朝以后为主，所叙述、总结的内容也多是西周开国以来有记载的史实，所讲到的"圣人"也应是周文王、"周公"等人，对于管仲等春秋时期的政治家，也有可能涉及。也许是为了避免在评价、认识历史人物上的分歧，《老子》中所述及的"圣人"都没有指名道姓，只是说到施政的思想和方法。

西周政治、文化的重要内涵是"德"，"德"的内容很丰富，包含了传说中的上古帝王的"德政"和"德行"，到文王时形成国家政治和行政管理的具体思想和施政方法，至周公时成为一统天下的施政纲领，并以诰文的形式流传于后世。"敬天、保民、明德、慎罚"是周人的基本精神信仰和思想基础，后来被孔子、孟子发展，成为民族文化的核心概念。

《老子》中总结了关于圣人"安民"的一些说明，从当时的历史条件看，所说的"圣人"应该是周公等西周的开过元勋。在《尚书》中，收录了西周初期关于出兵打仗、建设洛邑等一些重大事件的诰文，比较详细地记录了当时的社会背景和国家管理的大政方针。老子从"圣人之心"、"淳朴民风"等几个方面做了总结。

1、以"德"安民

《尚书》中记载了许多周王朝初始周公以"德政"安民的事，可以辅助对《老子》中有关内容的解读。

周打败商纣王后，欲建立统一的周天下。康王叔被分封在东部的一个封地，那里生活有很多殷商的遗民。中周公在教导康叔如何管理封地的诰文（康诰）中讲到，"要了解揣度殷商遗民的思想，安保那里的臣民，要弘杨"德行"，施行"德政"。……要谨慎，将百姓的疾苦当作自己的疾苦（恫 guan 在身，敬哉！）… 要使不顺服的人顺服，使不勤勉的人勤勉（惠不惠，懋不懋）"；"要恭谨而严明地使用刑罚（敬明乃法），对待犯了罪行的人要象对待自己的疾病，保护百姓就像保护小孩子（若有疾，惟其民毕弃咎。若保赤子，惟民其康乂），不要随意杀人"；最后，周公一再告诫康王，"要参考殷商圣明先王的德政安治民众（我时其惟殷先哲王德），……要勤勉地推行德政，用以安定民心，要考虑施政的措施是否符合德政。（丕则敏德，用康乃心，顾乃德。）"等等。

在《尚书. 梓材》一节中，记录了周公告诫康叔在官员管理上的话，"要宽恕原来犯过错误或罪行的人，……不相互残杀，不相互虐待，对无依无靠的人要敬重，对妇女要爱护（无胥戕 qiang，无胥虐，至于敬寡，至于属妇，合由以容）。要长期保养人民，要长期使人民安定（引养引恬）。……治理尚未顺服的殷商遗民，只有施行德政（肆王惟德用）。"

在《尚书. 无逸》中，周公告诫成王，"居官的人要了解农事的艰难（先知稼穑（se）之艰难），学习先王祖甲给民众以保护和恩惠，不轻慢鳏寡老人（能保惠于庶民，不敢侮鳏寡）；学习文王安于卑下，对百姓和睦恭敬，为民勤于政事；……要听取百姓的意见"等等。

总结以上，可以将西周时的"安民"政策归纳为以下。

① 圣人"恒无"的施政理念

圣人作为国家的最高行政管理者，首先要明确"安民"的要旨和目标。西周建立伊始，百废待兴，国家安定和恢复经济是最重要的事。而国家安定，最主要的是让原来归属于殷商、居住在中东部的广大民众安定下来，这对于立国时间不长，还没有达到完全统一的西周来说，无疑是最大的挑战。所以，周公将安定的注意力锁定在关注殷商遗民的问题上，殷商的遗民安定了，就消除了最大的不安定因素。

实现安定的要旨是什么？周公谈到是"德政"，要参考以往贤明的君帝所施行的"德政"，如文王"安于卑下、勤于政事"的精神，即使是前朝殷商早期圣明先王的"德政"也要参考，以此达到"万民顺服"，国家安定。

周公的"安民"政策迎合于天下大治、国家安定的大政发展需求，采用了"德治"的政治总体方针，优先于关注殷商遗民的顺服和安定，是一个符合"道"的总体法则和"上德"行为的要求，实践"无为"管理的施政总纲。

在《管子》一书中，记录了管仲治理国家的许多思想和做法，在国家宏观管理上，管仲认为"上无事则民自试"，意思是"君主不问民事，百姓也会自己尝试干自己的事。"

所以，老子在总结以"德"安民的要点时，提到说：<u>"圣人治国安民，首先是从"恒无"这一基本理念出发，实现"无为"而治</u>（**圣人，恒无**）。

② 关注百姓的想法

在"无为"的施政体系中实施"安民"，会涉及与百姓相关的许多问题，都需要在政策和策略上有明确的方针和措施，才可能以有效的"无所不为"达到施政"安民"的目的。

圣人在如何实施"安民"的问题上提出关注民众思想、听取民众意见、了解民众疾苦的重要工作方式，并将百姓的要求和希望作为制定施政措施的依据和目的。这样民众在国家的统一管理下，可以克服各种天灾人祸带来的困难和问题，做好民生的工作，可以有效实现天下"安定"和百姓归顺。

关于顺应民心，《管子. 牧民》中有"政之所行，在顺民心"，意思是政治法令之所以能推行，在于它顺应了民心。管子还具体提出，要顺应百姓追求逸乐、富足、安全、人丁兴旺的愿望，自然就能"安民"。

所以，在施政措施中，老子首先提出<u>要在心思、意志、主张和认识上贴近百姓，贴近民众，心系百姓，想百姓所想，急民众所急，</u>（**心，以百姓之心为心。**）

③ "德善"与"德信"

在"安民"的总体施政纲领下，西周遇到的最棘手问题当然是如何管理和安抚殷商的遗民，特别是那些过去犯有错误或者罪行，商灭后又不甘心归顺于周的人。在此问题上，西周采取了历史上少有的安抚和怀柔政策。

老子将圣人在这一方面的做法进行总结，指出<u>对于百姓中善良、温顺的人，要施以善良温和的管理；对犯过罪行的不善之人，也要以善良、温和的方法去感化和教育，就像对待自己身上的病，要善意地包容和努力地改造；对于有实有信的人要以信相待，对于不实、不信的人也要以信相待，使之得到改造和进步。</u>这样做了，就体现了"德政"中的"德善"和<u>"德信"两个重要的措施。</u>（**善者善之，不善者亦善之，德善也。信者信**

之，不信者亦信之，德信也。）

"德善"和"德信"是"人之道"中的重要施政内容，体现了"德政"的要求和标准。

④"安民"中的圣人核心作用

在国家和社会管理中，圣人起了重要的管理核心作用。

西周一统天下，周天子面临的天下管理问题比以前有很大差别，周武王去世后，周成王年纪尚小，周公摄政，帮助成王完成最终的统一大业，并奠定了管理天下的大政方针。所以，在一段时间里，是周公在执掌管理天下的大事。

周公为至圣之人，于天下政治稳定、经济发展、百姓顺服、诸侯奉守王命等一应大政方针的制定和实施做出载入史册的丰功伟业，他谨慎勤勉，鞠躬尽瘁，胸怀天下，心藏百姓，汇集天下的"德政"思想，容贯古今的"善信"理念，遵循"道"的法则，对照"德"的要求，毫无一己私念，成就一代千古圣人之治。（**圣人之在天下，欲欲（he）焉，为天下浑心。**）

广大百姓是"安民"的受惠者，他们可以看到"安民"的业绩，听到"安民"的福音，享受到"安民"带给他们的安宁和幸福，但是他们不会像圣人那样去用心思考或负有管理天下的责任。在圣人来看，百姓就如纯朴的孩子，既需要理解，也需要管理和保护他们。（**百姓皆属耳目焉，圣人皆孩之。**）

圣人和百姓都是"道（大自然）"的产物，他们的能力和智慧虽有差别，但也都是"道"所赋予的，他们按照"德"的要求，为自然和社会所作的努力和贡献也是符合"道"学精神和准则的。

2、精神文明和思想教育

"安民"施政的另外一个重点是精神文明问题，核心是教育民众、导引民众，养成纯朴的民风和健康的思想文化。周公还政于成王时，曾叮嘱成王"要教育好人民，使无论远近的人民都能很好地归附（彼裕我民，无远用戾（li），《尚书．洛诰》）"

①不赏，不争

西周初期，周武王向殷商遗臣箕子请教怎样治理国家的问题，箕子讲到给民众赏赐的事，（《尚书．洪范》）说，"只有君主才有权赐人以幸福，或给人以惩罚，……而臣子是不能这样做的（惟辟作福，惟辟作威……臣无有作福作威玉食)"。否则，就会使君、臣、民的秩序发生混乱。所以，圣人治理天下，<u>还要谨慎地对待奖赏，不随意给百姓奖赏或者表示赏识（贤）</u>，这样既遵守了关于不能随便发放奖赏的规定，而且能减少民众为了获得赏物而发生的竞争，<u>使民众养成平静、安定的精神气氛</u>**（不上贤，使民不争）**。

②民风纯朴

春秋时期的生产力有了很大进步，已经有了耕牛和铁制的农具，那时的贸易也有了进步，而且使用金属货币，虽然一般百姓拥有的财富是极其有限的，但是奢侈品已不再仅仅是帝王和贵族拥有。这种情况下，一件东西的价值，有时不一定是其使用价值，而可能是其获得的难易程度，如玉制品、宝石、贵金属、制作精美的陶器或铜器等等。

圣人认为，<u>应该在社会上提倡一种简朴的生活方式，大方的审美观念，自然的物质需求；应该引导民众从事农业或者其它与生活直接有关的生产工作，不去生产或追求使用价格昂贵的装饰品或奢侈用品</u>**（不贵难得之货，使民不为）**。<u>百姓过着简朴而自然的生活，全社会崇尚劳动光荣和简朴的美，从而也就建立起朴实而诚信的民风民俗，人们由之而逐渐养成良好的社会风气，就能够实现路不拾遗、夜不闭户的安宁和谐景象</u>**（盗不见）**。

<u>提倡百姓过自然的生活，教化民众养成纯朴的精神，并不意味圣人或以圣人为主的国家管理方面要控制大家的思想和观念，广大的民众依然可以自由的发挥主观思考和活跃个人追求，并在此前提下保证有序不乱的社会意识和公共秩序。</u>**（可欲，使民不乱）**

③"士"的思想和社会任务

上古时期，"士"是指最下等的贵族阶层。与上层贵族相比，"士"没有或者失去了荣华富贵，他们中的好多人依靠寄托于有权有势的门下，帮助人家做事混饭；与社会上的百姓比较，他们是自由人，其中有的人还读过书，算是有知识的人。

到了春秋时期，社会生产力得到了发展，人们的生活水平提高了，民间有可能出现较多的劳动剩余产品，于是在下层普通百姓之中，出现了一批读书人。如在孔子的时期，只要带一点干腌肉，就有可能随夫子学习。

春秋也是社会混乱的时期，贵族的许多专、特权被打破，也为一些新型阶层的产生提供了条件。这时，社会下层的知识分子开始进入国家管理部门当官做事，或者进入一些豪门大户充当门客。当然，也会有一部分人还留在民间，他们或开馆招生，从事教育；或自立门户，从事学术和历史研究，建立自己的门派。这也是春秋时期百家争鸣、文化获得重大发展的主要原因。这些人不管是为官的、还是治学的，也不管是前朝贵族的后裔，还是出身平民的普通百姓，他们的共同点是都具有一些文化知识，他们是当时社会中的知识分子，在当时被称为"士"。

所以，圣人认为，在提倡纯朴民风的同时，"士"阶层要积极开展文化教育，提倡多采用抽象思维和深入研究（虚）的方法，配合天下一统和社会稳定的要求，活跃和推动社会文化的进步，强化"士"的社会责任感（**虚其心**）。（**是以圣人之治也，虚其心**）

而同时，要避免"士"在朝代更换、天下大乱过程中所起的推波助澜作用的延续，弱化他们在历史上业已形成的、习惯性的"动乱"志向（**弱其志**），提倡为"治国安民"作出贡献。

当然，由于"士"阶层社会地位的复杂性，圣人在提出社会责任的同时，也提出对"士"阶层社会地位和生活的关心。按照古代中医的说法，五脏六腑是人体生命的所在，所以对"士"的生活要给予关心，切切实实地"**实其腹**"，解决他们的实际生存问题。

在春秋时期，"士"中的一部分人主要依赖于一些大的贵族官僚，在社会变革或者动乱时期，这些人往往面临改换门庭的局面，从而"士"变换门庭也就成为常见的事。所以，圣人提出，作为"士"要坚定自己的立场，在社会进步的主导方向上发挥作用，另一方面从国家和社会也要扶助和相信"士"在"治国安民"的事业中的作用，强壮其立场和地位（**强其骨**）。

无论是对为官的"士"，或是从事其它工作的"士"，都需要严格的管理和教育，要使他们了解法度，了解社会的需求，了解"道"的理论和知识，使他们不要去做不利社会、不合时宜的事（**使夫知不敢，弗为而已**）。

综合以上，圣人在思想教育和精神文明方面，对民众百姓是"引导纯朴、教化文明"；对社会知识界是"怀柔教育、奉献社会"。可见，圣人之"治国安民"，在思想文化方面是全面而深刻的，可谓"**则无不治矣**"。

3、圣人于民先

在自然界中，滔滔大江、浩浩湖海，汇集了千百川流和溪谷之水，之所以能够汇集百谷之水，是由于江海处于溪谷川流的下游（**江海之所以能为百谷王者，以其善下之也，是以能为百谷王。**）。

所以，如果希望成为民众的指导者或者领袖，就必须跟近于百姓，了解百姓的需求，有服务于民众和造福于民众的理念和行为，这样才能取得民众的信任，成为民众的领袖，在高位能够顺从天意，在天下能受到民众的拥戴。（**其欲先民也，必以其身后之。故居前而民弗害也，居上而天弗重也，天下乐推而弗猒（ya）也**）。

难道没有人与圣人竞争或持有不同观点吗？不是，是因为没有人能与圣人的思想和行为相匹敌（**非以其无净与？故天下莫能与净**。）。

4、点评圣人

历史上，能够在"治国安民"的问题上做得很好的圣人之治并不多见，在老子的年代找到几位杰出的圣人就更不容易。但是，《老子》中还是结合"道"学精神，对上述于民众教育和思想意识方面有所建树的圣人之治给予了点评。

① 个人主观愿望及其它

圣人是制定"安民"政策和落实"安民"措施的最主要方面。在工作中，圣人充分的发挥了自己对天下事物的理解和认识，以超越非凡的智慧和辛劳，服务于万民，献身于天下。所以，从个体的作用上讲，可以说圣人最大程度地展现了个人的主观意志、实现了自己的主观愿望（**欲**）；而从圣人跟进百姓，了解民众而言，圣人的思想和作为又不是他自己的主观意志和愿望，而是最广大民众的意志和愿望。（**是以圣人，欲，不欲；**）

所以，圣人之所以称为圣人，就是因为他的代表的是天下、代表的是民众。圣人已经把自己融合于天下万民之中，融合于天下大业之中。在圣人的心中，最重要的是天下百姓的安定和幸福，是所开辟事业的辉煌和发达，那些被世俗的人们举捧的贵重物品，在圣人眼里不过是粪土而已（**而不贵难得之货**）。

这大概就是圣人合于"道"的自然法则，循于"德"的标准要求的主要所在吧。

② 圣人之学问

与一般世人相比，圣人是无所不知、通晓天地、能知生死、万般在握的最为杰出的人物，是多少年才出现一个，亿万人中仅一的绝圣之人。那么，圣人的知识和能力从何而来，圣人还需要学习吗？

圣人之学，学于天地，学于人寰，学于耕农樵夫，学于先圣先贤，学于一切所到之处，学于一切可学之时，天地之间没有一样东西不是圣人学习的对象，没有一段事件不是圣人学习的内容。圣人"治国安民"，每时每刻都在将所学之事赋予实践，用天下的安定、百姓的乐业检验他的学习。所以，有人说圣人是在学习别人不学的东西，其实，圣人是在融于天地自然之中，用心不断地吸收自然界的精华，再将其归于自然之中。圣人"不学"，是其不像一般人那样学习。圣人不为金银满贯学习，也不是为金榜提名学习，不用悬梁刺股，也不用借萤火虫的微光。在常人所见，圣人"不学"。（学，不学。）

所以，圣人之为圣人，是其承受的是整个天下的兴亡。在圣人，无所谓有失有得，无所谓个人的祸福，百姓"安定"是圣人最高的愿望，天下兴盛是圣人最大的安慰。圣人能承担世上众人的一切过失或错误，能辅助自然界万物的生化成长，但圣人从来不为己而为，为己而某。（而复众人之所过；能辅万物之自然，而弗敢为。）

这大概就是圣人最大的学问吧。

第三节　关于"治国安民"的另外几个问题

概　要

（1）保障民生。保障基本民生条件，不要将民众逼迫至铤而走险，管理者以天下为重。

（2）执法专司。执行死刑是慎重之事，应有专门的机构和人员执行。

（3）民以食为天。民众饥饿是赋税太多，民众轻生是求生太难，百姓得不到治理是管理者的问题。

【原文】

（第七十四章）．民之不畏畏，则大畏将至矣。毋闸其所居，毋猒（ya）其所生。夫唯弗猒，是以不猒。是以圣人自知而不自见也。自爱而不自贵也。故去彼而取此。

（第七十六章）．若民恒且不畏死，奈何以杀惧之也？若使民恒且畏死，而为畸者吾将得而杀之，夫孰敢矣？若民恒且必畏死，则恒有司杀者。夫代司杀者杀，是代大匠斫（zhuo）也。夫代大匠斫者，则希有不伤其手矣。

（第七十七章）．人之饥也，以其上食税之多也，是以饥。百姓之

216

不治也。以其上之有以为也，是以不治。民之轻死也，以其求生之厚也，是以轻死。夫唯无以生为者，是贤贵生。

以下三段内容排列在《老子》帛书版的第七十四、七十六、七十七章，其中前两章谈到要避免发生民众与统治者之间的激烈冲突，后一章涉及到民众的吃饭和生死问题。

1、保障民生

虽然圣人遵循"德政"，实施"安民"，但是在天下一统过程中、或者一个朝代经历了较长时间的发展，都有可能发生地方政权、前朝遗留的军事力量、民间等与中央政府之间的矛盾，有时甚或时战争。如《尚书》中多次提到殷商遗民不服周的统治，或不归顺西周的事情。

古代，统治者借助于"上天"的权威和国家统治力量，采用"德"、"威"兼有的管理方式，维护政权的稳定和安全。在此情况下，如果民众服从归顺，则一切大事稳定。但是，如果因为某种管理上或者其它原因，可能出现民众与政府之间的对立和矛盾。这时，如果民众变得连"上天"的威严和国家统治的威慑都不怕了，那么对于国家政权或统治者来说，则是一种具有颠覆可能的重大威胁。（**民之不畏畏，则大畏将至矣。**）

所以，国家管理应该保障民众的基本民生条件，不要搞的民众居无其所、生无其食，民不聊生。只要不将民众逼迫于无法生存的绝地，民众也不会铤而走险（**毋闸其所居，毋猒其所生。夫唯弗猒，是以不猒。**）。

由此，圣人管理天下，自然了解天下民情形势，也了解不同方式管理天下的作用和功能（**自知**），也非常希望能通过自己的力量解决棘手的矛盾和问题（**自爱**）。但是，更重要的是圣人在处理极端社会矛盾时，不以个人或统治者的好恶作标准、不以仅仅维护个人或统治者的权威作目的，而是能够顾全天下大局，以百姓民众为重，以国家社稷为重。（**是以圣人自知而不自见也。自爱而不自贵也。故去彼而取此。**）

2、执法专司

自古以来，人们都珍惜自己的生命。但是在极端的情况下，有的人也会变得不怕死，或自寻而死，或视死如归，或安静撒手而去等等。

如果有从来不怕死的人，那么还能够用死刑的办法威吓这种人吗？（**若民恒且不畏死，奈何以杀惧之也？**）所以一般不要逼迫民众陷于不怕死的境地。

217

如果使人们一直于死有所畏惧，而对出轨者（畸者）抓住杀掉，那还有谁敢违法出轨吗？（**若使民恒且畏死，而为畸者吾将得而杀之，夫孰敢矣？**）

如果人们一直都是畏惧死亡的，而杀人是一件需要非常慎重的执行法律的事，那么就应该设有专门管理执法的官吏（**若民恒且必畏死，则恒有司杀者。**）。

由于杀人事关重大，一旦失误，后果难以挽回，所以执法要交给专门管理执法的官员去办。如果别人去替代，由于不能达到专业化，就像代替有技术的木匠去砍伐木头，常常会砍伤自己的手一样，非常可能出现错误。（**夫代司杀者杀，是代大匠斫（zhuo）也。夫代大匠斫者，则希有不伤其手矣。**）

3、民以食为天

民众发生饥饿，是由于他们承受的赋税太多、太重，所以发生饥荒。（**人之饥也，以其上食税之多也，是以饥。**）

民众有轻生的观念，是由于他们求生太深、太重，所以产生轻生。（**民之轻死也，以其求生之厚也，是以轻死。**）

百姓得不到治理，是由于统治者或管理者不能做到"无为"而治，所以不能顺应自然法则，遵循社会管理和"治国安民"的基本法则办事，从而没有管理好民众和国家的事。（**百姓之不治也。以其上之有以为也，是以不治。**）

如果一个人具有超出他自己生命的目标，并为之而生存、奋斗的话，那么，与一般为了享受生命而活着的人相比，他对生命的追求和爱护才是更有意义。（**夫唯无以生为者，是贤贵生。**）

第五章 "人之道"——圣人之为

"圣人"是拥有高智慧的杰出的人，从"道"学原理出发分析，"圣人"之与一般人的关系，就像自然界存在的不同矿石一样，铁矿石可以炼铁，金矿石可以炼金，虽然价值不同，但在人们的心目中，两块矿石都是自然形成所为，金矿石就应该炼出金块，发挥金块的作用，铁矿石就应该炼出铁块，发挥铁块的作用，这结果是自然形成的，理所当然的。

从古至今，实践说明，管理和领导社会确实需要优秀的人才，而且也有很多让优秀人才脱颖而出的机制和办法。其实在现代社会中，不仅仅是管理和领导社会事务，许多岗位，如企业管理、社区管理、部门管理、乡镇管理等等，都需要有相应的优秀人才去担当管理的工作。

一个人于某一方面是否算作优秀人才，首先取决于他的能力，就如本书第三篇第一章第四节中对"事，善能"的解读，"人本身也是自然的产物，人的能力包括了天生的条件所决定的能力和后天通过学习掌握的能力。"因为在"道"的自然体系中，"人的能力"是自然作为的结果，一个人能对社会或者别人做出什么样的贡献和成果，也是自然而成的。就如自然界的阳光雨露，滋养万物而从来不需要回报一样，优秀人才对社会的贡献也是不应该索取特殊回报的。这大概就是老子认为的最高等级的"圣人之为"吧。

所以，如果一个社会发展到了不能将最优秀人才使用到最高级的岗位上去，那么这个社会就会损坏自身的生命力；而如果一个社会给了很多势利之徒以谋取私利的机会，那么这个社会无疑是在推动其自身走向毁灭。

老子对"圣人"的作为提出了一些看法，虽然语句不见豪迈激昂，但也算是语重心长。

《老子》中有一章段是在回忆和叙述自己研究"道"学的艰苦历程，分析激励他自己坚持研究的原因和动力，具有现身说法的意义，所以将其作为以下的第一节。在第二节中，解读了《老子》中关于应用"道"学于社会实践的一些重要观点论述。第三节是《老子》中关于"圣人"如何关注自身修养，处理好一些特殊事务的看法和观点。有的内容对一般人也是很有借鉴学习的价值的。

这一章虽然起名为"圣人之为"，其实内容较杂，也算是"拆读"到最后的收尾吧。

第一节　　"道"学之路

概　要

（1）老子独特而艰难的"道"学之路。
① 研究"道"学的体会和经历是从事其它事所不能比拟的。
② 探索"道"学真理所经历的漫长、痛苦过程。

③ 研究"道"学的目标是探索产生天地万物的本原。

④ "道学"不被人理解的苦恼和"尊贵"。

（2）老子"道"学精神的源头。老子做人三条准则是"慈"、"俭"、"不为先"，其中核心是"仁爱慈悲之心"，是他献身于"道"学事业的原动力。

"慈爱之心"是共建人类平和安顺大厦的基础和保障。

【原文】

（第二十章）唯与诃，其相去几何？美与恶，其相去何若？人之所畏，亦不可以不畏人。众人熙熙，若乡于大牢，而春登台。我泊焉未兆，若婴儿未咳。累呵！如无所归。众人皆有余，我独遗。我愚人之心也，惷（chun）惷呵！鬻（zhu）人昭昭，我独若昏呵！鬻人察察，我独闵闵呵！众人皆有以，我独顽以鄙。吾欲独异于人，而贵食母。

（第七十二章）．吾言甚易知也，甚易行也，而人莫之能知也，而莫之能行也。言有君，事有宗。其唯无知也，是以不我知。知者希，则我贵矣，是以圣人被褐而怀玉。

（第六十九章）．天下皆谓我大，大而不宵。夫唯不宵，故能大。若宵，久矣其细也夫。我恒有三葆，持而宝之。一曰慈，二曰俭，三曰不敢为天下先。夫慈，故能勇；俭，故能广，不敢为天下先，故能为成事长。今舍其慈，且勇，舍其俭，且广，舍其后，且先，则必死矣。夫慈，以战则胜，以守则固。天将建之，如以慈垣之。

1、独特而艰难的"道"学之路

为了说明如何研究"道"学，老子首先介绍了他自己用毕生的精力从事潜心研究和艰苦探索的感受。

① 难以调和的差别

在"物之道"一节中，根据"道"学思想，在研究事物性质的辩证规律方面，已经介绍了"美与丑"、"善与恶"、"有与无"、"难与易"等等在一定条件下相对而成的概念。但是，在有的情况下，一件事物的两种表现或两个方面，其差别明显极端，甚至是不可能调和的。例如，地位显赫的诸侯王与普通百姓谈话，王地位高，可以态度强硬的大声喝斥（诃）身份卑微的百姓，而百姓只有唯唯诺诺应答（唯）而已。作为自然人，"王"与"民"之间不应该有显著的差别，但是作为社会人，为什么会有如此大的差别呢？（**唯与诃，其相去几何？**）

又有，有的人身材匀称端庄、长相柔和美丽，爱美之心人皆有之，自然受到大家的称赞和喜欢；而有的人长得歪邪古怪、丑陋之极，自然不会被人们喜欢和亲近。都是人，"美与丑"有多少不同，为什么人们的态度会有如此大的反差呢？（**美与恶，其相去何若？**）

人也有所惧怕的事物，如百姓惧怕苛政，而施苛政的人也怕百姓；一般人惧怕毒蛇猛兽，其实毒蛇猛兽遇到人，同样也惧怕人（**人之所畏，亦不可以不畏人**）。但是，这两种惧怕本质上是不同的，也是不能同日而语的。

所以，总结以上的几个举例，可以认为，世界上确实存在某些难以调和的对立事物，这是由于这些事物的特殊性决定的。研究"道"学就是一件极其特殊的事，研究者在研究中的体会和经历是从事其它事所不能比拟的。

② 艰难的探索

且看以下老子对自己探索"道"学真理之漫长艰苦的描述。

过去曾经有多少日子，看着周围的众人都过着和顺快乐的生活。有时，他们就像享用诸侯王大祭的丰盛贡品，于美食酒肉后沉醉；有时，他们又像登上高台欣赏着远近春光美景，在绿柳和桃红中徜徉。（**众人熙熙，若乡于大牢，而春登台。**）

那时的我，已经深深地沉浸在静静地思索之中（**泊焉**），似乎正在寻找一件东西。那是一件什么样的东西，连我自己也不知道。天地万物依照他们各自的方式运转，没有任何征象和预兆告诉我要找的东西在哪里（**未兆**）。相对于我要寻找的东西，我犹如一个刚生下来还没有来得及哭出声来（**未咳**）的婴儿，面对着陌生的世界，一片空白，一无所知。（**我，泊焉，未兆，若婴儿未咳。**）

那是一个多么漫长的时间，不断的寂寞，持续的思考（**累呵！**），周围象黑夜一样淹没了一切。我好像行进在无边的大海之中，不知道前进的方向，不知道将回归于何方。（**如无所归**）

和我一起读过书的人们都已经过起丰衣足食的日子，他们用学到的知识和努力在社会上和生活中找到了发挥自己能力的位置。而只有我，孤零零地行进在探索之路上，好像被别人遗忘。（**众人皆有余，我独遗。**）

我的思想就像一个"愚蠢的白痴"，忘掉了昼夜，不知道温饱，人间的乐趣好像与我无缘，只知道愚蠢地寻找。就连人们说的那些个糊里糊涂的笨人都显得明白清楚，而我还不如那些个糊涂人，独自陷于混混噩噩、纷乱忧惧之中。（**我，愚人之心也，惷惷呵！鬻人昭昭，我独若昏呵！鬻人察察，我独闷闷呵**）

③ 非常目标

众人做事，都预先制定好目标（有以），而我和别人却截然不同，唯有我看不到自己的目标，却以"愚顽不化、鄙陋无知"的态度，持守着一个方向。（**众人皆有以，我独顽以鄙。**）

是什么信念激励我努力探索于漫长的黑暗之中？是什么精神支持我独自步入于寂寞的空旷之内？是发自我内心的一种愿求和欲望（**吾欲**）。这个欲望与常人的欲望是如此的不同，就像世界上确实存在的那些难以调和的对立事物一样，这是一个如此特殊的欲望，那就是没有任何东西能象"探索天地万物的本原"那样深深地吸引着我；这是一个如此特殊的愿求，那就是没有任何东西象寻找"一切事物变化法则的起源"那样牢牢地控制着我。找到产生和哺育天地万物的本原（**食 si 母**），这就是我最重要的目标。（**吾欲独异于人，而贵食母。**）

④ 不被别人理解

老子继续介绍他研究"道"学的感受。

在经历了多少年的观察和思考，也不知道推翻了多少次我自认为已经完善的假象和模型，最后终于觉得我完成了建立这一个前所未有的创世说，找到了天地万物的本原。

我向别人讲述我研究"道"学的感想和收获，向他们宣传"道"的存在及其法则，也倡议大家按照"德"的要求和标准做事，我用了非常通俗的语言，而且也结合人们平时做的事情。但是，几乎很难有人能了解和明白我所阐述的观点和建议，当然也就很少有人按照"德"的要求去做事或行为。（**吾言甚易知也，甚易行也，而人莫之能知也，而莫之能行也。**）

是我所讲的内容没有核心思想吗？还是我所说的事情没有根据和来源呢？都不是。我之所言观点都有主旨（**君**），所讲事情都有原委（**宗**），只是因为很多人一般不去思考我所讲所言之事，也无从了解这些东西，所以对于我讲的"道"毫无所知，因此也无法了解和知道我所介绍的内容。（**言有君，事有宗。其唯无知也，是以不我知。**）

常言说，"物以稀为贵"，那么如果一个人所思所知不能被大家理解，那么这个人就是"稀"者，"稀"者也应为"贵"。因为理解我的学术理论和观点的人很少，所以我也变得"贵"起来。但是，就像圣人常常穿着粗布的衣服，而怀里揣藏着宝玉一样，这是一种不为人知的、只有自己感觉的"尊贵"。（知者希，则我贵矣，是以圣人被褐而怀玉。）

2、老子"道"学精神的源头

虽然往往不为人们所理解，但对"道"学的研究，使研究者自身的精神和思想得到提高和升华。老子讲到他自己的变化，不由得从字里行间透出机智和幽默。

在古中国字中，"大"与"小"相对，用于和人相关的有"大人"，是德高者、为官者、尊师长等的称谓；"小"是"大"的反面，"小人"是指社会底层的劳动人民，后来也指称"无德者"；"宵"通"小"，"宵人"犹"小人"；"细"是小而长，古代有"细人"的称谓，是指见识短浅或地位低微之人。

老子说，我研究"道"学，统摄天地万物，所以天下人都称我为"大"，所以我不是"宵（小）"；因为不是"小"，所以能成为"大人（老师）"；如果我是"宵（小）"，小而长就是"细"，日子久了，变成了"细人"，就是没有文化和知识的粗人。可见，称我为"大"也对，否则我就会变成了没有见识的"细人"。（天下皆谓我大，大而不宵。夫唯不宵，故能大。若宵，久矣，其细也夫。）

那么，是什么精神鼓励老子如此地投入他的"道"学研究呢？老子从做人的理念剖析激励他持之以恒的思想根源。

对于做人做事，老子说，他一直坚持三条具有非常价值的准则。第一是"慈"，即恻隐怜人、仁爱慈悲之心；第二是"俭"，即节俭约束、不敢放纵行为；第三是谦恭谨慎，不敢作天下人先生之心。由于恻隐怜人，慈悲仁爱，故能对别人、对大家有爱心义举，有爱心义举而故能遇险而不惧、遇难而不退，不惧、不退是谓勇，勇于探索"道"学、勇于开拓"道"学。由于节俭约束，故做事收敛，行为不放纵，做事收敛故能推衍"道"学精神，行为不放纵故能扩大"道"学的影响；与人交往谦恭谨慎，不敢为先，不为先就可甘心求教，甘心求教故能不断研究探索，不断进步，取得成果。（我恒有三葆，持而宝之。一曰慈，二曰俭，三曰不敢为天下先。夫慈，故能勇；俭，故能广，不敢为天下先，故能为成事长。）

如果丢舍掉慈爱之心，姑且谈勇，这勇则未必有义，无义之勇何能开拓"道"学；如果丢舍掉行为约束，姑且放纵，放纵行为会四处碰壁，则难以扩大"道"学的影响；如果丢舍掉谦恭好学，姑且为人师，也很快就会失掉进步的基础；所以这三条做人做事的宝贵原则，无论是发自内心的"慈"、"俭"、"谦恭谨慎"，还是表现于行动的"勇"、"广"、"不为天下先"，都不能丢掉，否则，必定不能取得任何成功。（今舍其慈，且勇，舍其俭，且广，舍其后，且先，则必死矣。）

在三个原则之中，仁爱慈悲之心是最为重要的。老子在这里，似乎找到了让他献身于"道"学事业的原动力，那就是他对天下人的慈爱，他希望从"道"学中找到拯救民众于天灾人祸、战乱水火的道路，找到一统天下、治国安民的良方，所以他才能在孤苦和不理解中长期坚持他的信念，坚持他从事"道"学事业的坚韧精神。

老子认为慈爱之心是三个原则的核心，所以对此又作了补充说明。他说：有慈爱之心，才能勇于战、敢于守；有慈爱之心，就能战则取胜，守若金汤。（夫慈，以战则胜，以守则固）

慈爱之心，是人类固有的自然之心，是与天地等同的人类公心、共心。假设以天为拱顶，共而建设天下人类同享平和安顺的生活大厦，那么慈爱就是这个大厦的围墙（垣），就是这个大厦的保障。（天将建之，如以慈垣之。）

第二节　"道"学的社会应用

概　要

（1）弘扬"道"学要持之以恒。创新开拓，坚忍不拔；潜心研究，持之以恒；跨越历史，代代相传。

（2）把"道"学普遍原理和社会实践紧密结合起来。结合修身、齐家、富乡、治国、管理天下的实践和需求，弘扬"道"学精神。

（3）"道"与"儒"的社会作用浅析。① 目标不同，儒家关注政治，"道"学关注人；② 途径与结果，儒家逐级提高，追求平天下的结果，"道"学突出理论通用性，提倡平行发展；③ 背景不同，儒家强调修治个人的思想，"道"学以认识宇宙本原为基础；④ 体系完成的差别，儒家学术不断完善，"道"学系统全部集中于《老子》。

（4）谨防歪曲"道"学。用编造的肆意夸耀之词说明"道"，是对

"道"的歪曲和诋毁，是彻底的非"道"，是邪道。

【原文】

（第五十四章）善建者不拔，善抱者不脱，子孙以祭祀不绝。修之身，其德乃真。修之家，其德乃余。修之乡，其德乃长。修之国，其德乃夆（pang）。修之天下，其德乃博。以身观身，以家观家，以乡观乡，以邦观邦，以天下观天下。吾何以知天下之然兹？以此。

（第五十三章）使我介有知也，行于大道，唯施是畏。大道甚夷，民甚好解，朝甚除，田甚芜，仓甚虚，服文彩，带利剑，猒（yan）食而货财有馀，是谓盗夸。盗夸，非道也。

（第二十四章）希言自然。飘风不终朝，暴雨不冬日。孰为此？天地而弗能久，有兄于人乎？故从事而道者同于道，德者同于德，失者同于失。同于德者，道也德之。同于失者，道亦失之。

1、持之以恒

研究探索"道"学固然要忍受长期的枯燥、孤独、艰苦，但是为了探寻人类共同的幸福之路，面对再大的苦难也要战，面对再多的攻击也要守。与孤独地研究"道"学不同，弘扬"道"学就需要更大的坚韧精神和不移的意志毅力。这是因为，弘扬"道"学是一个理论与实践再结合，并应用于实践的过程；也是在扩大的范围，向更多人宣传，希望更多人了解和应用"道"学的过程；还是一个需要坚持时间久远的过程。

所以，老子告诉大家，自古以来，凡真正善于创新开拓、有所成功的人物，都是以坚忍不拔的精神和长期的艰苦努力，才获得成功的；凡真正致力于研究探索、有所建树的人物，都是以潜心不移的毅力和持久的不放不弃，才求得了正果。（**善建者不拔，善抱者不脱**）

弘扬"道"学，让人们了解"道"的存在和"道"的法则，让人们掌握"德"的要求和标准并能指导和规范人们的行为，是一个跨越空间的浩大社会工程，也是一个跨越年代的长期历史工程。老子虽然还不能准确计算出"道"学于地球上的传播范围，也难以大致估计出"道"学于人类历史的承传起伏，但是他似乎已经想象到这将是一个漫长的过程。这个过程就像子孙祭祀祖先一样，父辈传于子辈、子辈再传于孙辈……，一代一代地传下去，永不断绝（**子孙以祭祀不绝**）。老子相信，只要坚持不懈、持之以恒，真理就一定能取得胜利。

2、应用普遍原理

弘扬"道"学，就是让"道"的理论和学术观点能深入全社会，就是让"德"的规范和要求得到人们的承认和应用。

"道"学的法则是一种无所不包的法则，是万物归"有"、万事属"无"的法则；"道"学的内涵是一种自然的内涵，一种万事万物归一的内涵。从"道"学观点出发，天地人同处一体，人及人类社会不过是自然存在的一部分，社会发展和变化也必然遵循"道"的法则，人应该了解"道"的本质，研究"道"的本性，人的思想和行为都应该符合"德"的要求和标准，社会管理和政策法令也应以"德"为准。

所以，与古代其它学术体系的"道"和"德"不同，老子的"道"学法则是高于天地万物一切之上的法则，是揭示万事万物最真本原、本质的法则；老子的"德"是概括从"道"之"上德"，到人世间的"下德"的最基本规范和要求。但是，正是这最真的本质、最概括的规范，覆盖了万事万物的生化变灭，覆盖了人和人类社会的一切发展和变化。用现代语言讲，"道"学研究宇宙学、生命学、社会学，以至归纳于哲学的高度和广度，揭示了一切事物发展变化的本质和基本规律。

《管子. 形势》中讲到，"'道'的法则、内涵都是一样的，但于实际应用中各有不同（原文：道之所言者一也，而用之者异）。"所以，以"道"学的基本观点和"德"的普遍要求，结合实际需求，用于指导实践是弘扬"道"学的重要内容。

所以，《老子》中也讲到，要用"道"学的法则，结合人自身的特点和实践，指导对人自身的审视和认识；结合治家的需求和实践，指导对治家、富家的理解和认识；结合乡的各种特点和治乡目标，加深对乡概念的理解和目标研究；结合国家的实际情况和国际环境的分析研究，制定治国安民的方略和政策；结合天下形势发展的实际情况，用自然的观念、用历史的眼光，审视和指导对天下事的分析和掌握。（**以身观身，以家观家，以乡观乡，以邦观邦，以天下观天下。**）

当然，仅仅用"道"学的法则和原理认识世间事物并不是研究"道"学的最终目的，老子以"慈爱"为本，认为学习研究"道"学的终极目的是拯救民众于战乱水火，为万民万众谋取平安和幸福。

古人认为，"用治理家的策略治理乡，乡是不可能治理好的；用治理

226

乡的策略治理国，国是不可能治理好的；用治理国的策略治理天下，天下是不可能治理好的。要用治家之策治理家，用治乡之策治理乡，用治国之策治理国，用治天下之策治理天下。（原文：《管子·牧民》，"以家为乡，乡不可为也；以乡为国，国不可为也；以国为天下，天下不可为也。以家为家，以乡为乡，以国为国，以天下为天下。"）。"

　　所以，老子讲到以"德"修身和服务于社会时，分别说明不同层次的主要修为目标和标准。<u>如以"德"的规范去指导和修养个人的思想和行为，那么就突出一个"真"字，其重要作用是使人的思想和行为表现出真诚，而不是造作和虚伪；如果用"德"去规范管理一个家族，那么"德"的标准是给这个家族带来富足（余）和兴旺；如果用"德"去指导管理一个乡，那么附近的人们会因为羡慕这里的和顺、平安而迁徙至此，从而会给这个乡带来发展和增长（长）；如果用"德"去指导管理一个国家，那么这个国家将会得到良好的治理，生产发展、国力丰厚（夆 pang），民众安居幸福；如果用"德"去指导管理天下，那么"德"将显示其博大（博）的内涵，让全天下一统安定，天地人和谐共处，尽享大自然赋予的福祉。</u>（**以"德"修，修之身，其德乃真。修之家，其德乃余。修之乡，其德乃长。修之邦，其德乃夆。修之天下，其德乃博。**）

　　最后，老子献身说法，<u>说我为什么能够了解和掌握天下人间社会的许多事情，向大家说明这些事物的原委和变化规律呢？就是因为我研究和应用了"道"的学术观点和分析方法，掌握了"德"的规范和要求，并将这些理论和方法用于研究探讨具体实践，所以有这样的体会，才达到这样的程度。</u>（**吾何以知天下之然兹？以此。**）

3、发挥"道"学的社会影响

　　老子非常了解一个新的理论体系，一种新的学术思想要想深入大家的心里，并不时一件很容易的事。这是由于这个理论体系、这个学术思想面对的是一个经历了几千年，甚至几万年的智慧文化，面对的是人们从生命的初期就接受的文化熏陶和几乎渗入进基因的意识和信仰。但是，老子坚信一切都会变化，即使是几千年、几万年的文化基因，也会发生变化。老子就像他曾经用人世间的事例说明"天道功遂身退"（第三篇第一章第二节）那样，这次用自然界的现象来说明这个问题。

　　《老子》中这样写：<u>尽管人们很少在谈社会问题的时候用天地自然的事例作说明（希言自然）</u>，但是在讲到"道"学的社会影响时，就如同大自然发生的事情一样。

在大自然中，刮风下雨是最普通不过的事。可是，风不会每天从早到晚一直不停地刮，暴雨也不会在冬天从早到晚下个不停（**飘风不终朝，暴雨不冬日**）。为什么会这样？这就是自然规律，就是天地自然而然所发生的事，是没有任何为什么或不为什么的。既然天地自然不会长久地处于一个状态，何况人类社会呢？当然，人类的思想意识更不应该长久地处于一个状态。（**孰为此？天地而弗能久，有兄于人乎？**）

所以，当人们跟随或侍从于一个奉信"道"学的人时，就会跟着奉信"道"学；当人们跟随或侍从于一个事于"德行"的人时，也会跟着事于"德行"；但是，如果人们跟着或事从于一个失"道"、失"德"的人，也会跟着失"道"和失"德"。（**故从事而道者同于道，德者同于德，失者同于失。**）

"道"是一个自然存在，"道"学是一个学术体系，"德"是行为的标准和要求，所以"道"学体现于思想认识和理论观点，而"德行"体现于具体行为。所以"德行"更能直接反映出一个人是否真的奉信"道"学和事于"德行"。所以，老子又补充说，如果大家都能一起按照"德"的标准去做事，那就等于将"道"的精神和理论融合于行动之中；而如果失"德"，就等于将"道"也丢失了（**同于德者，道也德之。同于失者，道亦失之。**）。

可见，古人已经多么接近"一次行动胜于一打理论"的论点。

4、"道"与"儒"的社会作用浅析

孟子在《大学》中论述到当时的知识分子要有献身于社会的理想，提出了从个人修身到治理天下的过程模式，其中有"至知在格物，物格而后知至，知至而后意诚，意诚而后心正，心正而后身修，身修而后家齐，家齐而后国治，国治而后天下平。"与老子的弘扬"道"学，用于指导人的社会行为等有明显的差别，为了加深理解，试分析如下。

① 目标不同

孟子的模式是站在最高管理者或统治者的角度，强调最终目标是从混乱中实现"平"天下。这个"平"字带有一种强烈的主观意识和激烈的社会斗争，显示出非常明显的政治目标。

老子的模式分成"道"和"德"两个部分，"道"重于结合实际对不同对象的认识和分析，"德"则重于不同对象的行为和目标，如家是富足

兴旺，乡是和顺扩大，国是安定丰厚，天下为博大、一统恒久。这些目标更关注人的生存和生活环境的安定，政治和激烈斗争的色彩淡薄。

②途径与结果

孟子的模式是纵向的发展，即从"格物"到"修身"、最后到"平天下"；前边的都是过程，为最后做准备工作。重点强调个人逐级提高能力和水平，认为进行大的事业要从基础学习和基层工作做起。其问题是假如大家都这样思考和认识，但能达到最后目标的仅仅是一、两个人，其他人中的许多人有可能转变为在野的不稳定根源。所以，几千年来统治者始终认为社会的不稳定成分在读书人之中。

老子的模式是平行的，只要应用"道"的理论和"德"的规范，站在家的角度，就是家，站在国的立场，就是国。突出了理论和规范的通用性。从而也为许多人致力于自己的目标提供了理论指导。

③背景不同

孟子的学术背景基本上是单纯社会性的，是从强调人的行为规范开始，从修治个人的思想和行为开始，如提倡"仁、义、礼、诚、信"等等。

老子的学术背景是完全自然性的，是从"道"生天地万物开始，推衍到人和人的社会方面，是从对自然、对宇宙本原的分析和发展规律的认识开始的，如要掌握"柔能胜强"、"物极必反"、"矛盾转化"等等原理。

④体系完成的差别

孟子是儒家学术体系中的一部分，其根源可以追溯到上古先圣的"德"行。所以，儒是历经了从孔子到后来千百年不断完善的。

老子是"道"学的创始和最高段，其学术系统全部集中于《老子》一部书中，包括了自然和人文的全部。

所以，可以认为，如果孔子去求教于老子，一定不仅仅是问关于"礼"的问题，他可能是向老子请教更多的知识。

5、谨防歪曲"道"学

老子治学严谨，思考极其敏锐，当他想到如何弘扬"道"学这个问题时，出自对历史的思考和对现实的观察，自然而然地对可能出现的修正"道"学提出了警觉。

老子说，在研究和思考上面这些问题时，让我自然而然产生的一个思虑和担心是，有人借研究和弘扬"道"学，以偏激的方式将"道"学引入歧途(施)。(使我介有知也，行于大道，唯施是畏。)

那么，这会是怎样一个歧途呢？老子做了以下的描述。

有人这样说：<u>所谓的"大道"是非常平坦而且容易行走的，"道"学也是非常容易理解的，一般的民众都能够很好地学习和掌握"道"学理论和方法；学习了"道"学以后，我们想要什么就会有什么，国家政府的管理工作尽可以省去不做，田地尽可以不用耕种而任其荒芜，仓库尽可以不用添仓而任其空虚，大家可以穿着美丽漂亮的衣衫，出门可以佩戴镶嵌金玉的宝剑，终日尽可以饱食美味佳肴，货物财产随意取用不会完尽等等。显而易见，这些话都是那些不学无术、根本不懂"道"学的无耻之徒(盗)用肆意夸耀之词编造出来的，是对"道"学的歪曲和诋毁。</u>（**大道甚夷，民甚好解，朝甚除，田甚芜，仓甚虚，服文彩，带利剑，猒（yan）食而货财有馀，是谓盗夸。**）

社会上那些缺乏知识和思考能力的百姓听了这些话以后，会盲目地相信，于是其结果不但使"道"被庸俗化、低级化，而且会极其严重地损坏"道"学，还会给社会和民众带来极大的危害，最极端的是将民众引入错误的信仰和反自然的生活方式。所以，<u>这种卑微小人的歪曲和"夸耀"是对"道"学的诋毁和破坏，是彻底的非"道"，是邪道。</u>（**盗夸，非道也。**）

老子的担心是多余的吗？

第三节　个人的"道"学实践

概　要

（1）圣人无为。圣人以"道"为准，以"德"为约，以天下安宁、万物和谐为致要，以自然精神影响和教育全天下所有的人。

（2）以德而行。圣人坚持以"德"为政、以"德"安民，顺应民心，完成一统天下大业。

（3）从小事做起。大事要从细节做起，由细节完成；不要轻易向人许愿；先谋划，解难题。

（4）善为人师。圣人让对方从无意中体会和接受他的思想和精神；使所有的人、所有的物都能尽其所用，毫无浪费，达到最高等级的"智慧"。

（5）善于学习。学习别人的好方法、好经验，吸取别人留下的经验和教训。

（6）圣人无私。圣人作为脱离个人或小集团私利（无私），以天下为重、以民众为重。

（7）圣人无保留。圣人不以获取物质利益为目标，得到民众的爱戴和感激。

（8）其它。① 圣人勤于自律，提醒自己尽量不犯或者少犯错误；② 不介入别人的矛盾，帮助他们摈弃前嫌，促成他们精诚合作；③ 掌握事物的规律，勤于思考、长于探索。

【原文】

（第二章）是以圣人居无为之事，行不言之教，万物作而弗始也，为而弗志也，成功而弗居也。夫唯弗居，是以弗去。

（第六十三章）大小，多少，报怨以德。图难乎其易也，为大乎其细也。天下之难作于易，天下之大作于细。是以圣人终不为大，故能成其大。夫轻诺必寡信，多易必多难。是以圣人猷难之，故终于无难。

（第六十二章）善，人之宝也，不善，人之所保也。美言可以市，尊行可以贺人。人之不善，何弃之有？故立天子，置三卿，虽有共之璧以先四马，不若坐而进此。古之所以贵此者何也？不谓求以得，有罪以免与？故为天下贵。

（第六十八）. 信言不美。美言不信。知者不博，博者不知。善者不多，多者不善。

（第二十七章）善行者无彻迹，善言者无瑕谪，善数者不以筹策，善闭者无关楗而不可启也，善结者无绳约而不可解也。是以圣人恒善救人，而无弃人，物无弃财，是谓袭明。故善人，善人之师；不善人，善人之资也。不贵其师，不爱其资，虽知乎大迷，是谓眇要。

（第七十章）故善为士者不武，善战者不怒，善胜敌者弗与，善用人者为之下。是谓不诤之德，是谓用人，是谓肥天，古之极也。

（第七章）是以圣人退其身而身先，外其身而身存，不以其无私邪？故能成其私。

（第六十八）圣人无积，既以为人，己俞有；既以予人矣，己俞多。故天之道，利而不害；人之道，为而弗争。

（第七十三章）. 知不知，尚矣。不知不知，病矣。是以圣人之不病，以其病病也。是以不病。

（第三十三章）知人者，知也。自知，明也。胜人者，有力也。自胜者，强也。知足者，富也。强行者，有志也。不失其所者，久也。死而不忘者，寿也。

（第八十一章）和大怨，必有余怨，焉可以为善？是以圣人右介。而不以责于人。故有德司介，无德司彻。

（第四十七章）不出于户以知天下；不规于牖（you），以知天道。其出也弥远，其知弥少。是以圣人不行而知，不见而名，弗为而成。

对"道"学，老子重理论研究，同时也更重视理论与实践相结合，所以在介绍了怎样研习"道"学、弘扬"道"学后，我们自然可以看到他是怎样说明作为个人实践"道"学的一些基本观点。

因为在老子研究和记录他的"道"学以前，不可能有人明确地提出并实践"道"学，但是在历史上圣人的作为实际上与"道"学的法则是基本一致的，所以举出了许多圣人作为的例子。

1、圣人"无为"

根据对"道"生天地万物过程的描述和理解，初始创造天地以及天地间基本物质的过程早已完成，到了老子的年代，只有天地间的万物还在生生不息，繁衍不断。但是，万物的这种产生（作）过程不过是基本物质的循环、聚散过程而已，已经完全不需要重新开始创造（**弗始**）新的基本物质。而且每一个生命体在经历了出生、长成后，都无一例外地走入衰落、灭死，完成一个生命的循环。在自然界中，无时无刻不在进行无穷多个这样的循环，但是任何一个生命，当其走完这样一个循环过程时，他不会在自然界中留下他的记录和痕迹（**弗志**）（即使由于非常罕见的条件可以留下一些痕迹，那也是极其低几率的事件，这就是人们珍惜远古生物化石的缘故）；而且无论一个生命体是否有意识，都无一例外地越过他生命获得完全成功的阶段，毫不停留（**弗居**）地走进其生命的后半阶段，直至循环末端，而这时构成生命体的基本物质又重新回到大自然中。（**万物作，而弗始也；为，而弗志也；成功，而弗居也。**）

因为没有基本物质停留或消失于某一生命体中，所以也就不会有任何基本物质的消耗或丢失，所以天地间保持了这些物质的存在和守恒（**夫唯弗居，是以弗去**）。换言之，这大概是世界上最早对物质守恒定律的描述吧。

但是，天地间物质的运动变化并没有停止，而且比以往任何时候都更忙碌和复杂，其中，有遵循自然规律不断循环反复进行的自然变化，也有更繁纷复杂、相互制约影响的人类社会发展问题。按照老子"道"学体系的说明，与"物"对应的作为叫做"有为"，与"事"对应的作为被叫做"无为"。"无为"于社会的作用，就是在"治国"、"安民"等过程中遵循"道"的法则，按照"德"的要求做好社会管理工作。

古代的圣人审天时、度地势，以天下百姓安宁、万物和谐为致要，以"道"为准，以"德"为约，以智慧和勤劳致力于国家或者全天下的治理和管理，并以对自然精神的理解和亲身实践，影响和教育全天下所有的人（是以圣人居无为之事，行不言之教）。

2、以德而行

上古时期，所谓社会管理的主要责任是解决人类与自然界的矛盾，如抵抗水旱灾害、增加粮食生产等等，人与人之间、国与国之间的关系相对比较简单。传说中的黄帝、尧帝、舜帝等先圣的伟大功绩大部分都体现在带领百姓，或者发明耕种、或者治理水旱等事迹。随着社会的发展进步，社会性的管理工作变得越来越重要。特别是到春秋时期，物质生产发达进步了，但社会中人与人、国与国、统治者与百姓之间的矛盾和问题增多了。在这些事情中，有的是理顺内政外交关系的问题，有的是统一君臣文武思想的问题，还有的是精神文明、民风民俗的问题，……，在处理这些事情的过程中，有很多时候不是需要解决物和物之间的关系（如治水是解决水在地面的导流问题），而是完全依靠人与人之间的思想沟通和语言交流，依靠关系的疏通和平衡利益的谋划等等。也即，一种纯管理的社会分工从古代就已经完全凸显出来，这一分工与上古时期自然发生的氏族管理有本质的区别，需要形成一个社会管理体系，然后通过依托系统管理来发挥和完成每个具体分工的任务。

老子认真地观察和总结了当时社会发展的规律和特点，总结出圣人所做事或大、或小、或多、或少，形形色色，林林总总；可能是教导一个人，也可能是谋划一次战役，大至顺从民意、安定天下的宏伟大业，小至百姓吃喝柴米等日常碎屑小事，无不在所思、所为之列，正所谓"无为，无所不为"。（大小，多少）

上古圣人做事，有成有果，业绩昭然，万民歌颂，永世流芳。可是，随着社会发展，矛盾复杂了，问题增多了。即使圣人按照"道"的自然法则，完成了一件事情，有时也很难被别人理解，有的还会触及一些人或一些利益集团的私利，所以还会招致很多责难和抱怨。在这种情况下，先古圣人仍然是坚持以"德"为政、以"德"安民，最终顺应民心，完成天下大业(报怨，以德)。

关于怎样以"德"治国安民，老子在说明"治国、安民"的章节中有专门论述。

3、从小事做起

紧接着，老子就如何具体"居无为"做了说明。

"无为"之事，最重要的是谋划（图），从策略、方针、方法、步骤等方面规划好，计划好；如果谋划不好，实施过程中或者会有意外的事情发生，或者根本就达不到预期的目标，事情归于失败。所以，天下事难就难在谋划，谋划好了，实施就容易。(图难乎其易也)、(天下之难作于易)

如果所构想的是一件非常大的事（如齐桓公与管子构想一统天下的大事），也要从细节做起，从细节谋划，从细节操作。再大的事情，如果不将细节做好，都有可能招致大的挫折、甚至失败。天下大事都是由具体的细节构成，因此，做大事要从细节做起，由细节完成(为大乎其细也)、(天下之大作于细)。

所以，凡古代圣人做大事，都是从小事做起。如周文王扶助鳏寡、关心妇孺，最终民心归顺，为西周一统天下打下了基础；周公在准备让殷商的遗民迁徙之前，专门召集他们，从天下安定和今后稳定发展的需求向这些遗民做说服工作，并告诫他们要遵守法规；又管仲制定政策，鼓励国内百姓的生产积极性，从而为国家强盛做好了物质准备等等。由于关注了每一个"无为"过程细节的操作，古代圣人都能做成天下的伟大事业。(是以圣人终不为大，故能成其大。)

另外，老子还就两个重要点告诫人们。一个点是，作为国家或者社会领导者或者管理人员，不要轻易向民众或属你所管的人许愿，因为社会之事是非常复杂的，即使有良好的愿望，由于各种原因的牵制，很多事情办起来就会走样，并由不得某个人的愿望和设想。如果轻易许诺，就会发生许多失信的事，反而产生不好的效果(夫轻诺必寡信)。

另外一点是，做事要平衡，不要专拣容易的做。容易的事情做多了，或者做事绕过难题，先拣容易的做，慢慢地就会积累起许多难以解决的问题，最终还得面对难题一一解决，那时候的难度可能会更大。所以，圣人做工作，总是先谋划如何解决难题或关键问题，难题或关键点得到解决，最终其它事做起来就不会困难了。（**多易必多难。是以圣人猷难之，故终于无难。**）

4、善为人师

老子在对水作评价时，说"上善若水"，指出"水"具有最高等级的"善"，然后又提出了"居善地"、"行善时"等观点。

在论及人与社会的行为时，老子又一次提出"善"的概念。他说，"善"是人所具有的珍贵之宝。因为是珍贵之宝，那就不会是人人有之（如果人人有其宝，其宝也就不为宝了），所以对大多数人来说，虽然没有"善"这个宝（不善），但也没有关系，人们依然保持着安宁和正常的生活状态（**善，人之宝也，不善，人之所保也。**）。

"善"可以体现于思想和语言，如赞美和友好的语言可以在人们交往和贸易中起到很好的疏通效果，有利于建立双方的关系和提高市场效益，转变为物质利益。又"善"还可以体现于行为，如对人尊重的礼仪和方式可以用于对别人的祝贺，起到贺礼的作用，从而达到由一种思想和行为起到物质作用的效果。（**美言可以市，尊行可以贺人。**）

综上所述，可以认为"善"是指人的一种思想、语言和行为，这种思想、语言和行为可以给自己和别人带来有益的结果。所以，人们都应该努力追求"善"思，实践"善"行，从而使"善"又变成人们共同的目标和方向，即"善"是人类最高等级的"德"。如果一个人不具备"善"思"善"行的理念和方向，那么也就等于他不具有最基本的珍贵之宝，不具有任何真正为他所有的东西，他就成为没有可弃之物的人，即一无所有的人（**人之不善，何弃之有？**）。由此可见，老子认为人所真正拥有的是自己的"善思"、"善言"、"善行"。

所以，不管是贵为九五之尊的天子，还是位极人臣的高级长官，虽然他们拥有价值连城的宝玉等珍贵之物，他们可以乘坐四匹马拉的车，但那些都是身外之物，都不如拥有属于自己的"善思"、"善言"、"善行"。（**故立天子，置三卿，虽有共之璧以先四马，不若坐而进此。**）

在上古时期，人们过着氏族共产的生活，那时没有私人或家庭的财产，人们处于一种真正的一无所有。但是，那时的人们非常重视"善思"、"善言"和"善行"，人们并没有希图由此能得到属于自己的什么东西，而是当人们不小心触犯了法规或有罪时，如果具有有利于大家、有利于氏族的"善思"、"善言"和"善行"，就可以此将功折罪，减轻处罚。（**古之所以贵此者何也？不谓求以得，有罪以免与？**）这就是为什么直至今日，"善"依然受到人们的重视和推崇的原因（**故为天下贵**）。

那么，在人类的"善"行之中，最为可贵的是圣人的"善人"，即圣人是如何做好对别人的指导、教诲和使用人才工作的。

在讲圣人如何为人师之前，老子不厌其烦地举出了五个例子，为说明圣人如何为人师这个问题做铺垫。这五个例子分别指定了是行路的人、说话的人、算数的人、关门的人和结绳的人，他们各自是自己所做事情的高手，这个高手决不仅仅是一般的擅长或者善于，而是达到一种出神入化的水平，所以他们做事的结果是，行路者在路面上不留下行走过的足迹，说话的人没有任何言语表达的瑕疵和逻辑上的缺陷，算数的人不用计算工具，关门的人无须插上门闩也不会被别人打开，而结绳者不用打结别人也解不开。总结这五个举例，即高手做事没有痕迹，不会被其他人感觉或者察觉到。（**善行者无彻迹，善言者无瑕谪，善数者不以筹策，善闭者无关楗而不可启也，善结者无绳约而不可解也。**）

也许世界上不存在上面所说的五种人和五种情况，老子是在用寓言说明他的概念。他说，圣人教导或者纠正（**教**）别人的不足时，就像上面的五种情况一样，总是注意到不会让被教导或被纠正的人有所感觉或觉察。而且，无论对方是什么人，对应的是什么事，关系到的是什么物，圣人都会以润物无声的方式，把他的思想和精神传输给对方，让对方从无意中体会和接受，达到长进和改正。（**是以圣人恒善救人**）

老子提出的这个"善为人师"的条件不是一般人能够做到的，它含有圣人所具备的一种大智慧和超修养为一体的高超能力和水平。在此高超能力和水平的无影照耀下，所有的人都能尽其才干，丝毫没有荒废的人才，所有的物都能尽其所用，一点也没有浪费的财物。能做到这一点的人，就是懂得用"道"安定万物的人，是天下真正的圣人，达到了天地间于人、于物实现和合一致的最高等级的"重智慧"。（**而无弃人，物无弃财，是谓袭明。**）

原《老子》帛书版第七十章讲到："**故善为士者不武，善战者不怒，善胜敌者弗与，善用人者为之下。是谓不诤之德，是谓用人，是谓肥天，古之极也。**"这里的"善为士、善战、善胜、善用人"等词与上述的"善行、善言、善数、善闭、善结"等有类似，也谈到"用人"的问题，但与上述内容比较，其根本含义的深度不同，疑为其他人加入的内容。故不再赘述解读。

5、善于学习

"善为人师"的高要求和高标准表明一个问题，即天地间人是最复杂的，所以把人的工作做好也是最难做的。

自古以来，在做人的工作方面出现有很多专家和高手，可以将这些专家或高手叫做"人事高手"（善人）。例如，周文王拜姜子牙为相，统领三军，取得伐纣胜利，周文王算是"人事高手"；鲍叔牙给齐桓公出主意，要齐桓公不计前嫌、启用管仲，鲍叔牙就是做人工作的"高手"，齐桓公听了鲍叔牙的话，果然重用管仲成就了大业，也成了"人事高手"；又后来有，刘备三顾茅庐，请出来诸葛亮并为刘备的事业鞠躬尽瘁，更是一个"高手"。

每个"高手"做工作的对象不同，所用的办法也不一样，所以一个人要想把所有人的工作都做好，当一位通"高手"就很难。对此，老子提出，不管是圣人，还是一般做人工作的"高手"，都要"高手"和"高手"之间互相学习和借鉴，将别人作为自己的老师（师），将好方法和好经验学过来为己所用，使自己成为更高的"高手"；即使对于别的不是"高手"或者没有做好人的工作的"低手"，也要从中吸取经验和教训（资），减少自己犯同样错误的可能，提高自己的水平。（故善人，善人之师；不善人，善人之资也。）

世界上的事情，很难十全十美。例如讲话时，如果要真实的描述一件事情，那么讲出来的语言就可能不美，如果顾及了修辞造句，语言美了，但讲出来的话与实际情况就可能产生偏差；又如，一个人于某种事很了解，掌握很多专门化的知识，或有处理该类事情的特长，那么这个人就很难同时了解或掌握其它很多方面的知识（博），反之如果掌握的知识面很宽，了解的事物很多，那么就难以在某一个方面很专很深。（信言不美。美言不信。知者不博，博者不知。）

人的能力都是有限的，一个人不可能在很多方面都是专家，都是高手，都达到出神入化的水平（善者不多），如果掌握了很多方面的知识，了解了许许多多事情，那么就很难在各个方面都达到高手或专家的水平，甚至连一个方面的高手和专家都不是（多者不善）。

尽管圣人能够做到"人无弃人、物无弃财"，但圣人也是人，圣人的能力也是有限的。人外有人，天外有天，无论是圣人，还是一般的人，都应该虚心向别人学习，向专家和高手学习。

所以，如果一个人不去重视（不贵）向别人"拜师"学习，不去珍惜（爱）别人留下的经验和教训，那么，不管这个人有多么聪明，掌握了多少知识，他还是处于迷惑态，上升不到真正的智慧。这一点，是极其深刻和重要的(不贵其师，不爱其资，虽知乎大迷，是谓眇要)。

6、圣人无私

一方面社会上的"事"越来越复杂，各种矛盾错综复杂，另外一方面人们应对复杂"事"的措施和对策也越来越多样复杂，从而更引起做"事"的人的多方面思考。

为此，圣人做事时，并不在意突出自己，而是相对低调地把自己放在别人的后边，并且能认真地总结别人的经验和教训，用以在自己的工作中学习和借鉴。这样做的结果是圣人往往显现出更加高超的能力和水平，成为大家学习或遵照的榜样。（是以，圣人退其身，而身先）

如果遇到不同派系或者团队间的矛盾和斗争，圣人往往不会轻易表态、不会把自己置于矛盾和斗争之中(外其身)，而是冷静地观察和分析。这样圣人不但保护了自己(身存)，免受党派、门阀矛盾的牵连和影响，而且可以冷静地判断是非，维护国家或民众的利益。（外其身，而身存）

圣人所为最大的特点是出自公心。圣人不会将自己置于某个党派或者门阀之中，如若反之，则不成其为圣人。圣人有其自己的观点和立场，他做的事都是出自天下、出自国家，或者为了百姓大众的利益，不会为了某个党派的利益、门户的利益或个人的私利。正是因为圣人的所作所为脱离了上述这些个人或者小集团的私利(无私)，所以圣人能够实现他自己的理想（"私心"），实现以天下为重、以民众为重的远大目标。（不以其无私邪？故能成其私。）

7、圣人无保留

圣人行"无为"之事，所作所为不会以物的形式表现出来，"事"成后其所作所为随"事"在而在，随"事"完毕而不再显现。所以，能够流传于世的其实是圣人的思想、谋略和做事的风格、精神。例如，《尚书》中就有许多关于周公管理国家的思想、原则以及策略等记载，《管子》中也记载了许多管仲的思想和做事的谋略。历史上这些伟大人物的思想、观念和方法策略，是一个民族文化传承中的精华，是这些圣人千古口碑的实例，其中有很多内容至今依然闪亮发光，是人类的宝贵财产。

因为圣人并不以获取物质的利益为目标，所以圣人个人没有物质的积累，也没有需要留滞的愿望（**圣人无积**）。对于圣人自己，他以往为民众或国家做得事情越多，成绩越显著，他拥有的成功感就越多；他越是把自己的智慧和精神贡献给民众和国家，人们对他的的爱戴和感激就越多。（**既以为人，己俞有；既以予人矣，己俞多。**）

在"天之道"一节中，老子曾说明"**天**"给予万物或人类的是恒久的"奉献和不争"，是恒久的"利而不害"。圣人以自己的言行实践了"人之道"的最高境界，那就是无私心、无私欲、无私利地奉献和服务于民众和国家（**故天之道，利而不害；人之道，为而弗争**）。

8、其它几点

① 勤于自律

古人认为，天下没有十全十美的人，每个人不但应该象别人学习，不断提高自己的行为能力和认识水平，而且还要善于主动地发现自己的不足，改正自己的缺点，这样才能修炼自己，取得发展和提高。所以，知道自己有不足、有未知的人，是上等的认识水平（**知不知，尚矣。**）；而连自己的不足都认识不到，是最典型的缺点和问题（**不知不知，病矣**）。

古代的圣人最关注和担忧（病）自己的思想和行为是否正确，是否符合规则和要求，都能时刻提醒自己尽量不犯或者少犯错误（病）。所以，圣人很少或不犯错误。（**是以圣人之不病，以其病病也。是以不病。**）

帛书版《老子》第三十三章得内容是"**知人者，知也。自知，明也。胜人者，有力也。自胜者，强也。知足者，富也。强行者，有志也。不失其所者，久也。死而不忘者，寿也。**"虽然该段文字所表达的意思没有明显的悖论，表达也比较直白，但文辞和核心含义与其它段落的表达有较大差别，故怀疑是别人插入的内容，读者可以自己解读判别。

② 谨慎介入别人的矛盾

对于过去存有大的怨恨和积仇的甲、乙双方，即使在新的形式下取得和解，但是要双方完全消除余怨和仇恨，并能友善地合作或相互以诚相待，往往是一件困难的事情。（**和大怨，必有余怨，焉可以为善？**）

在这种情况下，圣人应该很慎重地、以重要的身份介入其中。但是，作为中介，圣人不要为过去的事情偏于一方而责备另外一方（**是以圣人右介。而不以责于人**）。那么，圣人应该如何发挥作用呢？《庄子．外物》[1]

中有言曰："心彻为知，知彻为德。"意思是思想贯通（心彻）了叫做智，智慧贯通了就是德。所以，《老子》中说，认识了以往双方积怨成仇的事情原委，取得了贯通和解决问题的方法（有德），就去给他们做中介，帮助他们摈弃前嫌，促成他们精诚合作；如果还没有好的解决问题的方案（无德），就去继续了解、贯通情况，研究解决问题的途径（故有德司介，无德司彻）。

③ 掌握事物的规律

民间有句俗语是，"秀才不出门，能知天下事。"是民众对读书人的褒奖，但其中含有的道理是对的。

为什么有的人足不出户就能够知道外边发生了什么事情，或者掌握发生事情的原因和变化趋势；不去探看窗户外边，就知道季节天气的变化。而有的人出门走得越远，但对外边的事情反而知道的越少。（不出于户以知天下；不规（窥）于牖（you），以知天道。其出也弥远，其知弥少。）

这是因为天地万物万事都是按照"道"的法则产生、发展的，如果了解、掌握了"道"的法则，并且能够结合具体事物的特点，认真研究各种事物的历史、现状和变化趋势，就能够把握或预测天地间一切事物的变化，从而做到从微末的征象中判断和预测事物的发展情况。

作为圣人，要了解和掌握自然客观规律，同时也要通晓各种事物、勤于用心思考、长于综合预测。所以，圣人不出行或不远行就能知道外边发生的一些事，不看到某些事物就能进行判断或裁决，不亲自实施就能完成一些事情（是以圣人不行而知，不见而名，弗为而成）。

参考文献：

[1] 马恒君，《庄子正宗》，华夏出版社，北京，2007. 5. P325

结　　语

概　要

（1）人们对"道"的理解和反应。知识高的人有基本理解；知识一般的人只能了解一部分；知识差的人以大笑而不屑一顾。

（2）对"道"的总结评价。

①"明道"，大家显明知了或其它研究中得到承认、肯定的内容，显得言辞烦琐。

②"进道"，有显著创新或发展的理论观点，看起来不是向前发展，倒好像是在退步。

③"夷道"，平淡、普通的学术成果和理论，看似没有价值。

（3）对"德"的总结评价。

①"上德"，自然界已经存在的规范或标准，大如谷但空洞无实，形式完美就像全污浊。

②"广德"，无所不包，一言难尽，永远不足，永远需要发展。

③"建德"，首倡的重要标准，浮于表、薄而浅，但内涵能演化出很多具体内容。

（4）关于"道"学研究方法的总结

①严密规范的研究方法。思想和方法已达到最高级"正直"，似乎已没有角落和边缘。

②先立论、后论证的方法。清晰的理论体系，严格的论证方法，理论说明居先，事例论据在后。

③综合规律和研究结论为主，对一些基础材料或事例采取忽略方式或仅作简单说明。

④对"天象"的描述。对"天象"的描述和说明没有具体的模式和型实。

（5）对"道"学理论创新的总结

①"无名"是老子的创造。人的一般感知以外的客观存在。

②"无"的推衍和发展。创世初期"无中生有",作用于万物"恒无,众眇之门",作用于人类社会发展的"无为"。

③"无"在"道"学理论中的重要作用,使"道"学成为一个完整的理论体系。

【原文】

（第四十章）上士闻道,董能行之。中士闻道,若存若亡。下士闻道,大笑之。弗笑不足以为道。是以建言有之曰:明道如费,进道如退,夷道如类,上德如谷,大白如辱,广德如不足,建德如偷,质真如渝,大方无隅,大器晚成,大音希声,天象无刑,道褒无名。夫唯道,善始且善成。

《老子》中原第四十章描述了社会上不同人等对"道"学理论的反映,然后着重从内容上对"道"和"德"作了分类总结评述,对《老子》的整体写作特点进行了分析,最后还评价了"无名"这一创新概念的提出以及对"道"学理论体系得贡献。从内容上看,这一章是对《老子》全书的总结评价,为此,将对该章的解读作为全书的"结语"。

1、不同人等对"道"的理解与反应

"士"是春秋时期最具有活力的一个社会阶层,他们思维活跃,也参与许多社会活动,有的对社会的发展起到很大的作用。因为有文化,有知识,"士"也是学术和理论研究方面的主力。老子研究"道"学,是为了使用"道"学,所以老子必然要宣传"道"学,将他的理论和观点讲给别人听。那时的大部分老百姓没有文化,一些贵族当权者也未必有先进的思想和文化,所以,老子必然首先选定将其"道"学在"士"中宣传,以考察和观测人们的理解和反映。

当然,由于每个人的情况都是不同的,在"士"阶层中也表现出不同的学术水平和接受新事物的能力。老子是非常熟悉"士"阶层的,所以,他将这些人按照各自的水平和接受能力分为三个等级,即"上士"、"中士"、"下士",然后分别叙说他们对"道"的反应。

<u>知识水平和悟性高的"上士"听了介绍"道"学,能够达到基本理解,虽然说距离发扬和光大"道"还有很大差距,但还是能够向更多的人去传布（行）"道"学的理论和精神(上士闻之,董能行之。)。</u>

　　知识水平和悟性一般的"中士"听了介绍"道"学，只能了解一部分"道"学内容，但于"道"学的至虚之理、无为之法等，读起来如览天书，所以在这些人的认识中，"道"好像存在，又好像没有，对他们的思想和行为不产生明显的影响（**中士闻道，若存若亡。**）。

　　"下士"是一些知识和能力水平差的人，在学识方面，这些人虽然比那些目不识丁的百姓强不了多少，但他们却没有普通百姓的淳朴和谦下。他们听了"道"学理论体系和对天地万物的分析，不但没有丝毫的理解和思考，反而认为"道"学中的原理和结论荒诞可笑，于是以大笑而置"道"于不屑（**下士闻道，大笑之。**）。

　　老子似乎对不同人等对"道"的理解与反应早已心有所料，说，"道"，之所以为"道"，是因为其与以往历史上任何学术体系相比，它超越了一般人的感性范围和思考深度，推翻了人们千百年来对自然界和人类自身固有的认识和理解，因此"道"的研究方法和学术观点在相当长的时期内必然很难为人们理解，甚至会产生很多误解、非议或强烈的反对。所以，为"下士"所不屑、而大笑，是正常的反映，恰好说明"道"学是一门融深刻与平凡、创新与继承、包容与突出等特点为一体的、反映了人类思想火花和精神光彩的伟大学术体系。（**弗笑不足以为道。**）

　　2、对"道"学体系的总结评价

　　老子是极清醒明事的人，他知道，无论是他有生在世之时，或是他天年之后的后世，不同人等对"道"学会有不同的认同或反映，与其让别人随意评述深浅，不如自己认真客观地总结。所以，他以其自然洒脱的胸怀，对历史负责的态度，以及对"道"学充满建树的信心，认真地做了最后的总结。（**是以建言，有之曰：**）

　　（1）对"道"的总结评价

　　老子将"道"学的基本理论划分为"明道"、"进道"、"夷道"三类，解读如下。

　　①**"明道"**，指"道"学理论中为大家都显明知了，或者在其它的研究或学术中得到承认、肯定的内容，例如：

　　讲"道"生天地万物时有，"所有生物依托母体而生长，继承父体的遗传，阴阳二种基本物质相合为中气，中气取得平衡为和（万物负阴而抱阳，中气以为和）"、"所谓一，……是一种没有物质的状态，但有其存在或运动的表现（一者，……复归于无物。是谓无状之状，无物之象）"；

讲"天地"作用于万物的特点是,"天"对万物"奉献、不争";"天之道"的作用"损有余而益不足",以微调实现自然稳定和持续等;

在对生命产生长成的"共有规律"和"变异规律"分析时所描述的自然界生命现象的总结;

讲"以道治国"时指出的"治国要实施正的方略和路线(以正治国)"、"要以德的思想方针让民众安稳地生活(以德安民)"、"对于不能以善、以信而行的民众也要实行善和信的德政管理(德善、德信)"等等。

上述这些"道"学理论不但是显明的,也是为很多人所了解的,可以说是老子学术研究的理论背景和认识基础。老子非常坦然地承认和说明了自己参考或吸取社会成果的事实,表明了对别人知识的尊重,并且以一种自我调侃的口吻,指出在"道"学中反复叙述这些大家都知道的内容,会让人感觉言辞烦琐(费)(明道如费)。

②"进道",指"道"学与其它理论或学术比较,在研究深度或结论上,有显著创新或发展的理论和观点,例如:

提出"道"存在的概念,使人们从对天地的认识扩展至对太空的理解;

提出"道生一,一生二,二生三,三生万物"的创世模型,比"开天辟地"的假说向前推演了两个阶段;

提出"无"和"有"两种物质存在形式,从本原上解释了"物质及其运动"的一元起源论;适应天地自然和人类社会的发展,提出"无为,无所不为"的行为理念和作为方式。

提出一切以"道"的自然法则为准的观点,否定了"上天"有意识、有精神、能主宰一切的传统观念;

剖析"仁"、"义"等作为思想行为标准的积极意义及其不足,提出社会停滞和混乱的根源是人们的思想和行为偏离了"道"的基本方向,指出要回归以"道"的思想和理论为指导,顺应自然发展,直至实现社会"大顺"的理想;

以天地万物人类社会一切万有的共同本原为基础,建立了"道"学理论中最重要的"天人合一"自然观和宇宙观;等等。

"进道"是老子研究"道"学的理论精华和重要成果,但是从表面上看,每一条理论创新都好像回到过去的现象,或者不过是揭示以往既存的事实,似乎又找不到让人振聋发聩、耳目一新的亮点。所以,老子借一般人没能深入理解、难以掩其肤浅的口气说:"道"学中所谓的理论进展或成果，看起来不是向前发展，倒好像是在退步(**进道如退**)。

③"**夷道**"，是指《老子》中那些看起来平淡、普通的学术成果和理论，或者是与"道"学仅有间接关系的其它领域的成果，例如：

对构成生命的物质自然循环的描述，指出"处于'守静'状态下的物质是构成所有生命物质的共同的原始物质（守静，督也)"；解释死亡和生命繁衍的本质；

在描述"道"作用于万物时，提出的"道"的自然行为及其"不争、不持"的特点；对"水"行为"几于道"的赞叹；

对《易经》中出现的脱离社会实践、或偏激的观点结论提出的批评；

对一般事物及其性质辩证统一规律（如一分为二、物极必反等）认识的总结；

在讨论"以道治国"、"安民之道"等社会问题时，对思想和行为标准的分析以及对战争、外交等治国事务讨论；

对圣人治学、修身、为师等行为的要求和讨论；等等。

"**夷道**"虽然表面平淡，但实际上是构成老子"道"学系统的重要基础，就像现代哲学是建立在科学技术取得突飞猛进的发展和成果之上一样，没有"夷道"成果的广泛支持，也就没有《老子》这本书的产生；换言之，老子的哲学成果是建立在他丰富深厚的各类知识和研究功底之上的，没有"夷道"，就没有"道"学。即使现代人看《老子》，也应该从其涉猎天地万物的各种论述中体会到老子的博学，学习到宝贵的知识，领悟古人的治学方法。但是，在此老子又一次用揶揄的口吻，自嘲他的"夷道"不过是一些贱如粪土，没有什么价值的东西(**夷道如粪**)。

以上，解读了老子对其"道"学研究成果的总结，实际上《老子》中的深邃理论、广博知识和独到见解绝不是这么几句话能总结说明的，也许会引起一些人的关心，希望能看到有人做专门的研究和总结。

(2) 对"德"的总结评价

相对而言，《老子》中专门述及"德"的章节并不算多，但与"德"相关的内容并不少见。老子"德"的特点也是"天人合一"的，一个"德"字，上至宇宙天地、下及父母兄弟，不管是自然之规，还是人为之理，尽在其中。所以，他将所阐述的"德"划分为"上德"、"广德"和"建德"三类，分别进行了评述和总结。如以下解读。

①"**上德**"，《老子》中的"上德"是指自然界或社会中已经存在、并一直发挥作用的过程规范或标准，如太阳升起和落下，阳光雨露滋养万

物，春夏秋冬四季周转，圣人承担为天下服务的责任，等等。所以有"上德，不德，是以有德。"即认为"上德"已有可以遵循的标准，无须再去制订新的要求。在传统观念中，"德行"仅仅针对人的行为而言，可以想见，与传统中的"德行"标准或要求比较，第一"上德"显得包容很大，大至"道"的一切自然行为，第二"上德"显得完美无缺，已经没有再提高或补充的需要，是"道"学系统中最为完美的法则和要求。

但是，老子知道，如此认为"上德"无所不容、十全十美并不符合"道"学规律，只不过是自然法则的自然合理而已，由于没有可以比较的其它存在，所以才显得有容乃大、完美无瑕。所以，<u>老子总结"上德"的存在时，指出虽然其大如谷，但不免有空洞无实的感觉；虽然完美无瑕，但有形式上白色到极至、就会产生被污浊而染似的不洁之感</u>(**上德如谷，大白如辱**)。

②**"广德"**，《老子》中的"德"，无所不包，所以一个特点就是内容"广"，好像包括了一切存在行为的标准和要求，例如：在自然界，鸟虫鱼兽生养争食，应该有"德"而循；人事社会，人行事、事及人、人与人、事联事，更应具足"德行"；人与天地自然，天地养人，人依靠自然，人既是受动方，又是主动方，也应有"德"而循；如此等等，这"广德"没有尽头，没有完结。

所以，老子在总结到"广德"一条，解释说，<u>"广德"不是《老子》一书所能言尽的，也不是其它一本书、一代人、一个朝代所能言尽的，是永远不能满足，永远需要发展的</u>(广德如不足)。

老子的预言是正确的，直至今日，人类依然没有达到大自然的"德行"要求。

③**"建德"**，是指在《老子》中提出或首倡的、具有重要意义的行为标准和要求。例如：

要建立以"道"学理论为基础的、自然唯物的宇宙观、天地观、人生观和价值观；

要深刻分析万事万物的客观发展变化规律，建立一分为二、物极必反、相对真理、现象与本质等辩证认识论；

要建立以"道"学理论为基础，以"道"学法则为指导的社会发展观和历史观；

要建立以"为民众谋取利益"为总体目标的社会发展观，实施"以正治国"方略中的各项重要治国措施；

要正确认识"天下"存在和发展的自然本质，推动发展有利于历史进步的事业；

要建立以"道"学法则为指导的安民理念，掌握"治国安民"的根本法则和基本规律，实施长期、稳定的"治国安民"思想；

圣人作为社会的最高管理者，要树立为民服务的理想、心系民众、善为人师、少私寡欲、有强烈的责任感和对事业的宠辱心、勤于思考、善于掌握客观事物的变化规律、不立私党、严格自律、……，等等。

以上，是"建德"的概略。表面上看，其中绝大部分不是具体的、可以直接执行的"德行"要求，好像是漂浮于表面，薄而不能深入，有苟且之嫌(如偷) 的条款；当然，按照"道"学的理论和法则，这些条款又是极其重要的，每一条中含有极其丰富和深刻的内涵(质真) ，有的与建立人的基本思想理念有关，有的是做事行为的原则和框架，每一条又可以根据具体情况和实际需求，演化(渝) 出很多具体的行为规范和要求。

所以，老子在总结他最重要的成果时指出，<u>《老子》中提出或创新了许多新的"德行"条款，虽然表面上这些内容浮于表面，不能具体实行，但其方向重要、内涵丰富，是制定广泛的"德行"内容的重要提纲和基本原则</u>(**建德如偷，质真如渝**)。

3、关于"道"学研究方法的总结

在分别对"道"和"德"进行了高度概括总结后，老子认为还应该对《老子》中所表现的研究和阐述方法作进一步高度概括性总结，以有利于读者对该书的解读和学习。

① 严密规范的研究方法

老子著《老子》，字少句短，少修辞，但寓意深刻，特别是从论理的方式，有论点有论据，结论不怕推敲，过程经得住反复，逻辑上严密，证据确凿，其思维方式和研究程序堪称规范严格。

例如，为了说明"无为"的由来，老子首先举了"为学日益"的例子，让读者建立起一种于不知觉中知识增长的概念，然后根据"道"创生天地万物的变化，提出"道"在物质方面对万物的作用不断减损，就像知识增长的反向变化，于不知觉中一直减损到不能感知的程度，就是"无为"。这一说明应用了借喻、类推等方法，使人对"无为"的来由产生直觉似的理解，达到说明的目的。类似的还有，在说明"天之道""损有余而益不足"时借喻了古人射箭的事。

又例如，在说明天地之间的空间充满了空气这一事实时，由于当时还没有"空气"这个词，也不知道"空气"为何物，所以老子借用了"橐籥"（类似风箱）的作用以表明其中有取之不尽的物质存在。

《老子》一书论述的严密，不仅在于上述几个事例的说明，而且在整体系统上表现了思想的一致性和完整性。例如，从"道"生天地万物开始，到人类社会发展的复杂性，始终体现了"天人合一"的自然属性；从"无名"到"有名"，到"恒无"和"恒有"，到形成生生不息的万物，既统摄了创世以来客观世界的物质存在和进化过程，同时也说明了这一存在和变化方式的客观存在和自然属性；特别是对"有名"成"既有"的判断，在实现创世需求的前提下，也满足了宇宙中物质演变的不可恢复条件，从而使"从无到有"的物质变化避免了反向推论可能出现的荒谬结果，当然这一判断也与现代宇宙学的研究结果有异曲同工的一致之处。

解读《老子》，常常会感到古人的智慧和饱学，有时像读一部现代科学的综合巨著，寓藏于其中的深邃思想和严密论证真正体现了人类进步的文化精髓。可以说，这样一部贯通天地古今的巨著，在思想和研究方法两个方面所表现的成就是几千年来世界文化史上极其罕见的。

老子自己也深深体会到他在研究"道"学、编著《老子》中所持有的一丝不苟、规范严密的态度和方法，他将自己比作古代工于技巧的匠人，规于圆、矩于方，有规有矩，不敢有半点的随意和放松。所以，他总结说，研究"道"学的思想和方法已经达到了最高级的"正"和"直"（大方），以至于似乎已感觉不到是否还存在不"正"不"直"的角落和边缘（隅）（大方无隅）。

② 先立论、后论证的方法

老子的时代，几乎还没有系统性强的理论著作，从《诗经》、《尚书》、《易经》等影响比较大的书来看，都不是专门讲一个理论系统的，即使如《易经》这样似乎有系统的书，也是先有单卦成文的 64 卦，然后汇总在一起，卦和卦之间并没有严格的逻辑，后来有人从理论上做了总结，但其论理的系统性和逻辑上的严格性也远远不能和《老子》相比较。

所以，《老子》的成书，实际上是开了系统研究一个完整理论，前后能够贯通的先河。因为全书一个理论系统，从而反映出前后名词一致、逻辑相关、观点对应、层次分明等特征，特别在叙述顺序上，更便于理论层次先行，具体事例论证在后的方式，从而为读者了解著者的思路，理解著者的本意，提高解读的效果提供了良好的条件。这种著书说理的方式，是现代教科书常用的基本方式，而在 2000 年前出现于《老子》的书中，大概在古今中外的文化史中也是罕见的。

例如，《老子》原第十四章"执今之道，以御今之有，以知古始，是谓道纪。"就是全书的系统大纲，按照这个大纲就可以解读出全书的理论体系。

实际上，《老子》中有很多段落都是用一句话或一个词点明了这个段落的核心意义，然后再逐条说明，也是先立论后说明的明证。

例如在第二篇"执今之道"的第二章第一节中，为了说明物质在没有生命和构成生命之间的转换循环，原文中首先点明段落的中心是"在守静态下存在构成生命的原始基础物质（守静，督也）。"然后再通过"各种生物枯黄老死，构成其生命的物质返回到原始态，将这种状态叫做'静'（天物云云，各复归其根，曰静）……"等等来说明物质的循环过程。

又如，第三篇第二章"天之道"第二节有"天长，地久。"也是一个小题目或者叫其后一个段落的核心意义，其后的"天地之所以能长久者，以其不自生也，故能长生。"就是进一步的说明或解释。

在古文中，"道"字也被用作指抽象的道理，"器"是指具体的事物，先讲"道理"、后摆"事实"，或者先做理论上的定义，后做具体的论证，就成为一种论述问题的专门的方法。《老子》中大自总纲总目，小至一个段落，基本上都是采用类似的方法，从而形成这本书在论证、说明方面的一个特色。当然由此也可以进一步说明老子"道"学研究的完整性和一致性。

所以，老子用了"大器"专指《老子》书中的大量具体事实论据，也隐喻了这些具体事实论据都是"重要可贵的事物"，用"晚成"表明其于"道理"说明后的次序，以作为其对《老子》一书著述特点的总结。（**大器晚成**）

③ 以说明综合规律和研究结论为主

《老子》的另外一个写作特点是，全书注重对综合研究结果或规律的说明，简化了对基本支持材料或具体事例的说明，这样可以突出理论的系统性和关联性，观点明确，立场鲜明，作者说明直率，读者理解准确，避免了过度说明基础材料而干扰主体理论和论证的表述。

例如，"玄之又玄，众眇之门"这一论断实际上是对大量生物体（植物、动物等）雄雌交媾、繁衍生息过程进行了非常细致的观察和大量反复论证，而且几乎找不到反证的前提下，才推论而成的，当然在《老子》中并没有对此作详细的描述和说明。

又例如,"反也者,道之动也,弱也者,道之用也。"这样的论点是归纳总结了自然界和社会上大量的事例才可以总结说明的,同样,《老子》中也没有做任何的说明和解释,仅仅是直接说明了研究的结论。

又例如,为了说明"以正治国"的基本概念,《老子》中用了"治大国如烹小鲜"的借喻方法,然而并没有详细说明"烹小鲜"有哪些要领,而是留给读者去思考和体会。

所以,过去有人总结《老子》的写作特点,认为是格言式的文体,其实根源在于:首先老子的理论系统是完整的;其次是每一条观点或论述都经过了认真锤炼,而且能够非常准确地用最简单的词句表达清楚;再次是所说明问题的基础材料和具体事例都是大家屡见不鲜、或显而易见的,用不着烦言赘述。由于上述的说明论证方式几乎贯穿于《老子》一书的始终,从而使这本仅有5000余字的巨著具有了超乎一般的丰富内容和无穷魅力。

"声"是指物体发出的"响",这种"响"如果杂乱无章,就是噪声。如果像用零散的单词构成一篇文章那样,用节奏和谐调将杂乱的"响"构成具有一定规则的"声"的组合,就叫做"音"或"音乐",即"声成文谓之音"。所以,"音"代表了规律和集合,"声"是构成"音"的基础材料。

老子用了"音"和"声"的这种关系做比喻,非常简单、而又贴切地说明了他在《老子》中"以综合规律和研究结论为主",忽略或较少(希)说明基础材料或事例的写作和表达特色。(**大音希声**)

④ 对"天象"的理解和描述

在本书第一篇第一章第二节中,专门分析了古代"象"的意义,认为"象"既是指客观事物表露于外的形象或现象,人可以凭感官获得认知,更是指一种与事物形体、形质不同的、可以表示事物功能动态的形象。因为在对日月星辰风雨雷电进行肉眼观察时,不能如观察地上之物那样感知到物的形体形质,但可以看到天空出现的物质运动变化的现象或功能,如飞云、刮风、落雨、冷暖等等。"观象"是古人认识客观世界许多事物的重要方法。

但是,毕竟是"观象",通过"观象"推测事物的存在和变化有一种间接推理的过程在内。老子对表述自己研究的理论体系有极为严格的要求,对"天象"的表述几乎是《老子》一书中对现实世界存在的、而又不能亲临检验或者可以再现的唯一对象，这对于非常注重直接感知、唯物可信的老子来说，既无可奈何，但又是非常重要。

所以，在总结《老子》的写作特点时，老子专门提出，对"天象"的描述和说明是唯一没有具体的模式和型实的（**天象无刑**），也算是他著作中的一个特例吧。由此反过来可以推论，老子非常关注"唯物"、"唯实"的研究理念和方法，而且认为这是他建立"道"学理论体系的基本出发点，是他认识论的根本所在。

4、对"道"学理论创新的总结

最后，老子肯定和赞赏（褒）他的"道"学理论研究中最具创新、最重要的成果是：提出了"无名"的概念，并对其存在和作用进行的深入研究。（道，褒，无名）

通过对《老子》全文的解读，可以从以下几个方面理解老子对"无名"的总结。

①"无名"是老子的一个创造

老子提出"无名，万物之始也。"的概念，又"恒无，欲也，以观其眇"，表明这里的"无"不是"真空"的"一无所有"，而是一种超乎人的一般感知以外的客观存在。

老子在这里揭示了，世界是物质的，物质以不同的方式而存在，人的常规感知不能了解全部的客观存在，但是人可以通过观察"象"推理物的存在、通过分析物的"现在"推理"过去"和"将来"。老子在"眼见为实"的基础上，提出了人的理论思维和严格逻辑推理在认识客观事物方面的重要性。但是，这种"思维"和"推理"不是人们随意的"想象"和"编造"，老子对"道"的研究也绝不是编造"神学"或"故事"。

②"无"的推衍和发展

"无"在"道"学中的应用可以划分成三个阶段，第一个阶段是"道"创世初期，表现于"无中生有"的过程；第二个阶段是"道"作用于万物的生变，给万物以物种和遗传，表现于"恒无，众眇之门"的过程；第三个阶段是"道"作用于人类社会的发展，以"无为"的方式表现于纷繁复杂的社会事务和历史发展中。

从这三个阶段可以看出，从天地产生、万物繁衍、到人类社会发展，是一个自然发展、由低级向高级循序渐进的过程。产生天地是一个已经完成的"古始"，繁衍万物是一个程序确定，但过程不断进行的"现实"，社会发展和人类进步仅仅是一个开始，还处于"程序"混乱、过程改进的阶段。老子提出的社会发展和人类进步的最终目标是实现"大顺"。

③"无"在"道"学理论中的重要作用

"道"是客观存在，所以"道"是老子发现的。

老子并没有满足他仰望夜空的发现，他把人类对世界的理解和疑惑都和"道"结合起来。这一结合有赖于他创造的"无名"这一概念。

"无名"的存在和作用，得以完成"道"贯穿于古往今来、天地人间的作用，从而使老子的"道"学成为一个完整的理论体系(**夫唯道，善始且善成**)。

老子说："道法自然。"如果不仅仅把"道"和深山古观、青灯黄卷、自隐无名等关联，而是把"道"当作宇宙天地大自然的一个"曾用名"理解，也许人们真的要对老子刮目相看了。

《老子》原文[注]于"拆读本"索引

第九章　持而盈之，不若其已。揣而锐之，不可长葆也。金玉盈室，莫之能守也。贵富而骄，其遗咎也。功遂身退，天之道也。

……（3.1.2，P114－115）

第十章　戴营魄抱一，能毋离乎？抟气至柔，能婴儿乎？脩除玄监，能毋有庇乎？爱活国，能毋以知乎？天门启阖，能为雌乎？明白四达，能毋以知乎？

……（3.2.3，P157－162）

生之，畜之，生而弗有也，长而弗宰也，是谓玄德。

……（与第五十一章内容重）

第十一章　卅辐同一毂，当其无有，车之用也。然埴而为器，当其无有，埴器之用也。凿户牖，当其无有，室之用也。故有之以有利，无之以为用。

……（3.2.2，P145）

第十二章　五色使人能目盲，驰骋田猎使人心发狂，难得之货使人之行方，五味使人之口爽，五音使人之耳聋。是以圣人之治也，为腹而不为目。故去彼而取此。

……（3.2.3，P149－151）

第十三章　宠辱若惊，贵大患若身。何谓宠辱若惊？宠之为下也，得之若惊，失之若惊，是谓宠辱若惊。何谓贵大患若身？吾所以有大患者，为吾有身也，及吾无身，吾有何患？故贵为身于为天下，若可以托天下矣；爱以身为天下，女若以寄天下？

……（3.2.3，P153－155）

第十四章　视之而弗见，名之曰微。听之而弗闻，名之曰希。捪之而弗得，名之曰夷。三者不可至计，故混而为一。一者，其上不谬，其下不忽。寻寻呵！不可名也，复归于无物。是谓无状之状，无物之象，是谓沕望。随而不见其后，迎而不见其首。

……（1.2.1，P26－29）

执今之道，以御今之有，以知古始，是谓道纪。

……（2.1.1，P47－49）

第十五章　古之善为道者，微眇玄达，深不可志。夫唯不可志，故强为之容，曰：与呵！其若涉冬水。猷呵！其若畏四邻。严呵！其若客。涣呵！其若冰泽。沌呵！其若朴。湷呵！其若浊。旷呵！其若谷。浊而静之，徐清。安以动之，徐生。葆此道者不欲盈，夫唯不欲盈，是以能敝而不成。

……（2.1.2，P50－61）

第十六章　至虚，极也。守静，督也。万物旁作，吾以观其复也。天物云云，各复归其根，曰静。静，是谓复命。复命，常也。知常，明也。不知常，茻（mang）。茻作，凶。知常，容。容乃公，公乃王，王乃天，天乃道，道乃久，没身不殆。

……（2.2.1，P63－68）

《老子》原文^注于"拆读本"索引

第十七章 大上，下知，有之，其次亲誉之，其次畏之，其下侮之。信不足，案有不信。猷呵！其贵言也。功成事遂，而百姓谓我自然。

…………（3.3.1，P168－169）

第十八章 故大道废，案有仁义。慧智出，案有大伪。六亲不和，案有孝慈。邦家昏乱，案有贞臣。　　　　　…………（3.3.1，P170）

第十九章 绝圣弃智，而民利百倍。绝仁弃义，而民复孝慈。绝巧弃利，盗贼无有。此三言也，以为文不足，故令之有所属：见素抱朴，少私寡欲，绝学无忧。　　　　　…………（3.3.2，P176－179）

第二十章 唯与诃，其相去几何？美与恶，其相去何若？人之所畏，亦不可以不畏人。众人熙熙，若乡于大牢，而春登台。我泊焉未兆，若婴儿未咳。累呵！如无所归。众人皆有余，我独遗。我愚人之心也，惷惷呵！鬻（zhu）人昭昭，我独若昏呵！鬻人察察，我独闵闵呵！众人皆有以，我独顽以鄙。吾欲独异于人，而贵食母。　…………（3.5.1，P220－222）

望呵！其未央才！忽呵！其若海。望呵，其若无所止。

…………（1.1.2，P20）

第二十一章 孔德之容，唯道是从。　…………（3.2.3，P80）

道之物，唯望唯忽。忽呵！望呵！中有象呵！望呵！忽呵！中有物呵！幽呵！冥呵！中有请呵！其请甚真，其中有信。

…………（1.1.2，P18－21）

自今及古，其名不去，以顺众父。吾何以知众父之然？以此。

…………（1.2.3，P37－38）

第二十二章 炊者不立，自视者不章，自见者不明，自伐者无功，自矜者不长。其在道也，曰：余食赘行。物或恶之，故有欲者弗居。

…………（3.2.1，P124－130）

第二十三章 曲则全，枉则正，洼则盈，敝则新，少则得，多则惑。是以圣人执一以为天下牧。不自视故章，不自见故明，不自伐故有功，弗矜故能长。夫唯不争，故莫能与之争。古之所谓曲全者，几语才！诚全归之。　　　　　…………（3.2.1，P124－130）

第二十四章 希言自然。飘风不冬朝，暴雨不冬日。孰为此？天地而弗能久，有兄于人乎？故从事而道者同于道，德者同于德，失者同于失。同于德者，道也德之。同于失者，道亦失之。　…………（3.5.2，P228）

第二十五章 有物昆成，先天地生。肃呵！滲呵！独立而不改，可以为天地母。吾未知其名，字之曰道。吾强为之名曰大，大曰逝，逝曰远，

255

远曰反。 ……（1.1.1，P16－17）

道大，天大，地大，王也大。国中有四大，而王居其一焉。人法地，地法天，天法道，道法自然。 ……（2.3.2，P102－103）

第二十六章 重为轻根，静为躁君。是以君子冬日行，不离其辎重。唯有环官，燕处则昭若。若何万乘之王而以身轻天下？轻则失本，躁则失君。 ……（3.2.2，P143－144）

第二十七章 善行者无彻迹，善言者无瑕谪，善数者不以筹策，善闭者无关楗而不可启也，善结者无绳约而不可解也。是以圣人恒善救人，而无弃人，物无弃财，是谓袭明。故善人，善人之师；不善人，善人之资也。不贵其师，不爱其资，虽知乎大迷，是谓眇要。

 ……（3.5.3，P236－238）

第二十八章 知其雄，守其雌，为天下溪。为天下溪，恒德不离。恒德不离，复归于婴儿。知其荣，守其辱，为天下谷。为天下谷，恒德乃足。恒德乃足，复归于朴。知其白，守其黑，为天下式，恒德不贰（te）。恒德不贰，复归于无极。 ……（3.2.2，P133－135）

朴散则为器，圣人用则为官长。夫大制无割。 ……（3.3.2，P128）

第二十九章 将欲取天下而为之，吾见其弗得已。夫天下，神器也，非可为者也。为者败之，执者失之。物或行或随，或嘘或吹，或强或矬、或陪或堕。是以圣人去甚、去大、去奢。 ……（3.3.4，P199－203）

第三十章 以道佐人主，不以兵强天下。其事好还。师之所居，楚棘生之。善者果而已矣，毋以取强焉。果而毋骄，果而勿矜，果而勿伐，果而勿得已。居是，谓果而不强。 ……（3.3.3，P191－192）

物壮则老，谓之不道，不道蚤已。 ……（与第五十一章重，见后）

第三十一章 夫兵者，不祥之器也。物或恶之。故有欲者弗居。君子居则贵左，用兵者贵右。故兵者，非君子之器也。兵者，不祥之器也，不得已而用之。铦袭为上，勿美也。若美之，是乐杀人也。夫乐杀人，不可以得志于天下矣。是以吉事上左，丧事上右。是以偏将军居左，上将军居右，言以丧礼居之也。杀人众，以悲哀立之，战胜，以丧礼处之。

 ……（3.3.3，P192）

第三十二章 道恒无名。朴虽小，而天下弗敢臣。候王若能守之，万物将自宾。天地相合，以俞甘露，民莫之令，而自均焉。俾道之在天下也，猷小谷之与江海也。 ……（2.2.2，P73－75）

始制有名，名亦既有，夫亦将知止。知止所以不殆。

　　　　　　　　　　　　　　　　　……（1.2.2，P33）

　　第三十三章　知人者，知也。自知，明也。胜人者，有力也。自胜者，强也。知足者，富也。强行者，有志也。不失其所者，久也。死而不忘者，寿也。　　　　　　　　　……（3.5.3，P239）

　　第三十四章　道泛呵！其可左右也。成功遂事而弗名有也。万物归焉而弗为主，则恒无欲也，可名于小。万物归焉，而弗为主，可名于大。

　　　　　　　　　　　　　　　　　……（2.2.2，P71、72）

　　是以圣人之能成大也，以其不为大也，故能成大。

　　　　　　　　　　　　　　　　　……（与第63章句类同）

　　第三十五章　执大象，天下往。往而不害，安平大。乐与饵，过格止。故道之出言也，曰：淡呵！其无味也。视之，不足见也。听之，不足闻也。用之，不可既也。　　　　　……（2.3.1，P93－94）

　　第三十六章　将欲拾之，必古张之。将欲弱之，必古强之。将欲去之，必古与之。将欲夺之，必古予之。是谓微明。友弱胜强。鱼不脱于渊，邦利器不可以示人。　　　　……（3.3.3，P195－197）

　　第三十七章　道恒无名。化而欲作，吾将阗之以无名之补。阗之以无名之补，夫将不欲。不欲以静，天地将自正。　……（1.2.3，P37）

　　侯王若能守之，万物将自化。　　　……（3.3.2，P181）

　　第三十八章　上德不德，是以有德。下德不失德，是以无德。上德无为，而无以为也；下德为之，而有以为。　……（2.2.3，P80－82）

　　上仁为之，而无以为也。上义为之，而有以为也。上礼为之，而莫之应也，则攘（rang）臂而扔之。故失道而后德，失德而后仁，失仁而后义，失义而后礼。夫礼者，忠信之泊也，而乱之首也。前识者，道之华也，而愚之首也。是以大丈夫居其厚，不居其泊。居其实，而不居其华。故去彼而取此。　　　　　　　　　　……（3.3.1，P167－171）

　　第三十九章　昔之得一者：天得一以清；地得一以宁；神得一以灵；谷得一以盈；万物得一以生；侯王得一而以为天下正。其致之也，谓天毋已清，将恐裂；谓地毋已宁，将恐发；谓神毋已灵，将恐歇；谓谷毋已盈，将恐竭；谓万物毋已生，将恐灭；谓侯王毋已贵以高，将恐蹶。

　　　　　　　　　　　　　　　　　……（3.2.2，P138－140）

　　故必贵而以贱为本，必高矣而以下为基。夫是以侯王自谓孤、寡、不谷，此其贱之本与？非也。　　　……（3.2.2，P143、141）

故致数与无与。是故不欲禄禄若玉，硌硌若石。……（3.2.2，P142）

第四十章　上士闻道，堇能行之。中士闻道，若存若亡。下士闻道，大笑之。弗笑不足以为道。是以建言有之曰：明道如费，进道如退，夷道如类，上德如谷，大白如辱，广德如不足，建德如偷，质真如渝，大方无隅，大器晚成，大音希声，天象无刑，道褒无名。夫唯道，善始且善成。

……（结语，P242－252）

第四十一章　反也者，道之动也。弱也者，道之用也。

……（2.3.2，P98－100）

天下万物生于有，有生于无。　　　……（1.2.2，P30－32）

第四十二章　道生一，一生二，二生三，三生万物。万物负阴而抱阳，中气以为和。　　　……（1.2.1，P26－35）

天下之所恶，唯孤、寡、不谷，而王公以自名也。物或损之而益，或益之而损。故人之所教。亦议而教人，故强良者不得死。我将以为学父。

……（3.2.2，P141、143、145）

第四十三章　天下之至柔，驰骋于天下致坚。……吾是以知无为之有益也。不言之教，无为之益，天下希能及之矣。……（2.3.1，P101、95）

无有入于无间。　　　……（1.2.3，P37）

第四十四章　名与身孰亲？身与货孰多？得与亡孰病？甚爱必大费，多藏必厚亡。故知足不辱，知止不殆，可以长久。

……（3.2.3，P152－153）

第四十五章　大成若缺，其用不敝，大盈若冲，其用不穷。大直如诎（qu），大巧如拙，大赢如绌（chu），大辩如讷。　　　……（3.2.2，P142）

躁胜寒，靓胜炅（re）。请靓（jing）可以为天下正。

……（3.3.2，P181）

第四十六章　天下有道，却走马以粪。天下无道，戎马生于郊。罪莫大于可欲。祸莫大于不知足。咎莫憯于欲得。故知足之足。恒足矣。

……（3.3.3，P192－193）

第四十七章　不出于户以知天下；不规于牖（you），以知天道。其出也弥远，其知弥少。是以圣人不行而知，不见而名，弗为而成。

……（3.5.3，P240）

第四十八章　为学者日益，为道者日损。损之又损，以至于无为。无为而无不为。　　　……（2.3.1，P91－92）

将欲取天下也，恒无事。及其有事也，又不足以取天下矣。

……（3.3.4，P203）

第四十九章　圣人恒无心，以百姓之心为心。善者善之，不善者亦善之，德善也。信者信之，不信者亦信之，德信也。圣人之在天下，欲欲焉，为天下浑心。百姓皆属耳目焉，圣人皆孩之。

……（3.4.2，P211－212）

第五十章　出生，入死。生之徒十有三，死之徒十有三，而民生生。动皆之死地之十有三。夫何故也？以其生生也。盖闻善执生者，陵行不避兕虎，入军不被甲兵，兕无所揣其角，虎无所措其措蚤，兵无所容其刃。夫何故也？以其无死地焉。　……（3.2.3，P151－152）

第五十一章　道生之，而德畜之，物刑之，而器成之。是以万物尊道而贵德。道之尊，德之贵也，夫莫之爵而恒自然也。道生之，畜之，长之，育之，亭之，毒之，养之，复之。生而弗有也，为而弗持也，长而弗宰也，此之谓玄德。　……（2.2.3，P78－80）

第五十二章　天下有始，以为天下母。既得其母，以知其子。既知其子，复守其母，没身不殆。　……（1.2.3，P35－36）

塞其兑，闭其门，终身不堇。启其兑，济其身，终身不棘。

……（2.2.1，P68－69）

见常曰明，守柔曰强。用其光，复归其明，毋遗身殃。是谓袭常。

……（3.2.3，P157）

第五十三章　使我介有知也，行于大道，唯施是畏。大道甚夷，民甚好解，朝甚除，田甚芜，仓甚虚，服文彩，带利剑，猒（yan）食而货财有徐，是谓盗夸。盗夸，非道也。　……（3.5.2，P230）

第五十四章　善建者不拔，善抱者不脱，子孙以祭祀不绝。修之身，其德乃真。修之家，其德乃余。修之乡，其德乃长。修之国，其德乃夆（pang）。修之天下，其德乃博。以身观身，以家观家，以乡观乡，以邦观邦，以天下观天下。吾何以知天下之然兹？以此。

……（3.5.2，P225－227）

第五十五章　含德之厚者，比于赤子。蜂虿（chai）虫蛇弗螫，攫（jue）鸟猛兽弗搏。骨弱筋柔而握固。未知牝牡之会而朘怒，精之至也。终日号而不有嗄（you），和之至也。　……（2.2.3，P82－83）

精和曰常。知常曰明。益生曰祥。心使气曰强。物壮则老，谓之不道，不道早已。　……（3.2.3，P156－157）

第五十六章　知者弗言，言者弗知，是谓玄同。

　　　　　　　　　　　　　　　　　　　……（2.2.2，P75-76）

塞其兑，闭其门，　　　　　　　　　　　……（同第五十二章句）

和其光，同其尘，挫其锐，解其纷，　　　……（同第四章句）

故不可得而亲，亦不可得而疏；不可得而利；亦不可得而害。不可得而贵，亦不可得而贱。故为天下贵。　　　　……（2.2.3，P82）

第五十七章　以正治邦，以奇用兵，以无事取天下。吾何以知其然哉？夫天下多忌讳，而民弥贫；民多利器，而邦家滋昏；民多智能，而奇物滋起；法物滋彰，而盗贼多有。是以圣人之言曰：我无为也，而民自化；我好静，而民自正；我无事，而民自富；我欲不欲，而民自朴。

　　　　　　　　　　　　　　　　　　　……（3.3.2，P179-182）

第五十八章　其政闵闵，其民屯屯。其正察察，其邦缺缺。祸，福之所倚。福，祸之所伏。孰知其极？其无正也。正复为奇，善复为妖。人之悉也，其日固久矣。是以方而不割，兼而不刺，直而不绁，光而不眺。

　　　　　　　　　　　　　　　　　　　……（3.3.2，P182-186）

第五十九章　治人事天，莫若啬。夫唯啬，是以蚤服。蚤服是谓重积德。重积德则无不克。无不克则莫知其极。莫知其极，可以有国。有国之母，可以长久。是谓深根固氏，长生久视之道也。　……（3.3.2，P188）

第六十章　治大国若烹小鲜。以道立天下，其鬼不神。非其鬼不神也，其神不伤人也。非其神不伤人也，圣人亦弗伤也。夫两不相伤，故德交归焉。　　　　　　　　　　　　　　……（3.3.1，P171-173）

第六十一章　大邦者，下流也，天下之牝也。天下之交也，牝恒以静胜牡。为其静也，故宜为下。故大邦以下小邦，则取小邦。小邦以下大邦，则取于大邦。故或下以取，或下而取。故大邦者，不过欲兼畜人。小邦者，不过欲入事人。夫皆得其欲，则大者宜为下。

　　　　　　　　　　　　　　　　　　　……（3.3.3，P190-191）

第六十二章　善，人之宝也，不善，人之所保也。美言可以市，尊行可以贺人。人之不善，何弃之有？故立天子，置三卿，虽有共之璧以先四马，不若坐而进此。古之所以贵此者何也？不谓求以得，有罪以免与？故为天下贵。　　　　　　　　　……（3.5.3，P235-236）

道者，万物之注也。　　　　　　　　　　……（2.3.1，P93）

第六十三章　大小，多少，报怨以德。图难乎其易也，为大乎其细也。天下之难作于易，天下之大作于细。是以圣人终不为大，故能成其大。夫轻诺必寡信，多易必多难。是以圣人猷难之，故终于无难。

为无为，事无事，味无味。……道者，万物之注也。

第六十四章　其安也，易持也。其未兆也，易谋也。其脆易判，其微易散。为之乎其未有，治之乎其未乱。合抱之木，作于毫末。九成之台，作于蔂（lei）土。百仞之高，始于足下。民之从事也，恒于其成事而败之。故慎终如始，则无败事矣。为者败之，执者失之。是以圣人无为也，故无败也；无执也，故无失也。

是以圣人，欲，不欲，而不贵难得之货；学，不学，而复众人之所过；能辅万物之自然，而弗敢为。

第六十五章　故曰：为道者非以明民也，将以愚之也。民之难治也，以其知也。故以知知邦，邦之贼也。以不知知邦，邦之德也。恒知：此两者亦稽式也。恒知稽式，此谓玄德。玄德深矣，远矣，与物反矣，乃至大顺。

第六十六章　江海之所以能为百谷王者，以其善下之也，是以能为百谷王。是以圣人之欲上民也，必以其言下之。其欲先民也，必以其身后之。故居前而民弗害也，居上而天弗重也，天下乐推而弗呀猒（ya）也。非以其无诤与？故天下莫能与诤。

第六十七章　小邦，寡民。使什伯人之器毋用，使民重死而远徙。有车舟无所乘之，有甲兵无所陈之。使民复结绳而用之。甘其食、美其服、乐其俗，安其居。邻邦相望，鸡犬之声相闻。民至老死，不相往来。

第六十八章　信言不美。美言不信。知者不博，博者不知。善者不多，多者不善。

圣人无积，既以为人，己俞有；既以予人矣，己俞多。故天之道，利而不害；人之道，为而弗争。

第六十九章　天下皆谓我大，大而不宵。夫唯不宵，故能大。若宵，久矣其细也夫。我恒有三葆，持而宝之。一曰慈，二曰俭，三曰不敢为天下先。夫慈，故能勇；俭，故能广，不敢为天下先，故能为成事长。今舍其慈，且勇，舍其俭，且广，舍其后，且先，则必死矣。夫慈，以战则胜，以守则固。天将建之，如以慈垣之。

第七十章　故善为士者不武，善战者不怒，善胜敌者弗与，善用人者为之下。是谓不诤之德，是谓用人，是谓肥天，古之极也。

　　　　　　　　　　　　　　　　　……（3.5.3，P236－237）

　　第七十一章　用兵有言曰：吾不敢为主而为客，吾不进寸而退尺。是谓行无行，襄无臂，执无兵，乃无敌矣。祸莫大于无敌，无敌近亡吾葆矣。故称兵相若，则哀者胜矣。　　　　　……（3.3.3，P193－195）

　　第七十二章　吾言甚易知也，甚易行也，而人莫之能知也，而莫之能行也。言有君，事有宗。其唯无知也，是以不我知。知者希，则我贵矣，是以圣人被褐而怀玉。　　　　　　　……（3.5.1，P222－223）

　　第七十三章　知不知，尚矣。不知不知，病矣。是以圣人之不病，以其病病也。是以不病。　　　　　　　　　　　……（3.5.3，P239）

　　第七十四章　民之不畏畏，则大畏将至矣。毋闸其所居，毋猒（ya）其所生。夫唯弗猒，是以不猒。是以圣人自知而不自见也。自爱而不自贵也。故去彼而取此。　　　　　　　　　　　……（3，4.3，P217）

　　第七十五章　勇于敢者则杀。勇于不敢者则活，此两者或利或害。

　　　　　　　　　　　　　　　　　　　　……（3.2.3，P152）

天之所恶，孰知其故？天之道，不战而善胜，不言而善应，不召而自来，单而善谋。天网恢恢，疏而不失。　　　　……（3.1.2，P111）

　　第七十六章　若民恒且不畏死，奈何以杀惧之也？若使民恒且畏死，而为畸者吾将得而杀之，夫孰敢矣？若民恒且必畏死，则恒有司杀者。夫代司杀者杀，是代大匠斫（zhuo）也。夫代大匠斫者，则希有不伤其手矣。　　　　　　　　　　　　　　……（3.4.3，P217－218）

　　第七十七章　人之饥也，以其上食税之多也，是以饥。百姓之不治也。以其上之有以为也，是以不治。民之轻死也，以其求生之厚也，是以轻死。夫唯无以生为者，是贤贵生。　　　　……（3.4.3，P218）

　　第七十八章　人之生也柔弱，其死也朘（geng）信坚强。万物草木之生也柔脆，其死也枯槁。故曰："坚强者，死之徒；柔弱微细，生之徒也。是以兵强则不胜，木强则恒，强大居下，柔弱微细居上。

　　　　　　　　　　　　　　　　　　　　……（2.3.2，P102）

　　第七十九章　天之道，犹张弓者也。高者印之，下者举之，有馀者损之，不足者补之。故天之道，损有余而益不足。　　……（3.1.2，P113）

人之道则不然，损不足而奉有余。孰能有余而有以取奉于天者乎？唯又道者乎？是以圣人为而弗又，成功而弗居也。若此，其不欲见贤也。

　　　　　　　　　　　　　　　　　　　　……（3.2.3，P155）

第八十章　天下莫柔弱於水，而攻坚强者莫之能先也，以其无以易之也。水之胜刚也，弱之胜强也，天下莫弗知也，而莫之能行也。故圣人之言云曰：受邦之诟（gou），是谓社稷之主；受邦之不祥，是谓天下之王。正言若反。　　　　　　　　　　　　　……（3.2.2，P141 - 142）

第八十一章　和大怨，必有余怨，焉可以为善？是以圣人右介。而不以责于人。故有德司介，无德司彻。　　……（3.5.3，P239 - 240）

夫天道无亲，恒与善人。　　　　　　　　　　　　……（3.1.2，P113）

注：原文自梁海民译注，《老子》，辽宁民族出版社，1996.7。